elefante

conselho editorial
Bianca Oliveira
João Peres
Tadeu Breda

edição
Tadeu Breda

assistência de edição
Richard Sanches

preparação
Natalia Engler

revisão
Tomoe Moroizumi
Daniela Uemura

capa & projeto gráfico
Leticia Quintilhano

diagramação
Denise Matsumoto

direção de arte
Bianca Oliveira

bell hooks

tradução
Jamille Pinheiro Dias

anseios
raça, gênero e políticas culturais

a você a quem me rendo
para você por quem espero

prefácio à edição brasileira
Luciane Ramos-Silva, **10**

prefácio à nova edição, 20

agradecimentos, 24

01. cenas de libertação: verbalizar este anseio, **30**

02. a política da subjetividade negra radical, **54**

03. negritude pós-moderna, **70**

04. o *Chitlin circuit*: sobre a comunidade negra, **86**

05. constituir o lar: um espaço de resistência, **102**

06. interrogação crítica: falar de raça, resistir ao racismo, **118**

07. reflexões sobre raça e sexo, **128**

08. representações: feminismo e masculinidade negra, **144**

09. aos pés do mensageiro: lembrando Malcolm X, **168**

10. meninas divas do Terceiro Mundo: políticas da solidariedade feminista, **184**

11. uma estética da negritude: estranha e opositiva, **210**

12. heranças estéticas: a história feita à mão, **230**

13. entre uma cultura e outra:
    etnografia e estudos culturais como
    intervenção crítica, **244**

14. preservar a cultura popular negra:
    Zora Neale Hurston como antropóloga
    e escritora, **264**

15. a margem como um espaço de
    abertura radical, **280**

16. niilismo elegante: raça, sexo e classe
    no cinema, **296**

17. representando a branquitude:
    Asas do desejo, **312**

18. arte contra-hegemônica:
    Faça a coisa certa, **316**

19. um apelo à resistência militante, **348**

20. sexualidades sedutoras: a repressão
    da negritude na poesia e nas telas, **362**

21. mulheres e homens negros:
    parceria nos anos 1990, **376**

22. Gloria Watkins entrevista bell hooks:
    não, não estou erguendo a voz contra
    mim mesma (janeiro de 1989), **400**

23. um anseio final (janeiro de 1990), **418**

bibliografia selecionada, 430

sobre a autora, 441

prefácio à edição brasileira
Luciane Ramos-Silva

Quando lemos bell hooks, alguns temas elementares e abordagens magistrais deslocam nosso movimento. A reimaginação das experiências negras, o feminismo como prática de transformação, a construção de subjetividades radicais negras e a educação como caminho para interpelar o mundo com presença são enunciados que, relevantes por si, ganham corpo crítico quando analisados considerando-se a fluência dos tempos, as relações de poder em jogo e as contradições dos movimentos humanos.

O exame criterioso dos fenômenos e a vontade de construir diálogos são elementos dinamizadores na escrita de bell hooks que avivam o desejo de lê-la e ouvi-la. A experiência afro-atlântica atravessada pela violência da escravidão e do colonialismo continua exigindo análises competentes e éticas que se valham de teorias articuladas com o saber prático.

Os apontamentos de bell hooks — uma mulher de discursos próprios — contêm potenciais ressonâncias para pensarmos as vivências negras atlânticas e aguçarmos nossas sensibilidades. Mesmo sabendo que suas reflexões são fruto de conjunturas particulares, e que seus conceitos foram forjados em historicidades também muito próprias, ligadas à vida na sociedade estadunidense negra, ao acompanharmos sua obra ao longo das décadas, ideias vívidas adicionam dimensões e nos ajudam a imaginar futuros possíveis.

Quando hooks usa a expressão "supremacia branca", recorrente em sua escrita e pouco comum no contexto brasileiro, ela faz referência a um conjunto de realidades históricas e a seus sistemas de opressão — a escravidão, o colonialismo, a segregação —, cujas perspectivas ainda habitam a vida social e que, por isso, demandam que essa construção seja retomada, para uma interpretação consistente do tempo presente. No Brasil, os termos "privilégio branco" e "racismo institucional", entre outros, são tentativas de nomear tais opressões e suas reverberações sociais.

bell hooks foi criticada quando começou a falar em "supremacia branca", e a expressão foi considerada "muito extrema", conforme ela mesma comenta: "A militância negra, independentemente da forma que adquira, é sempre 'radical demais' no contexto da supremacia branca, fora de ordem demais, perigosa demais". Afirmando provocativamente que "supremacia branca" é um termo útil para expressar a exploração ainda em curso dos povos negros e de outras pessoas não brancas, a autora não dá margem para linguagens conciliatórias ou atenuadas. Como seria diferente, diante da brutalidade do racismo?

Conheci bell hooks numa fotografia em preto e branco. Ela, de óculos de aros redondos, com um lindo *black power* e um sorriso presente. A foto ilustrava a capa do livro *Feminism is for Everybody*,[1] que chegou às minhas mãos no início dos

---

[1] A edição brasileira de *Feminism is for Everybody* foi lançada em 2018 pela editora Rosa dos Tempos com o título *O feminismo é para todo mundo: políticas arrebatadoras*. [N.E.]

anos 2000. Tempos mais tarde, a imagem tornou-se colorida enquanto eu assistia, empolgada, aos diversos episódios on-line dos debates sediados na New School, em Nova York, onde a autora passou uma temporada como pesquisadora residente. A bell hooks que eu via na tela era a bell hooks que eu lia nos livros. Sua abordagem, a um só tempo pessoal, profundamente política e consciente, assim como seus trânsitos disciplinares, abria janelas para um discurso acessível, capaz de se comunicar com diversos públicos e, simultaneamente, instigar a consciência sobre os mecanismos sociais de opressão e inspirar a ânsia por liberdade.

Ouvir bell books em seu tom irônico e divertido fazia-me retomar as leituras de *Salvation*[2] e *Black Looks*,[3] e até mesmo do infantil *Happy to Be Nappy*[4] — obras que completaram minha introdução à escrita da autora. Sua maneira muito própria de evidenciar que a consciência de si e a elaboração do amor-próprio potencializam nossas capacidades de resposta e interrogação das estruturas racistas e sexistas influenciaram o pensamento de pessoas que, como eu, se iniciavam no mundo novo do feminismo narrado por mulheres negras.

---

[2] O livro *Salvation: Black People and Love* [Salvação: pessoas negras e o amor], lançado originalmente em 2001, faz parte da chamada Love Trilogy [Trilogia do amor] escrita por bell hooks, que compreende ainda as obras *All About Love: New Visions* [Tudo sobre o amor: novas perspectivas], de 2000, e *Communion: The Female Search for Love* [Comunhão: a busca feminina pelo amor], de 2002. Os três livros serão lançados no Brasil pela Editora Elefante entre 2021 e 2022. [N.E.]

[3] A edição brasileira de *Black Looks* foi lançada em 2019 pela Editora Elefante com o título *Olhares negros: raça e representação*. [N.E.]

[4] A edição brasileira de *Happy to Be Nappy* foi lançada em 2018 pela Boitempo com o título *Meu crespo é de rainha*. [N.E.]

Seu engajamento em diálogos críticos com os pensadores Stuart Hall, que originaram o livro *Uncut Funk: A Contemplative Dialogue*, de 2017, e Cornel West, que se transformaram em *Breaking Bread: Insurgent Black Intellectual Life*, daquele mesmo ano, obras ainda não traduzidas na íntegra no Brasil, provocaram-me grande entusiasmo, mostrando a potência do debate em notáveis gestos de solidariedade e generosidade mútuas — fundamentos da convivência negra frequentemente estrangulados pela força do capital, geradora de competição e conflitos, pelos academicismos insípidos e pela dissociação entre conversa e aprendizado. Havia também espaço para o amor, afinal. Esse amor, entendido de maneira distinta da percepção romântica, cintilava até mesmo nas alfinetadas que bell hooks dava em seus compadres, mostrando-se como fundamento ético e político que possibilita a transformação. Eram evidentes a alegria do vínculo intelectual e o afeto entre pessoas marchando pela mesma luta.

Como crítica cultural, bell hooks dá corpo à discussão sobre a interconexão entre raça, classe e feminismo para o pensamento contemporâneo, à medida que evidencia de maneira muito transparente como a raça esteve fora do discurso feminista e como essa articulação agrega uma complexidade que faz o próprio campo feminista branco se repensar.

Os textos que leremos adiante são substância viva de um trabalho que a autora vem fomentando ao longo de sua extensa carreira atravessada pela crítica cultural, o feminismo e a luta antirracista. Em 23 capítulos, entre ensaios e entrevistas, bell hooks convoca-nos a refletir, entre outros assuntos, sobre como as identidades culturais negras são cooptadas, reduzidas e estereotipadas pelas lentes do racismo. Digo "lentes" não apenas como metáfora, mas também porque boa parte de sua análise repousa sobre a apreciação de produções de mídia e obras literárias.

Mirando as formas dominantes de reprodução das imagens sobre as pessoas negras, bell hooks denuncia a comodificação dos corpos, indicando que é a subjetividade negra radical que forja o olhar crítico e produz espaços libertadores. Apesar de ter sido editado pela primeira vez vinte anos atrás, *Anseios* traz temáticas que permanecem pungentes. A ideia de que as culturas negras se tornaram um tempero para o prato insosso da supremacia branca, como aponta em seu célebre ensaio "Comendo o outro: desejo e resistência", presente no livro *Olhares negros*, segue viva nas formas hegemônicas de mídia que esvaziam os personagens negros de possíveis multiplicidades e complexidades. Se na sociedade estadunidense, herdeira das leis Jim Crow, bell hooks assinala a predominância das *bitches* [putas, vadias] ou *super-mamas* [mãezonas] como figuras estereotipadas de mulheres negras, aqui no tropicalismo brasileiro as "mulatas" e as "mães pretas" são construções similares da história racista. A despeito dos territórios e suas especificidades históricas, nos deparamos com dilemas semelhantes que estrangulam imagens afirmativas, saudáveis ou expandidas de negritude.

É importante salientar que o entendimento das reverberações da mídia na vida social a partir das letras que bell books oferece no final dos anos 1990 exige-nos um exercício de deslocamento deste tempo para aquele, que, diferentemente, não era atravessado pelas mídias digitais. Éramos analógicas e as telas capturavam nossas existências de uma maneira menos evasiva e instantânea. Hoje, com a velocidade das redes e mídias sociais, outros dilemas se apresentam: as vozes parecem perder densidade e estimular discursos de efeito, categorias simplificadas ou, no limite, gritos sem teor. Entretanto, seria injusto não reconhecer o caráter de expansão e abertura para o debate público que há pouco tempo estava restrito aos espaços especializados, acadêmicos e ativistas. As mídias sociais são suportes que podem galvanizar as pessoas para a mudança.

Há ainda um deslocamento em tempo/espaço relativo às diferenças entre ser feminista negra nos Estados Unidos e no Brasil. A discussão sobre masculinidade negra, que a autora aponta ainda estar influenciada pela valorização do patriarcado em seu país, tem se movimentado de maneiras singulares por aqui, com categorias, problemáticas e indagações próprias.

Em *Anseios*, bell hooks adota o pós-modernismo como crítica, sobretudo à voz dominante branca masculina e à exclusão daqueles que, enclausurados em contextos socioeconômicos de supressão, não podem exercer suas potencialidades. A autora aproveita o campo de produção de conhecimento pós-moderno, em sua multifocalidade, seu desenraizamento e seu deslocamento, para abordar como as identidades negras foram historicamente interpretadas e criticar as noções estáticas de autenticidade, evidenciando que a própria intelectualidade que definiu conceitos e ideias sobre raça e etnicidade raramente se debruça sobre as pesquisas e teorias propostas por intelectuais negros — e tampouco se aproxima da vida cotidiana das pessoas negras. Tal crítica se estende também ao fazer acadêmico, de maneira mais extensa, pela utilização de uma linguagem elitista, hermética e que define categorias, sem descortinar o jogo inerente a elas — talvez porque esse jogo implique risco, relação e discordância: um campo de provocações que inevitavelmente transforma a ordem das coisas, sobretudo a do poder.

bell hooks anseia falar para muitos. Sua escrita torna-se ainda mais política quando define um estilo que elimina convenções, como as notas de rodapé, e questiona as forças de controle social dentro da academia, que encapsula a teoria como forma objetiva de ver o mundo e valida a produção intelectual de uma elite. A maneira de conectar os termos *imperialist white supremacist capitalist patriarchy* [patriarcado capitalista supremacista branco imperialista] mobiliza a pensar maneiras de intervenção, de engajamento para a transformação dos contextos e de suas epistemes, assim como situar a linguagem como um lugar de enfrentamento.

Reivindicando a transformação das imagens construídas sobre pessoas negras, *Anseios* convoca à reflexão sobre o enclausuramento das mulheres em figuras representadas publicamente como duras, raivosas, constantemente sexualizadas, e cujo valor está diretamente atrelado ao desejo por seu corpo. Também aponta para a fetichização do corpo do homem negro, dotado de uma masculinidade não confiável por não ser o espelho do patriarcado, além de discutir a constante disseminação de imagens de violência e negatividade sobre pessoas, famílias e comunidades negras. Romper com o poder da mídia sobre esses imaginários significa construir retratos potenciais que revelem as múltiplas feições da existência negra. A obra também nos leva à reflexão sobre as relações entre corpo e cultura e os atravessamentos do capital, revelando tramas e trilhas da experiência social negra. É notável como as relações que as pessoas têm com seus corpos — e o imaginário social acerca de suas capacidades e virtudes — informam inevitavelmente as identidades e os pensamentos.

O chamado de bell hooks para uma política da subjetividade radical negra vem acompanhado da necessária ampliação do eu: "De que maneira podemos criar uma visão de mundo questionadora, uma consciência, uma identidade e um ponto de vista que existem não apenas como luta contra a desumanização, mas também como movimento que permite uma formação ampla e criativa? Oposição não é o bastante. No espaço deixado por aquele que resiste ainda há a necessidade do devir — da renovação de si mesmo". Essa atualização, de acordo com a abordagem da autora, exige não apenas um pensamento crítico que atravesse os sujeitos da opressão, mas também o alargamento das percepções sobre as potencialidades da intelectualidade negra, que, sendo múltipla, não pode se ater aos pensamentos essencialistas que definem que intelectuais negros devem discutir e pesquisar apenas a partir das formas negras de escrita de mundo. Há que se ter imaginação.

Como respeitada intelectual pública, bell hooks formou gerações evidenciando que as mulheres negras deram contribuições fundamentais ao feminismo. As questões que denunciava continuam presentes e atuais, e seu pensamento crítico segue como substrato para confrontar os dilemas do século XXI. Ao mesmo tempo, vemos emergir movimentações políticas e novas reflexões sobre o campo, reelaborações dos discursos sobre o corpo das mulheres e suas sexualidades, jovens pensadoras que entram no jogo trazendo outras complexidades e friccionando sentidos já estabelecidos. Talvez o feminismo e sua possibilidade de abrir espaços garantam que mulheres feministas também discordem entre si e, mesmo assim, se mantenham em movimento.

Anseios provoca os sentidos da história, expande interesses e nos convoca ao exame crítico de nós mesmas, de nossos espaços e dos necessários movimentos para alcançarmos a transformação.

Luciane Ramos-Silva é antropóloga, artista da dança, curadora independente e mediadora cultural. É doutora em artes da cena e mestre em antropologia pela Universidade Estadual de Campinas (Unicamp). Tem especialização em diáspora africana pelo David C. Driskell Center for the Study of the Visual Arts and Culture of African Americans and the African Diaspora, na Universidade de Maryland, nos Estados Unidos. Nos últimos dez anos desenvolveu projetos sobre corpo, cultura e colonialidade, aprofundando as relações Sul-Sul entre o Brasil e os contextos da África ocidental. É gestora do Acervo África, espaço de pesquisa sobre cultura material africana, e codiretora da revista *O Menelick 2º Ato*, publicação que aborda as sociedades da diáspora negra. Tem estabelecido conexões para o debate sobre a experiência afrodiaspórica com instituições estadunidenses, como as universidades de Michigan, Hampshire, Amsherst e Duke. Compõe a Anykaya Dance Theater, companhia de dança sediada em Boston.

prefácio à nova edição

Ainda que há anos eu já escrevesse textos de crítica cultural para revistas, *Anseios* foi a primeira compilação do meu trabalho em formato de livro. Fiquei entusiasmada ao reunir os diversos ensaios desta coleção, pois isso possibilitou que eu expressasse meus vários interesses teóricos. Ao escrever sobre cultura popular, pude mobilizar as interseções entre raça, classe e gênero. Além disso, eu tinha descoberto, em sala de aula e ao proferir palestras, que a utilização de textos visuais, filmes, obras de arte ou programas de televisão como base para falar sobre raça e gênero cativava o público. Todas as pessoas, independentemente de raça, classe ou gênero, pareciam ter ideias e modos de pensar as narrativas visuais que serviam como catalisadores de discussões aprofundadas.

Focar a crítica em produções culturais abriu espaço para a educação voltada à consciência crítica, que poderia servir como uma pedagogia da libertação tanto na academia quanto na sociedade em geral. Ao contrário da teoria e da prática feministas — que, em última análise, exigiam comprometimento com a política feminista e uma ampla transformação na sociedade, percebida como perigosa e ameaçadora —, a crítica cultural permitia um discurso mais democrático. Embora grande parte dos textos de crítica cultural tenha sido escrita a partir de uma perspectiva progressista ou radical, não tinha uma agenda militante radical como base fundamental.

Ao contrário da teoria feminista, que vinha de uma discussão mais abstrata sobre o que significa desafiar o patriarcado e criar novos paradigmas culturais, a crítica cultural abordada do ponto de vista feminista envolvia o público de forma mais direta, permitindo que todas as pessoas tivessem espaço para levar críticas radicais adiante. E, acima de tudo, permitia que o público reconhecesse que os sistemas de dominação estão interconectados. Hoje em dia é legal falar de interseccionalidade, da sobreposição entre sistemas como o racismo, o machismo e o elitismo de classe. No entanto, a interconectividade é uma forma mais essencial de disposição dos discursos, pois nos lembra constantemente de que não temos como modificar um aspecto do sistema sem modificar o todo.

Certamente, no campo da raça e da representação, ficou evidente que quem produz cultura pode criar obras progressistas quanto à articulação de uma agenda antirracista, mas sem deixar de recorrer a estereótipos machistas ao apresentar tropos familiares ao público, tornando as obras menos ameaçadoras. Como alguém que se dedica à crítica cultural, eu esperava empregá-la de modo a contribuir com nossos esforços para dar um basta em todas as formas de dominação e opressão. Esse enfoque permite um ponto de vista inclusivo, no qual não é necessário privilegiar o gênero em detrimento da raça ou vice-versa, no qual não se exige que questões de classe e sexualidade sejam deixadas de fora das discussões por receio de que o pensamento radical perca força.

Mais do que desconstruir a produção cultural, a crítica

cultural visionária radical visa chamar a atenção para modos alternativos de criação, para novas formas de ver, pensar e ser. Quando passei a concentrar minha atenção na crítica cultural, fiquei impressionada com seu potencial inclusivo. Comecei a pensar que, assim como era necessário partir da interconectividade dos sistemas de dominação para criticar a produção cultural, seria importante pensar profundamente as maneiras através das quais estávamos todos conectados por questões de raça, classe, gênero, sexualidade e religião.

Para que houvesse solidariedade nas nossas lutas pelo fim da dominação e da opressão, parecia fundamental chamar a atenção para a humanidade que compartilhamos — e uma das formas dessa unidade estava presente no nosso universo emocional. Nesse sentido, um conjunto de emoções compartilhadas se mostrava sempre presente, não importando a raça, o gênero, a classe, a sexualidade ou a religião. Ao considerar nossas paixões e anseios compartilhados, pensei em todos nós que estávamos e estamos empenhados em manter a consciência crítica. Pensei no quão ardente é nosso desejo coletivo de paz e justiça. Tendo em mente que nossos anseios podem exercer o papel de uma força unificadora, quis conectar o que nosso coração deseja à liberdade que tanto buscamos. O que há de mais fundamental neste livro é o fato de que ele nos convoca a estabelecer uma ligação entre paixão pessoal e missão política.

agradecimentos

Muitos destes ensaios nasceram em meio a diálogos acalorados, às vezes até em momentos de intenso sofrimento emocional. Profundamente grata pela "comunidade" de intelectuais negros progressistas, construída de forma um tanto dispersa e que hoje está "no meu pé", agradeço a vocês! Gwenda, minha irmã que "pega" as palavras e as espalha pelo mundo. Ehrai, minha amiga de infância que está sempre presente para compartilhar perspectivas críticas. A.J., que nunca me deixa esquecer o êxtase da Palavra, com quem converso nas longas horas de noites insones. Michele Wallace, colega com quem sei que posso contar mesmo nos momentos mais difíceis. Saidiya, que me ajuda a aguentar firme e torna minha vida mais suave. Cornel West, um verdadeiro aliado do meu pensamento. Paul Gilroy, que me ajuda a juntar os cacos do meu coração partido. E agradeço, por fim, às teóricas insubmissas e fora do comum que estão em formação, "as garotas divas". Agradeço especialmente a Dionne, cujas coragem e perseverança iluminam o trajeto, abrindo caminho para outras pessoas. E, por fim, sou grata a Tanya, Filha do Inhame, minha filha espiritual, cuja tomada de consciência e libertação pude testemunhar. Desde que era estudante e até se tornar professora, ela tem ficado do meu lado — de mulher para mulher, orientando-me na edição deste livro, sempre me desafiando a viver a verdade das minhas palavras.

As mulheres anseiam por mudanças, e farão grandes sacrifícios para realizá-las.
— Lydia, *A Dream Compels Us: Voices of Salvadoran Women*
[Um sonho nos compele: vozes de mulheres salvadorenhas]

Nesses tempos em que o mundo se vê tão desgastado por cinismos, niilismos e terrorismos amplamente difundidos, além da possibilidade de extermínio, há um anseio por normas e valores que possam fazer a diferença, um anseio por resistência e luta baseadas em princípios que possam dar um novo rumo à situação de desespero em que nos encontramos.
— Cornel West, *The American Evasion of Philosophy*
[A evasão americana da filosofia]

Fui tomado por conflitos e anseios violentos, uma necessidade de me reconfortar no amor que chegava a ofuscar qualquer expressão de amor.
— Robert Duncan

Foi, senhor, depois de uma longa ausência — para ser exato, sete anos, durante os quais estive estudando na Europa — que voltei ao meu povo. Aprendi muito, ainda que muito tenha me passado despercebido — mas isso é outra história. O importante é que volto com um grande anseio de encontrar meu povo naquela pequena aldeia na curva do Nilo. Passei sete anos desejando reencontrá-lo, sonhando com ele, e foi extraordinário finalmente me ver ao lado do meu povo. Alegraram-se em me receber de volta e fizeram um grande alarde, e não demorei muito a sentir como se um pedaço de gelo estivesse derretendo dentro de mim, como se eu fosse uma substância congelada sobre a qual o sol tivesse brilhado — o calor vital da tribo que eu havia perdido por um tempo...

— Tayeb Salih, *Season of Migration to the North*
[*Temporada de migração para o norte*]

01.
cenas de libertação: verbalizar este anseio

A peça *A Raisin in the Sun* [Uma uva-passa sob o sol], de Lorraine Hansberry, foi recentemente transformada em filme e transmitida para um grande público na série *American Playhouse*, da PBS. Tendo estreado na Broadway em 1959, foi uma obra cercada de ineditismos. De todos os dramaturgos norte-americanos que haviam ganhado o Prêmio pela "Melhor Peça do Ano" do Círculo de Críticos de Teatro de Nova York até então, Lorraine Hansberry foi a mais jovem deles, a quinta mulher, a única negra (entre homens e mulheres) e, claro, a primeira mulher negra a recebê-lo. Ao ser montada pela primeira vez, *A Raisin in the Sun* foi, em muitos aspectos, uma produção cultural contra-hegemônica. A peça "interrogava" o medo de que, para nós, pessoas negras, estar fora do nosso lugar — não nos conformando às normas sociais, especialmente àquelas estabelecidas pela supremacia branca — pudesse nos levar à destruição, e até à morte. Em um nível mais básico, a peça tratava da temática da moradia — a maneira como a segregação racial em uma sociedade capitalista discrimina as pessoas negras que procuram um lugar para morar. *A Raisin in the Sun* deixava claro que a família Younger não estava interessada em fazer parte da cultura branca. Ela não queria ser assimilada — o que ela queria era ter melhores condições de moradia.

Como produção cultural contra-hegemônica, *A Raisin in the Sun* era repleta de contradições. Ainda que fosse antiassimilacionista, evocava a possibilidade de transitar de um conjunto de valores de classe a outro, com pessoas da classe trabalhadora aspirando a estilos de vida de classe média. A peça traz a promessa de que a cultura negra tradicional e o sistema de valores sintetizados e expressos por Mama serão mantidos na nova casa em que passam a viver. São esses os valores que levam Mama a perguntar a Walter Lee, que só pensa no sucesso de um ponto de vista capitalista e materialista: "Desde quando dinheiro passou a significar vida?". Ao chamar atenção para o problema de enraizar o senso de identidade, cultura e valor no materialismo, Mama lembra à sua família que o povo negro sobreviveu ao holocausto da escravidão porque tinha modos de pensar baseados na oposição, diferentes das estruturas de dominação que determinavam boa parte de suas vidas. Lidar com o materialismo de forma crítica foi crucial para as pessoas negras que buscavam preservar a dignidade em um mundo capitalista de consumo que se desenvolvia rapidamente. É desse mundo que Walter Lee quer fazer parte. Seu desejo de usar o dinheiro do seguro para comprar uma loja de bebidas associa o capitalismo de consumo à produção de um mundo de dependências. Hansberry, com seu olhar visionário, sugere a possibilidade de que substâncias (álcool, drogas etc.) e o abuso delas podem vir a ameaçar a solidariedade entre as pessoas negras, agindo como uma força genocida na comunidade.

Quando a consideramos em retrospecto, notamos que *A Raisin in the Sun* sugeriu profeticamente o modo que o capitalismo de consumo e a integração racial viriam a transformar a vida das pessoas negras em um futuro próximo. Walter Lee, como monstro em potencial do capitalismo avançado, consumido pelo desejo de coisas materiais, representa simbolicamente o possível destino da população negra pobre na cultura contemporânea. Ele é salvo por Mama e pelos valores do mundo antigo. Walter Lee é consumido por seu "anseio". Seu desejo de dinheiro, bens, poder e controle sobre seu destino o tornou símbolo da subclasse norte-americana negra dos anos 1950 e início dos 1960. Ironicamente, quando a peça chegou a um público contemporâneo na década de 1980, Walter Lee (interpretado por Danny Glover) foi retratado como um homem negro ensandecido, raivoso e perigoso. Não havia mais nada de Walter Lee como representação simbólica do "anseio" coletivo negro; em seu lugar, havia o terrorista negro isolado, uma imagem que atendia às perspectivas racistas de uma plateia branca sobre a masculinidade negra contemporânea.

Fiquei impressionada com o modo que as versões contemporâneas da peça de Hansberry fizeram dela não mais uma produção cultural contra-hegemônica, mas uma obra adequada aos estereótipos populares racistas da masculinidade negra, tida como perigosa, ameaçadora etc. Na tentativa de tornar a peça acessível a um público predominantemente branco, o trabalho foi alterado para que a interpretação de papéis específicos correspondesse a ideias pré-fabricadas de identidade negra, particularmente a identidade negra masculina. Essa produção, exemplo poderoso de como a comoditização contemporânea da cultura negra retira das obras seu potencial contra-hegemônico, recebeu pouca atenção da crítica. Mesmo tendo sido "detonada" e criticada em inúmeras conversas pessoais entre artistas e intelectuais negros, ninguém levou o assunto a uma crítica cultural pública aprofundada. Atualmente, sempre que a obra de um escritor negro recebe atenção, elogios ou reconhecimento nos principais círculos culturais, os críticos negros raramente reagem fazendo críticas duras. Ou, no caso de um drama, como *Conduzindo miss Daisy*, criado por um escritor branco e com um papel importante para um ator negro, há o pressuposto tácito de que, pelo fato de o sucesso da peça (que também virou filme) ter catapultado os atores negros ao estrelato, ela estaria acima de quaisquer críticas negativas. Mais uma vez, foi mais fácil para os artistas e intelectuais negros limitar apenas às conversas entre nós a crítica à sentimentalização das relações raciais nessa produção cultural um tanto enfadonha. As pessoas podem admitir ter se emocionado com o drama sentimental de *Conduzindo miss Daisy* da mesma forma que alguns espectadores negros são tocados por ... *E o vento levou*, ainda que do ponto de vista político reconheçam que a reprodução de produtos culturais que estimulam e romantizam as relações raciais enraizadas em uma lógica de dominação impõe obstáculos perigosos aos esforços pela formação de uma consciência crítica da necessidade de erradicar o racismo.

Ao longo da história, a crítica cultural tem agido como uma força promotora de resistência crítica na vida das pessoas negras, permitindo que cultivem uma prática cotidiana de crítica e análise que pode interferir em produções culturais destinadas a promover e reforçar a dominação, chegando até mesmo a desconstruí-las. Em outras palavras, uma família negra pobre, como aquela em que eu cresci, pode se reunir para assistir *Amos 'n' Andy*[5] — desfrutando da série ao mesmo tempo que lhe tece críticas — e falar sobre como essa produção cultural servia aos interesses da supremacia branca. Sabíamos que não estávamos assistindo a representações de nós mesmos criadas por artistas negros ou brancos progressistas. As pessoas negras se mostravam extremamente vigilantes no contexto de uma estrutura social caracterizada por um *apartheid*, na qual praticamente todos os aspectos da vida das pessoas negras eram determinados pelo modo que aqueles que detinham o poder se esforçavam para manter a própria supremacia. Não só existia uma preocupação obsessiva em melhorar a qualidade de vida das pessoas de raça negra, fazendo todo o necessário para isso, como também um reconhecimento contínuo da necessidade de se opor e denunciar representações da negritude criadas por brancos racistas. Quando nos sentávamos na sala de estar nos anos 1950 e início dos anos 1960 e assistíamos aos poucos negros que apareciam nas telas de televisão, falávamos não apenas de como atuavam, mas sempre de como os brancos os tratavam. Tenho lembranças nítidas de assistir ao programa de Ed Sullivan nas noites de domingo, no qual via o grande Louis Armstrong. Papai, que geralmente ficava em silêncio, falava sobre a música, o modo que Armstrong era tratado e as implicações políticas de sua aparência. Assistir à televisão nos anos 1950 e 1960, assim como ouvir a conversa dos

---

5. *Amos 'n' Andy* era uma comédia de rádio, depois adaptada para a TV e exibida nas décadas de 1950 e 1960, em que comediantes brancos representavam personagens negros de forma caricata, reforçando estereótipos racistas. [N.E.]

adultos, era uma das principais formas por meio das quais muitos jovens negros aprendiam sobre política racial.

Outra lembrança nítida que tenho é de assistir ao filme *Imitação da vida* — um dos primeiros dramas a conectar questões de raça, gênero e sexualidade — na companhia das minhas cinco irmãs. Ao discutirmos essas obras em casa, muitos de nós desenvolvemos consciência crítica sobre questões de política racial. Reagindo à produção cultural televisiva, as pessoas negras podiam expressar a raiva que sentiam do racismo que informava a representação, a construção de imagens. Assim, não se tratava de um consumo passivo de imagens. Como espectadores negros poderiam consumir passivamente um filme como *O nascimento de uma nação*, quando vivíamos diariamente sob a ameaça de linchamentos e a realidade do assassinato racial? Como nós, meninas negras que cresciam e se tornavam mulheres em um sul segregado, tão carregado de formas sexualizadas de violência, não sentiríamos a tensão do terrorismo sexual presente em *Imitação da vida*? Ora, sabíamos bem que toda vez que caminhávamos da casa da nossa mãe até a casa da nossa avó tínhamos que evitar qualquer contato visual direto com homens brancos que passavam de carro, e não ficar em lugares isolados sozinhas com homens brancos, sob risco de sermos estupradas. Nosso olhar não era passivo. A tela não era um espaço de fuga. Era um espaço de confronto e encontro.

Ainda não se estudou o suficiente até que ponto a integração racial transformou as reações das pessoas negras à indústria cultural e à produção cultural. Esse olhar negro coletivo e crítico, desenvolvido no contexto da resistência à discriminação racista e à violência racial, foi modificado no final dos anos 1960 e 1970, quando houve uma mudança de paradigma e pessoas brancas que trabalhavam nos bastidores da mídia de massa (particularmente na televisão e no cinema) perceberam que, apesar do racismo, e talvez até por conta de tabus raciais, os espectadores brancos, na verdade, não apenas aceitariam a presença de imagens de pessoas negras na tela, como seriam cativadas por elas. A cobertura midiática sobre a luta negra pelos direitos civis, o movimento *black power*, as revoltas ligadas à raça e afins geraram notícias interessantes. A violência aparecia na tela em cores vivas, de uma forma que capturava a atenção do público de massa. As imagens negras foram comoditizadas como nunca antes na história.

Infelizmente, toda aquela crítica cultural contra-hegemônica que se desenvolvera e fora aprimorada em salas de estar, cozinhas, barbearias e salões de beleza de pessoas negras não encontrou outros meios de expressão. As pessoas negras não se envolviam com uma escrita de análises culturais críticas que acompanhasse aquela proliferação de imagens. A crítica cultural negra se resumia basicamente a distinguir se as imagens eram boas ou ruins. Essa reação crítica correspondia a uma ênfase política em uma agenda reformista. Se o objetivo da luta pela libertação negra, voltada a conquistar reformas, era tornar as estruturas sociais existentes igualitárias, então o pressuposto era de que a comoditização da vida cultural negra seria passivamente aceita, desde que as imagens produzidas fossem vistas como "boas" ou "positivas". E isso seria determinado pelo fato de as imagens criadas serem ou não vistas como úteis para promover a inclusão racial no discurso dominante. Situar a crítica cultural feita por críticos negros apenas no campo reformista do debate sobre imagens boas e más silenciou efetivamente um diálogo crítico mais complexo. Não é de admirar, portanto, que até recentemente não houvesse preocupação com a criação de espaços culturais em que números maiores de pensadores negros fossem incentivados a produzir críticas culturais. A ênfase atual no desenvolvimento de estudos culturais em ambientes acadêmicos, bem como no lançamento de mais e mais publicações dispostas a expressar perspectivas diversas sobre cultura, tem ajudado a criar um clima no qual mais artistas e intelectuais negros podem produzir críticas culturais.

É preciso discutir as transformações no modo que as pessoas negras têm reagido à mídia produzida pelo capitalismo de consumo (somos um público muito mais passivo hoje em dia) se quisermos entender as formas em que as lutas pela libertação negra e, mais particularmente, a descolonização de nosso pensamento são afetadas pela mídia. Na introdução a *Cultural Politics In Contemporary America* [Política cultural na América contemporânea], Ian Angus e Sut Jhally apresentam fortes motivos pelos quais os críticos culturais devem enfrentar o poder que as representações têm de influenciar a formação da identidade social:

> Na cultura contemporânea, as mídias se tornaram centrais para a constituição da identidade social. Não se trata apenas de as mensagens transmitidas pela mídia terem se tornado importantes formas de influência sobre os indivíduos. Também nos identificamos e nos construímos como seres sociais por meio da mediação das imagens. O caso não é simplesmente de as pessoas serem dominadas por imagens, mas de buscarem e terem prazer com a experiência de consumir essas imagens. Compreender a cultura

contemporânea passa por um foco tanto na fenomenologia da observação quanto na forma cultural das imagens.

Depois dos anos 1970, ocorreram mudanças fundamentais nas concepções de identidade social nas comunidades negras. Houve transformações importantes no olhar crítico coletivo negro que foi central para uma política cultural de resistência transmitida oralmente. Substituída por uma ética que contradizia totalmente os valores enfatizados por Mama em *A Raisin in the Sun*, a ênfase passou a incidir sobre a oferta de trabalho para pessoas negras na indústria cultural. E, se esse trabalho fosse de fato bem pago, isso anularia qualquer necessidade de questionar a política subjacente a certas representações.

A crítica cultural é particularmente relevante para artistas e/ou intelectuais negros que se veem comprometidos com a luta contínua pela libertação negra, com uma ênfase central na descolonização. A educação para a consciência crítica é a tarefa mais importante que se põe diante de nós. Como profissionais da academia, como muitos de nós somos, fazemos intervenções críticas úteis por meio de uma pedagogia libertadora. A escrita e a fala são dois espaços importantes para a transmissão das nossas ideias. No ambiente das faculdades e universidades, atender às demandas da profissão muitas vezes dificulta a realização de um trabalho que seja fundamentalmente a expressão de um compromisso político radical. Muitos acadêmicos envolvidos com os estudos culturais não percebem o próprio trabalho como decorrente de uma política cultural opositiva, progressista, que conjugue teoria e prática e tenha como agenda central o compartilhamento de conhecimento e informações de maneira que transformem a forma de pensarmos a nossa realidade social. Ver colegas indiferentes às necessidades concretas de grupos marginalizados afirmarem que os estudos culturais são seu domínio privilegiado de atuação é algo desconcertante e potencialmente decepcionante. No entanto, isso não me desespera, porque vejo o poder da crítica cultural progressista na sala de aula e reconheço esse espaço como crucial para a intervenção crítica. Portanto, seria um grave erro deixar o campo nas mãos de pensadores preocupados principalmente com o próprio desenvolvimento profissional.

Descobri que os alunos se envolvem muito mais quando estão aprendendo a pensar de forma crítica e analítica, explorando aspectos concretos de sua realidade, particularmente de sua experiência da cultura popular. Ao ensinar teoria, percebo que os alunos às vezes compreendem um paradigma específico no abstrato, mas são incapazes de ver como aplicá-lo à vida deles. Centrar a atenção na cultura popular tem sido uma das principais formas de transpor essa lacuna. Quando *Faça a coisa certa*, filme de Spike Lee, foi inicialmente exibido, alunas e alunos negros que estudavam teoria feminista comigo, e que haviam começado a aplicar análises feministas baseadas em uma reflexão sobre raça e classe, tiveram percepções contraditórias. Gostaram do filme, mas alguns aspectos os incomodavam. Dentre os alunos negros homens, alguns vieram conversar comigo acompanhados de amigos, porque tinham interpretações divergentes do filme. Eles estavam bastante preocupados com a possibilidade de uma crítica negativa significar que não estavam apoiando um companheiro (no caso, Spike Lee) que está tentando desenvolver um trabalho e ser solidário com a negritude. Também temiam que a discordância entre eles pudesse interferir em sentimentos de vínculo racial e solidariedade. Mais uma vez, à medida que nos educamos mutuamente de modo a adquirir consciência crítica, temos a oportunidade de ver quão importante a diversidade de perspectivas pode ser para qualquer luta política progressista que leve a sério a transformação. Engajar-se em trocas intelectuais nas quais é possível conhecer diferentes pontos de vista permite que entremos em contato com uma solidariedade compartilhada diretamente, de uma pessoa para a outra, que se fortalece em um contexto de troca e confronto críticos produtivos.

Uma questão que surge ao ensinarmos formas de crítica cultural radical aos alunos é o conflito entre prazer e análise. Inicialmente, eles costumam supor que, se criticamos uma coisa, é porque não gostamos dela. Como escrevi ensaios críticos sobre dois filmes de Spike Lee, os alunos costumam dizer: "Ei, você realmente não curte o Spike". Ou, mesmo antes de "pegarem no meu pé", se eu expressar um interesse positivo no trabalho de Lee, eles se surpreendem, porque pressupõem que os ensaios críticos são um ataque. Em qualquer pedagogia libertadora, os alunos devem aprender a distinguir entre uma crítica hostil, voltada para "detonar", e uma crítica que busca elucidar e enriquecer nossa compreensão. Críticas que tragam uma visão crítica sem servir como barreira para a apreciação são necessárias para que as pessoas negras desenvolvam produtos culturais que não sejam simplesmente recebidos, aceitos e aplaudidos por causa do simbolismo, um gesto que simplesmente reforça as ideias paternalistas da supremacia branca.

A ideia de que a crítica cultural feita por pessoas negras deve se ater à questão da representação positiva ou negativa ou funcionar de uma maneira conveniente (isto é, ao falar da obra de uma pessoa negra, devemos dizer algo positivo ou correr o risco de sermos "silenciados") deve ser continuamente desafiada. Recentemente, um amigo cineasta me ligou para dizer que tinha visto várias antologias de escrita de mulheres negras sobre feminismo, e mesmo as editadas por mulheres negras não incluíam meu trabalho. Ele não conseguia entender como meu trabalho poderia ser excluído de livros que se diziam críticos. Respondi dizendo que muitas vezes as pessoas não gostam do que digo ou do meu estilo de apresentação de ideias, e deixam isso claro ao ignorar o meu trabalho. Certamente, o fato de que muitos escritos críticos e criativos de autores negros tenham origem no âmbito acadêmico traz em si um perigo, visto que a universidade é basicamente uma estrutura politicamente conservadora que muitas vezes inibe o desenvolvimento de perspectivas diversas, novas ideias e estilos diferentes de pensamento e escrita. Às vezes, pessoas negras que conquistaram poder na academia assumem o papel de polícia secreta, vigiando ideias e trabalhos para garantir que nada que contradiga o *status quo* seja dito. Ao ensinar e escrever sobre a obra de escritoras negras, muitas vezes deparo com uma resistência significativa por parte de alunos e colegas quando sugiro que devemos fazer mais do que avaliar positivamente esses trabalhos, e que abordá-los de forma crítica, com rigor, demonstra mais respeito do que aceitá-los passivamente. Quando peço aos alunos que reflitam criticamente sobre o maquinário da produção cultural (o modo como uma obra é divulgada, comentada, disseminada etc.) — visto que ele afeta o foco dado atualmente às escritoras negras, conectando esses processos à comoditização da negritude —, eles muitas vezes ficam incomodados. Os alunos tendem a considerar o foco dado às escritoras negras apenas em termos positivos. Acham difícil considerar a possibilidade de que uma obra não tenha obrigatoriamente um caráter opositivo, e de que ela não necessariamente ofereça uma perspectiva não racista ou não machista, porque foi criada por uma pessoa negra. Esse desejo de simplificar a reação crítica de alguém, de fazê-la caber em um modelo dualista que se resume a bom e ruim, aprovado e reprovado, é uma abordagem de formas de conhecimento que uma pedagogia emancipadora procura modificar. Embora o dualismo metafísico ocidental como abordagem filosófica paradigmática ofereça uma estrutura "lógica" que dá conta de estruturas de dominação nessa sociedade (raça, gênero, exploração de classe), indivíduos que fazem parte de grupos oprimidos e explorados internalizam essa maneira de pensar, invertendo-a. Por exemplo: algumas pessoas negras podem rejeitar os pressupostos da supremacia branca e substituí-los por ideias de superioridade negra. Assumindo tal ponto de vista, podem se sentir ameaçadas por abordagens críticas que não reforcem essa perspectiva.

Os críticos culturais que estão comprometidos com uma política cultural radical (especialmente aqueles de nós que dão aulas para alunos provenientes de grupos explorados e oprimidos) devem apresentar paradigmas teóricos conectados com estratégias políticas contextualizadas. Para mim, a pedagogia crítica (expressa na escrita, no ensino e nos hábitos de existência) está fundamentalmente ligada a uma preocupação em criar estratégias que permitam que as pessoas colonizadas descolonizem seu modo de pensar e agir, promovendo assim a insurreição do conhecimento subjugado. A crítica cultural em voga, que não está de forma alguma vinculada a uma preocupação com a pedagogia crítica ou com as lutas por libertação, dificulta esse processo. Quando críticos brancos escrevem sobre a cultura negra, porque é um assunto que está em "alta", sem se perguntar se seu trabalho ajuda ou não a perpetuar e a manter a dominação racista, eles contribuem para a comoditização da "negritude" que é tão peculiar nas estratégias pós-modernas de colonização. Jhally e Angus definem a cultura pós-moderna como uma "sociedade em que a identidade social é formada por imagens difundidas por meios de massa, e na qual a cultura e a economia se fundiram para formar uma única esfera". São poucos os trabalhados dedicados a examinar o impacto do pós-modernismo na cultura negra contemporânea. A luta por uma libertação negra de caráter transformador sempre esteve informada por uma política cultural opositiva. Mais do que nunca, faz-se necessária uma crítica cultural que possa iluminar e enriquecer nossa compreensão da formação social da identidade negra, da comoditização da "negritude". Essa crítica não virá apenas dos críticos negros, mas de todos os críticos culturais preocupados com a erradicação do racismo.

Dentro do campo da crítica cultural, há bem poucas vozes afro-americanas se expressando. Há mais vozes "negras", algumas da Europa e muitas de países do Terceiro Mundo. Quando esses críticos escrevem sobre a cultura negra americana, oferecem uma perspectiva valiosa, que difere da perspectiva dos afro-americanos. Desse modo, não "substituem" vozes afro-americanas ausentes ou silenciadas. As noções de "diferença" que estão em voga, e que reúnem em um mesmo grupo todas as pessoas não brancas, sem distinção de perspectiva, podem servir para mascarar a ausência de uma presença afro-americana no campo dos estudos culturais. Nós, críticos culturais, especialmente os negros, ao buscarmos contextualizar intervenções críticas ligadas a estratégias de libertação, não podemos ignorar a questão da representação, pois ela determina quem nos dirige a fala, quem fala para, com e por nós sobre cultura, e quem é ouvido (com legitimidade) à medida que os estudos culturais se tornam institucionalizados e comoditizados de forma mais consolidada.

Como já afirmei, a crítica cultural costuma ser o assunto que mais envolve os alunos em sala de aula. Ali fica claro quem é o público e como esse público é impactado. O caso das publicações de crítica cultural é diferente. Para evitar participar da produção de críticas culturais como uma *commodity* que está "em alta", a circular no mercado acadêmico, os críticos culturais podem se esforçar para publicar trabalhos em lugares (revistas, jornais etc.) onde podem vir a alcançar um público diferente. Certamente, é importante que os críticos culturais aproveitem todas as oportunidades de que dispõem para dialogar e conversar frente a frente com o público de fora da academia. Se não houver uma troca mútua entre os sujeitos culturais (afro-americanos, por exemplo) sobre os quais se escreve e os críticos que escrevem sobre eles, reproduz-se facilmente uma política de dominação na qual as elites intelectuais assumem um antigo papel colonizador, o de intérprete privilegiado — como vigilantes culturais. Tendo ingressado na universidade como escritora preocupada em adquirir credenciais que me ajudassem a conseguir um emprego, com frequência tomo consciência de como nossa posição em um ambiente acadêmico — no qual nosso trabalho é periodicamente revisado, julgado, avaliado — impacta aquilo que escrevemos e como escrevemos. Por um lado, os "estudos culturais" tornaram mais aceitáveis os escritos sobre a cultura não branca, particularmente nas humanidades; contudo, por outro lado, esse trabalho não surge em um contexto que enfatiza obrigatoriamente a necessidade de abordar esses assuntos à luz de uma política progressista ou de uma pedagogia libertadora. Aí reside o perigo. Os estudos culturais poderiam facilmente se tornar o espaço dos informantes: aqueles que parecem ser aliados dos desfavorecidos, dos oprimidos, que são espiões ou existem para fazer a mediação entre as forças da dominação e suas vítimas. A insistência em vigiar a ligação entre os estudos culturais e uma política cultural radical e progressista visa garantir que essa área de estudos possibilite uma intervenção crítica. Ironicamente, embora escritores e/ou acadêmicos negros sempre tenham se dedicado a escrever crítica cultural, a maneira como esta se constituiu como um novo campo de discurso na academia tende a negligenciar essas contribuições, ou, quando estas são reconhecidas, tendem a ser desvalorizadas. A resposta mais produtiva dos críticos negros tem que ser a produção contínua de material, assim como uma disposição clara e constante para dar vazão ao discurso da crítica cultural em todas as frentes.

Esta coletânea de ensaios, *Anseios: raça, gênero e políticas culturais*, nasce de um envolvimento com a crítica cultural. Lendo o trabalho de críticos culturais de dentro e fora da academia, fiquei bastante preocupada com a escassez de materiais escritos por mulheres afro-americanas. Dado o interesse atual na ficção de escritoras negras, é revelador que não haja um desejo correspondente de ouvir de nós o que pensamos sobre a produção cultural. As pessoas podem estar familiarizadas com a perspicaz crítica cultural de Michele Wallace, mas podem não ter lido os ensaios de Hortense Spillers, Valerie Smith,

Coco Fusco e Lisa Jones, para citar algumas. Os estudos culturais e a crítica cultural me entusiasmam porque são um espaço que obviamente acolhe trabalhos interdisciplinares, abarcando a teoria feminista que busca reunir múltiplas perspectivas, além de trabalhos que são escritos de um ponto de vista que inclui análises de aspectos de raça e classe.

Alguns dos ensaios escritos para este livro foram publicados pela primeira vez na *Z Magazine*. No entanto, a inspiração para escrevê-los veio muitas vezes de trocas intelectuais concretas que tive na vida cotidiana. Relutante em ver o filme de Spike Lee, *Faça a coisa certa*, porque a maneira como ele foi anunciado parecia tão "armada" (nós, espectadores, já estávamos sendo informados sobre o que veríamos quando assistíssemos ao filme), eu não tinha vontade de escrever sobre ele. Finalmente, vi o filme depois de todo o alarde ter diminuído, e estava determinada a não escrever sobre ele. Quando alunos e amigos me pediram para fazê-lo, para oferecer a eles uma perspectiva crítica que pudesse servir como um ponto de partida, levando-os a pensar profundamente sobre a obra, respondi espontaneamente, em intermináveis conversas, e depois escrevi o que pensava. Escrever crítica cultural como uma resposta a conversas tidas com amigos, colegas e alunos é diferente de escrever um texto para aprimorar a lista de publicações de alguém com vistas a um processo de progressão de carreira na universidade ou qualquer outro processo de avaliação acadêmica. Como muitos dos homens brancos que têm poder na instituição onde leciono "amaram" *Faça a coisa certa*, eu estava ciente de que escrever e publicar o que eu pensava poderia ter consequências negativas. Pensadores e escritores negros que atuam na academia, como todos os outros grupos marginalizados, são constantemente submetidos a escrutínio. Muitas vezes colegas leem meu trabalho e concluem arbitrariamente que "ela odeia pessoas brancas". Compartilho isso para que as pessoas possam ter uma ideia do motivo de os acadêmicos negros às vezes encontrarem dificuldades em escrever, da maneira que gostaríamos, sobre tudo o que queremos escrever. E o mesmo vale para os críticos culturais negros que não estão na academia. Quando se tenta publicar o que quer que seja (livro, artigo, resenha), geralmente há uma hierarquia branca que decide quem vai editar o trabalho. Recentemente escrevi um texto sobre ministrar cursos de estudos sobre mulheres para estudantes negros. Quando ele me foi devolvido, já editado, notei que todos os comentários críticos que eu havia feito sobre feministas brancas haviam sido deletados.

Produzimos críticas culturais no contexto da supremacia branca. Às vezes, mesmo os brancos mais progressistas e bem-intencionados, nossos amigos e aliados, podem não entender por que um escritor negro tem de dizer algo de uma certa maneira, ou por que não queremos explicar o que foi dito, como se as pessoas às quais dirigíssemos nossa escrita, em primeiro lugar, fossem os leitores brancos privilegiados. Enquanto escrevia estes ensaios, refleti de forma bastante consciente sobre o processo de descolonização, sobre o que acontece quando nós, negros, começamos a descolonizar nosso pensamento, quando escrevemos a partir dessa perspectiva e depois passamos o trabalho para preparadores e editores que podem não ter a mínima ideia do que estamos tentando dizer ou que podem tentar reorganizar o trabalho para que ele diga outra coisa. Dirigindo para casa depois de ver no cinema *Assassinato sob custódia*, de Euzan Palcy, com meu melhor amigo de infância, tentei descrever os pensamentos e sentimentos que tive enquanto assistia ao filme, mas me vi incapaz de articulá-los claramente. Depois de momentos de choro violento, senti uma raiva enorme de como os contextos ocidentais de censura velada — a supremacia branca, a academia — dificultam que digamos o que realmente queremos dizer. E todo escritor negro sabe que as pessoas que você talvez mais deseja que ouçam suas palavras podem nunca as ler, que muitas delas nunca aprenderam a ler. Finalmente, encontrei palavras que pudessem expressar minhas impressões do filme em textos e conversas. Eram palavras carentes do fogo que eu havia sentido inicialmente, embora algumas faíscas permanecessem. Compartilho o drama que está por trás de alguns destes ensaios porque sempre me espanto com o fato de que, não importa o quanto escrevamos, as dificuldades de expressão não deixam de ser menos dolorosas. Anos atrás, ouvi o escritor cubano Edmundo Desnoyez falar sobre a obsessão dos cidadãos dos Estados Unidos com a questão da "censura" nos países comunistas. Pouco se comentou, quando foi apontado, que a censura ocorre em nossa sociedade de formas mais sutis, sendo a principal delas o processo de edição e/ou rejeição de manuscritos. Os escritores radicais que criam obras transgressoras muitas vezes são informados não de que são demasiadamente políticos ou "de esquerda", mas simplesmente de que não têm boas chances de venda, ou de que os leitores simplesmente não se interessarão pela perspectiva que trazem.

Quando escrevi o ensaio sobre *Looking for Langston* [Em busca de Langston], o mais recente filme de Issac Julien, não estava pensando em quem o publicaria. Irritada com o fato do pouco que havia sido dito sobre o filme na imprensa não ter dado a ele a devida consideração, eu queria expressar o modo que vivenciei o filme. Quando enviei o texto para a Z, incluí uma nota dizendo que havia percebido que ele não tinha sido escrito no estilo que eles consideram mais acessível para seus leitores, mas eu queria oferecer a eles essa reflexão crítica sobre o filme, mesmo que parecesse poética ou onírica demais para a Z. A nota era realmente um apelo para que eles publicassem o texto "como estava", sem mudanças. Trabalhando na academia, eu posso "inventar" tempo para escrever longos ensaios que podem não vir a ser publicados em lugar algum. Uma das razões pelas quais não há mais escritores negros fazendo crítica cultural é a dificuldade de encontrar tempo para escrever ensaios que talvez nunca sejam remunerados ou publicados. Certamente é o caso de escritores que estão tentando ganhar a vida vendendo seu trabalho. E até que ponto os escritores tentam "vender" seus textos para pagar as contas muitas vezes é o que determina o quão dispostos estão a se submeter a edições indesejadas. É um tipo de situação bem difícil, às vezes.

Ao contrário de outras antologias pretensiosas sobre crítica cultural, *Anseios* inclui ensaios feministas sobre raça e gênero. Como tenho escrito sobre cinema e televisão, hoje tenho leitores que me dizem de forma bem direta que não estão interessados em "materiais feministas" ou naquela "coisa de raça". Diversos ensaios desta coletânea discutem como a crítica cultural às vezes é vista como uma maneira de não abordar assuntos de um ponto de vista claramente politizado. Críticos (Cornel West, Greg Tate, Lawrence Grossberg, Andrew Ross, Michele Wallace, Jane Gaines, para citar aleatoriamente alguns) que não veem a necessidade de separar a política do prazer de ler uma obra intensa e criticamente comemoram a coexistência dessas preocupações. É claro que fico mais empolgada ao escrever e ler críticas culturais que estejam ligadas a uma preocupação em transformar estruturas opressivas de dominação. É esse o tipo de trabalho que quero fazer, tanto como artista quanto como crítica.

Por fim, reuni este conjunto de ensaios sob o título *Anseios* porque, enquanto eu procurava paixões comuns, sentimentos compartilhados pelas pessoas no que diz respeito a raça, classe, gênero e vida sexual, fiquei impressionada com os desejos mais profundos que muitos de nós levamos. Quem não tem dinheiro deseja encontrar uma maneira de se livrar de um sentimento de privação sem fim. Quem tem dinheiro se pergunta por que é tão difícil encontrar significado nas coisas, e deseja encontrar o lugar do "significado". Ao testemunhar o modo genocida como a dependência de drogas vai devastando famílias e comunidades negras, comecei a "ouvir" esse anseio por uma droga como, em parte, uma forma de deslocamento em direção à tão desejada libertação — a liberdade de controlar o próprio destino. Nosso desejo político de mudança é muitas vezes visto separado dos anseios e paixões que consomem tanto do nosso tempo e energia na vida cotidiana. O domínio da fantasia, em particular, é frequentemente visto como se fosse completamente separado da política. Ainda assim, penso em todo o tempo que os negros (especialmente os de classe baixa) gastam apenas fantasiando sobre como seria nossa vida se não houvesse racismo nem supremacia branca. Certamente, nosso desejo de mudança social radical está intimamente ligado ao desejo de sentir prazer, satisfação erótica e muitas outras paixões. Por outro lado, há muitos indivíduos que detêm privilégios de raça, gênero e classe e anseiam por mudanças revolucionárias que coloquem um basta na dominação e na opressão, mesmo que sua vida seja completa e totalmente transformada. O "anseio", como espaço compartilhado e sensação, torna possível um terreno comum no qual todas essas diferenças possam confluir e mobilizar umas às outras. Pareceu-me apropriado, então, expressar este anseio.

02.
a política da subjetividade negra radical

Com frequência dou início a meus cursos sobre literatura afro-americana, e às vezes alguns com foco especial em escritoras negras, com uma afirmação de Paulo Freire que teve um efeito libertador sobre minha forma de pensar: "É necessário que os oprimidos [...] cheguem [à luta] como sujeitos, e não como objetos". Essa afirmação nos leva a refletir sobre como nós, os dominados, os oprimidos, os explorados, nos sujeitamos. De que maneira podemos criar uma visão de mundo questionadora, uma consciência, uma identidade e um ponto de vista que existem não apenas como luta contra a desumanização, mas também como movimento que permite uma formação ampla e criativa? Oposição não é o bastante. No espaço deixado por aquele que resiste ainda há a necessidade do devir — da renovação de si mesmo. A resistência é a luta que compreendemos com mais facilidade. Até mesmo os indivíduos mais sujeitados têm momentos de raiva e ressentimento tão intensos que os levam a reagir e a confrontar. Essa revolta interior conduz à rebelião, mesmo que breve. Ela pode durar pouco tempo, mas existe. Esse espaço onde a resistência ocorre no interior do indivíduo permanece; portanto, é diferente de falar sobre tornar-se sujeito. Esse processo se inicia quando o indivíduo busca compreender como as estruturas de dominação atuam em sua própria vida, à medida que desenvolve consciência e pensamento críticos, inventando novas formas de existir e de resistir distintas do espaço marginal da diferença internamente definida.

A análise retrospectiva da luta pela libertação negra nos Estados Unidos indica até que ponto as ideias sobre "liberdade" se baseavam na emulação do comportamento, do estilo de vida e, acima de tudo, dos valores e da consciência dos colonizadores brancos. Boa parte da reforma dos direitos civis reforçou a ideia de que a libertação negra deveria ser definida pelo acesso dos negros às mesmas oportunidades materiais e aos mesmos privilégios disponíveis aos brancos — emprego, moradia, educação etc. E, muito embora o movimento negro radical dos anos 1960 repudiasse a imitação dos brancos, preferindo se basear em conexões pan-africanas, sua visão sobre a libertação não era especialmente revolucionária. Decerto, o cerne da iniciativa de libertação muçulmana negra também se concentrava no acesso a privilégios materiais (ainda que com base no controle e na autodeterminação dos negros), já que esse seria o processo de formação nacional que lançaria os homens negros a posições de autoridade e poder.

O machismo minou o poder de todas as lutas pela libertação negra — fossem elas reformistas ou revolucionárias. Por ironia, as iniciativas nacionalistas mais radicais de libertação negra se baseavam em formas de machismo muito mais graves que as presentes em qualquer reforma dos direitos civis ocorrida anteriormente. Os legados de Fannie Lou Hamer, Septima Clark, Rosa Parks, Ella Baker, e de muitas mulheres negras desconhecidas, são um testemunho da força de sua presença, da intensidade e do valor de suas contribuições para as lutas pelos direitos civis. A obra das mulheres negras que participaram do movimento *black power* dos anos 1960 frequentemente era apropriada por homens negros sem qualquer menção ou reconhecimento. Testemunhemos o destino de Ruby Doris Smith Robinson (um artigo excelente sobre seu envolvimento na luta foi publicado em 1988 no suplemento estudantil *SAGE: A Scholarly Journal on Black Women*). Ao comentar sobre o ativismo de Robinson, Kathleen Cleaver indica que ela foi alvo de um machismo severo e incansável. Segundo Cleaver, "ela foi destruída pelo movimento".

A insistência em valores patriarcais — na suposição de que a libertação negra seria o mesmo que dar aos homens negros acesso ao privilégio masculino que os permitiria exercer seu poder sobre as mulheres negras — foi uma das principais forças responsáveis por enfraquecer a luta racial. Uma ampla revisão dos papéis de gênero teria levado os líderes das lutas pela libertação negra a criar novas estratégias, abordando a subjetividade negra de modo visionário. A escritora, ativista e pensadora feminista Toni Cade Bambara participou da luta pela libertação negra nos anos 1960, sempre enfatizando o poder debilitante do machismo que determinava o status social das mulheres negras, nossa participação nos direitos civis, assim como seu impacto negativo sobre qualquer tentativa de transformar radicalmente a subjetividade negra. Seu ensaio "On the Issue of Roles" [Sobre a questão dos papéis] ainda representa uma importante crítica do machismo, ao documentar a demanda por um programa distinto. Bambara destaca especificamente o perigo representado pela ênfase machista na submissão da mulher negra e seu silenciamento em nome da libertação. Sobre os papéis sociais atribuídos às mulheres negras, Bambara afirma:

> Espera-se que ela desempenhe a função impossível de serva muda que neutralizaria as tensões ácidas que existem entre homens negros e mulheres negras. Essa mulher é encorajada — em nome da revolução — a cultivar "virtudes" que, se fossem listadas, se pareceriam com os traços de personalidade dos escravos. Em outras palavras, ainda abusamos uns dos outros, abortamos a natureza alheia — a despeito de experiências pessoais e históricas que deveriam nos alertar para o horror de uma situação que afirmamos ser de libertação, mas na qual agimos de maneira limitante; nos gabamos de estar corretos, mas ignoramos o perigo inerente ao fato de que metade de nossa população enxerga a outra metade com tamanha condescendência e, talvez, medo, que metade considera necessário "afirmar sua masculinidade" ao negar às mulheres seu status de seres humanos. Talvez seja necessário abrir mão das noções de masculinidade e feminilidade, para que possamos nos concentrar na negritude. Afinal, ainda há muito trabalho pela frente. Precisamos nos purgar. Talvez seja preciso menos coragem para pegar em armas do que para enfrentar a tarefa de criar uma nova identidade, um novo eu, talvez andrógino, por meio do comprometimento com nossa luta.

Infelizmente, o conflito em torno dos papéis de gênero nos anos 1960 não teve soluções e debates frutíferos. Coletivamente, homens e mulheres negras não passaram a questionar as normas machistas.

O movimento feminista contemporâneo ainda não teve um impacto revolucionário sobre o pensamento político negro.

Politicamente, os homens negros continuam a assumir papéis de liderança política, raramente dedicando sua atenção à necessidade de mudança na forma de pensar sobre gênero. Mesmo quando Jesse Jackson destacou os papéis de gênero em sua campanha, seus comentários se dirigiam sobretudo às eleitoras brancas. Muitas apoiadoras de Jesse Jackson eram mulheres negras; ainda assim, ele nunca fez apelos específicos a respeito das questões de gênero que afetam profundamente nosso futuro, como a pobreza e os cuidados com as crianças. Homens e mulheres negras se recusam a levar em conta a importância de erradicar o machismo que traz tantas consequências negativas para a solidariedade negra.

Nesse cenário cultural, uma clara polarização surgiu entre muitos homens e mulheres negros, sugerindo que nossas preocupações não são as mesmas, que não compartilhamos as bases comuns onde podemos nos engajar no diálogo crítico sobre estética, gênero, políticas feministas. Os espectadores da controversa peça *The Colored Museum* [Museu negro] não deixam de notar que boa parte da produção cultural negra que é ridicularizada e ironizada no palco representa ora os interesses das mulheres negras, ora o trabalho criativo de artistas negras. Exemplos culturais que exibem homens e mulheres negras em um relacionamento de constante conflito podem ser vistos nas reações críticas ao livro *A cor púrpura*, de Alice Walker; nos comentários contundentes de Stanley Crouch sobre *Amada*, de Toni Morrison; e nas discussões sobre os filmes de Spike Lee, como *Ela quer tudo* e *Lute pela coisa certa*, que contrastam como dois homens se engajam em conexões masculinas por meio do envolvimento na política global e na desumanização machista das mulheres negras como rito de iniciação que permite a afirmação da fraternidade e do poder negro. Sem falar nas peças de August Wilson. *Fences* [Cercas] retrata as complexas contradições negativas que compõem a masculinidade negra em um contexto social supremacista branco. Entretanto, o patriarcado não é criticado e, embora as expressões trágicas da masculinidade convencional sejam evocadas pela peça, os valores machistas são reestabelecidos por meio da mensagem de redenção da mulher negra ao final do espetáculo.. Exemplos do brutal conflito entre mulheres e homens negros também são abundantes nas obras de ficção escritas por mulheres negras — *The Women of Brewster Place*[6] [As mulheres de Brewster Place], *O olho mais azul*,[7] *The Third Life of Grange Copeland*[8] [A terceira vida de Grange Copeland] —, que destacam os papéis de gênero dos personagens, especialmente o machismo dos homens negros. Além disso, há também a reação literária a essa representação, em obras como *Reckless Eyeballing*[9] [Encarada imprudente], de Ishmael Reed e, mais recentemente, *Platitudes*,[10] de Trey Ellis.

Muitas das obras que citei estão longe de representar práticas culturais contra-hegemônicas. Em alguns casos, o pano de fundo político presente em obras específicas chega a ser reacionário e conservador. A negritude não significa que nossa

---

6. Obra de Gloria Naylor publicada em 1982. Em 1989, foi transformada em minissérie nos RUA, com Oprah Winfrey no papel principal. [N.T.]
7. Livro de estreia de Toni Morrison, lançado em 1970. [N.T.]
8. Romance de Alice Walker (mesma autora de *A cor púrpura*, que foi adaptado para o cinema em 1985, com direção de Steven Spielberg) publicado em 1970. [N.T.]
9. Publicado em 1986. [N.T.]
10. Publicado em 1988. [N.T.]

posição é inerentemente opositiva. Nossas obras criativas são moldadas por um mercado que reflete valores e preocupações supremacistas. Para qualquer pessoa que escreve nesse contexto social, é óbvio que as obras de ficção que têm maior valor de mercado são as que destacam a opressão que os homens negros exercem sobre as mulheres negras, deixando em segundo plano as opressões do racismo branco sofridas pela população negra em geral. As narrativas criativas que relatam o conflito de gênero entre homens e mulheres negros muitas vezes são admiráveis e tocantes; no entanto, raramente sugerem possibilidades e direções estéticas de resistência. Em geral, essas narrativas dão uma roupagem nova para velhos temas: são relevantes por chamarem a atenção para a necessidade de obras visionárias e criativas que ampliem nossa compreensão de nós mesmos e da identidade, embora elas próprias nem sempre sejam capazes de fazê-lo. Essas obras indicam como nossa luta pela subjetividade foi moldada durante muito tempo pelo heterossexismo, uma autonarrativa limitada pelo paradigma dos relacionamentos entre casais. Ainda assim, a produção cultural continua sendo o espaço em que podem surgir pensamentos transformadores acerca da natureza da experiência negra.

Não é por mero acidente do destino que a produção cultural seja o espaço do discurso atual sobre a subjetividade negra. A arte continua sendo o ambiente criativo onde "tudo é possível", especialmente quando não se busca criar um produto que atenda aos interesses do mercado. A incapacidade de criar paradigmas libertadores para a subjetividade negra em âmbitos puramente políticos se deve, em parte, à falta de imaginação crítica entre os negros. Ainda assim, mesmo no campo da cultura, as discussões sobre a subjetividade negra frequentemente se limitam ao tema da representatividade, das imagens boas e ruins, ou são contidas por projetos que visam recuperar e/ou inventar tradições (expressadas nos círculos literários pela busca da formação de um cânone). Curiosamente, essas duas empreitadas não representam iniciativas de resistência. O foco em imagens boas e ruins está mais fundamentalmente conectado ao dualismo metafísico ocidental que serve de base filosófica para a dominação racista e machista, do que a uma tentativa radical de repensar as identidades culturais negras. Ao mesmo tempo que o foco na formação de um cânone legitima o trabalho criativo de escritores negros nos círculos acadêmicos, ele também reforça o conceito branco hegemônico de cânone autoral.

As construções mais fascinantes da subjetividade negra (e do pensamento crítico a seu respeito) frequentemente surgem entre escritores, críticos culturais e artistas que se encontram à margem de diversas práticas. Eu me identifico com esse grupo, imaginando que estou em uma multidão de conhecidos e desconhecidos. Nós compartilhamos o compromisso com a esquerda política (sim, já que criticamos o capitalismo e exploramos as possibilidades revolucionárias do socialismo); nos preocupamos com o fim de todas as formas de dominação; gostamos de ler e nos ocupamos com questões de estética (se eu pudesse, tatuaria no meu coração: "estilo é tudo"); gostamos de todo tipo de cultura e não temos medo de perder nossa negritude; nos vemos como parte do povo, mas não deixamos de reconhecer nossos privilégios, não importa quais sejam. Alguns de nós somos da classe trabalhadora, o que dá um caráter único e intenso à nossa luta por uma subjetividade negra radical, já que não desejamos romper com nossas origens. Todos nós reconhecemos a primazia das políticas identitárias como estágio fundamental para o processo de libertação. Citamos Audre Lorde, segundo a qual "as ferramentas do senhor nunca derrubarão a casa-grande", para reivindicar o terreno sobre o qual estamos construindo "nosso lar" (e não estamos falando de guetos e favelas). Nós nos preocupamos com o destino do planeta e alguns de nós acreditamos que ter uma vida simples faz parte de uma prática política revolucionária. Temos um senso de sagrado. O chão no qual nos apoiamos é movediço, frágil e instável. Somos vanguardistas, mas apenas na medida em que evitamos noções essencialistas de identidade e criamos nosso "eu" a partir do encontro entre diversas epistemologias, hábitos de existência, espaços concretos de classe e atitudes políticas radicais. Acreditamos na solidariedade e estamos trabalhando para construir espaços onde mulheres e homens negros possam dialogar sobre tudo, espaços onde possamos nos engajar em embates críticos sem violarmos uns aos outros. Nós nos preocupamos com a cultura e a identidade negras.

    A identidade cultural passou a ser considerada um tema desinteressante em alguns círculos. Uma das pessoas que mencionei anteriormente sugere que "a ênfase na cultura é um sinal de derrota política". Eu, por outro lado, acredito ser muito pragmático trocar o cenário da ação quando o espaço de atuação política não permite mudanças. Nós nos voltamos para a "identidade" e a "cultura" para nos relocar, como prática política — uma identidade que não se baseia em um nacionalismo cultural estreito que mascara o fascínio pelo poder do outro hegemônico branco. Em vez disso, a identidade é evocada como a etapa de um processo por meio do qual se constrói uma subjetividade negra radical. Reflexões críticas recentes sobre noções estáticas da identidade negra pedem uma mudança profunda em nossa percepção acerca de quem podemos ser, sem deixarmos de ser negros. A assimilação, a imitação ou assumir o papel de um outro rebelde e exótico não são e nunca foram nossas únicas possibilidades. Por essa razão, é preciso mudar radicalmente as noções de política identitária, de modo a explorar cenários marginais como espaços onde possamos nos tornar aquilo que desejamos, sem abandonar o comprometimento com a luta pela libertação negra. Um esforço similar tem ocorrido na teoria feminista, na qual existe uma crítica das políticas identitárias baseadas em essencialismos, embora a conexão entre identidade e política seja reafirmada. Linda Alcoff problematiza esses temas em seu ensaio "Cultural Feminism versus Post-Structuralism: The Identity Crisis in Feminist Theory" [Feminismo cultural versus pós-estruturalismo: a crise de identidade na teoria feminista].

> As políticas identitárias possibilitam uma resposta decisiva à tese humana genérica e às metodologias tradicionais da teoria política ocidental. [...] Se combinarmos o conceito de identidade política à concepção do sujeito como posicionalidade, poderemos conceber o sujeito como não essencializado e oriundo de uma experiência histórica.

Tal ponto de vista permitiria que os negros deixassem de lado noções estreitas de identidade negra.

As afirmações de identidade que tornam as construções da subjetividade negra mais complexas e variadas frequentemente são renegadas pelas forças de policiamento conservadoras — ou seja, por pessoas negras que negam as diferenças entre nós, afirmando que determinadas pessoas são negras, enquanto outras não são. Quando eu era criança, sempre que imaginava uma vida que diferia do *status quo* da minha família, ou das normas de nossa comunidade negra segregada, diziam que eu era a "Miss Moça Branca". Esse processo de excomunhão social da "negritude" vai muito além do ambiente familiar. As pessoas que se preocupam com a preservação de identidades estereotípicas estão entre as mais virulentas na afirmação de que determinadas pessoas não são "negras". Ainda assim, confrontar essas forças de estereotipagem que não desejam chamar a atenção para noções mais fluidas de identidade negra, ou para perspectivas marginais, não é nem de longe tão frustrante quanto confrontar a vanguarda branca em contextos culturais impregnados de carga política, nos quais existe uma tentativa de apropriação das iniciativas radicais que visam subverter noções estáticas sobre a identidade negra. Essa apropriação ocorre o tempo todo. Ela é representada pela visão de que a cultura afro-americana existe apenas para sugerir novas direções estéticas e políticas para o uso dos brancos. Segundo Michele Wallace, esse processo define a cultura afro-americana como "o ponto de partida da autocrítica branca".

    Um exemplo que logo vem à mente diz respeito aos esforços feitos por mulheres não brancas para chamar a atenção para o racismo que existe no interior do movimento feminista, assim como para o debate sobre identidade racial que se baseia em um ponto de vista que objetiva desconstruir o significado de "mulher" enquanto categoria. Essas discussões foram parte da luta das mulheres não brancas pelo direito à fala e pela afirmação de outras narrativas feministas. Muitas feministas brancas reagiram prestando atenção apenas ao que era dito sobre raça e, mais especificamente, sobre racismo. O foco exclusivo na questão do racismo permitiu uma recentralização da presença autoral branca. As feministas brancas puderam então recuperar a centralidade por meio do envolvimento nos debates sobre raça, sobre "o Outro", de modo a marginalizar ainda mais as mulheres não brancas, cujas obras são frequentemente relegadas ao âmbito limitado da experiência. No entanto, as premissas teóricas que implicaram a reconsideração da categoria de "mulher", passando a levar em conta sua raça, conforme debatidas nas obras de pensadoras como Teresa de Lauretis e Elizabeth Spelman, entre muitas outras, foram estabelecidas por mulheres não brancas. Entre as pensadoras feministas da elite branca dos Estados Unidos, as obras de mulheres não brancas geralmente são citadas apenas quando se trata de debates raciais. Nossa obra é subordinada e utilizada para reforçar afirmações acerca da raça e da Outridade. Meu livro *Feminist Theory: From Margin to Center* [Teoria feminista: das margens ao centro] certamente não se concentra em temáticas raciais. Ainda assim, ele geralmente é citado como se esse fosse seu tema central.

A subjetividade radical negra só pode ser reconhecida pelos outros sem uma constante resistência política nos contextos em que pessoas brancas e as elites do Terceiro Mundo não busquem manter a hegemonia cultural, insistindo que sejamos aquilo que esperam de nós. Esses contextos são raros. Recentemente, presenciei Cornel West realizar uma palestra comovente e perspicaz: "De-centering Europe: The Crisis of Contemporary Culture"[11] [Descentralizando a Europa: a crise da cultura contemporânea]. Embora o conteúdo fosse altamente intelectualizado e teórico, sua forma de palestrar era similar aos sermões populares nas comunidades negras, onde esse estilo de apresentação indica profundidade e seriedade. No contexto das instituições brancas, sobretudo das universidades, esse modo de falar com o público é questionável justamente porque mexe com os ouvintes. Nesses espaços, o excesso de estilo é visto como falta de conteúdo. West não apenas transformou o espaço social, legitimando um aspecto da experiência negra em um contexto que raramente reconhece o valor da cultura negra, como também foi capaz de falar de uma maneira que incluía no debate o público não acadêmico. Seu estilo de apresentação exigiu que os ouvintes mudassem seus paradigmas; um aspecto marginal da identidade cultural negra ganhou centralidade. Para compreender o que estava acontecendo, as pessoas foram obrigadas a assumir um novo ponto de vista literário. Esse é um exemplo de prática cultural contra-hegemônica. Foi uma afirmação de uma subjetividade radical negra.

Quando sujeitos negros expressam múltiplos aspectos de nossa identidade, que emergem de um local distinto, não é raro que passemos a ser vistos pelos outros brancos como um "espetáculo". Por exemplo, quando dou uma palestra acadêmica sem ler um papel, me valendo de um modo negro de

---

[11]. Palestra proferida em Harvard e publicada em 1991 na *Critical Quarterly*, n. 33, v. 1, pp. 1-19. Disponível em: <academiccommons.columbia.edu/doi/10.7916/D8QR56Z2>. Acesso em: 26 ago. 2019. [N.T.]

narração performática, corro o risco de ser vista pelo outro branco dominante como despreparada, ou como simples entretenimento. Ainda assim, esse modo de ver não pode ser o fator que determina o estilo da apresentação nem o conteúdo da obra. Para que possamos retirar a centralidade do outro opressor, recuperando nosso direito à subjetividade, é fundamental que insistamos em determinar como somos, sem depender de respostas colonizadoras para estabelecer nossa legitimidade. Não estamos à procura do reconhecimento desse Outro. Nosso reconhecimento parte de nós mesmos e do desejo de manter contato com todos aqueles que se unem a nós de maneira construtiva.

Em um ensaio sobre práticas culturais contra-hegemônicas, afirmei que a marginalidade é um local de transformação onde a subjetividade pode surgir livremente, enfatizando que existe uma "distinção bem definida entre a marginalidade imposta pela estrutura opressiva e a marginalidade escolhida como espaço de resistência, como âmbito de possibilidade e abertura radical". A teórica Gayatri Spivak afirma se sentir "tocada por textos em que grupos supostamente marginais, em vez de buscarem a centralidade, redefinem o humano com H maiúsculo nos termos do marginal". Essa jogada subversiva ocorre com muito mais facilidade no âmbito dos "textos" do que no mundo da interação humana que não se concentra na leitura privatizada, onde essas estratégias põem em xeque, rompem e ameaçam — onde a repressão é real. Eu me sinto tocada pelo confronto com a diferença que ocorre em novas áreas, no espaço marginal contra-hegemônico onde a subjetividade radical negra é *vista*, não vigiada por um Outro dominante que afirma nos conhecer melhor do que nós mesmos.

03.
negritude
pós-moderna

Os discursos pós-modernos frequentemente são excludentes, mesmo quando chamam a atenção para a experiência da "diferença" e da "Outridade", e até se apropriam dessa experiência para dar sentido, legitimidade e urgência a suas políticas de oposição, quando são acusados de não terem relevância concreta. Pouquíssimos intelectuais afro-americanos discutiram ou escreveram sobre o pós-modernismo. Durante um jantar, conversei sobre a tentativa de compreender a relevância do pós-modernismo para a experiência negra contemporânea. Era um desses eventos sociais onde só havia mais uma pessoa negra além de mim. O ambiente logo foi tomado pelo debate. A outra pessoa negra me disse que eu estava perdendo meu tempo, já que "essas coisas não têm a menor relação com o que está acontecendo aos negros". Falando na presença de observadores brancos, que nos olhavam como se aquele encontro tivesse sido organizado para eles, demos início a um debate acalorado sobre a experiência negra. Aparentemente, ninguém concordava com minha insistência em afirmar que o racismo se perpetua quando a negritude é associada unicamente a experiências viscerais, vistas como de resistência, ou mesmo desconectadas do pensamento abstrato e da produção de teorias críticas. A noção de que não existe conexão significativa entre a experiência negra e o pensamento crítico sobre estética ou cultura deve ser constantemente questionada.

Minha defesa do pós-modernismo e de sua relevância para os negros parecia boa no papel, mas às vezes sentia que me faltava convicção, em grande parte porque costumo abordar o tema com cuidado e desconfiança.

Desconfiada não tanto pelo "senso" do pós-modernismo, mas principalmente pelo linguajar utilizado quando as pessoas falam e escrevem a respeito, eu sentia que observava o discurso de fora para dentro. Enquanto prática discursiva, o pós-modernismo é dominado primariamente pelas vozes de intelectuais brancos e/ou de elites acadêmicas que conversam entre pares, como quem fala em código. Quando leio e estudo seus textos para compreender o pós-modernismo em suas múltiplas manifestações, aprecio o que é dito, mas não me sinto inclinada a me aliar à hierarquia acadêmica e ao exclusivismo que caracterizam o movimento atualmente.

Uma vez que sou crítica da maior parte dos escritos pós-modernos, é possível que eu tenha mais consciência de como o foco na "Outridade" e na "diferença", frequentemente abordado nessas obras, tem um impacto concreto limitado como análise ou ponto de vista capaz de transformar a natureza e os rumos da teoria pós-moderna. Já que grande parte dessa teoria foi construída em reação ou em oposição ao alto modernismo, raramente se encontram menções sobre a experiência negra, ou textos pós-modernos escritos por pessoas negras, especialmente mulheres negras (ainda que em obras mais recentes seja possível encontrar referências a Cornel West, o estudioso negro que mais se engajou no discurso pós-moderno). Mesmo que um aspecto da cultura negra seja tema de um texto crítico pós-moderno, as obras citadas geralmente foram escritas por homens negros. Um texto que imediatamente vem à mente é o capítulo "Hip, and the Long Front of Color" [Estilo, e a grande fachada da cor], do livro *No Respect: Intellectuals and Popular Culture* [Sem respeito: intelectuais e a cultura popular], de Andrew Ross; embora seja um livro interessante, o autor fala da cultura negra como se as mulheres negras não exercessem qualquer papel na produção cultural negra. Ao final do debate de Meaghan Morris a respeito do pós-modernismo em sua coletânea de ensaios *The Pirate's Fiance: Feminism and Postmodernism* [A noiva do pirata: feminismo e pós-modernismo], a autora fornece uma bibliografia de obras escritas por mulheres, identificando-as como contribuições importantes para um discurso acerca do pós-modernismo que apresente novos pontos de vista, além de questionar a hegemonia teórica masculina. Mesmo que muitas dessas obras não abordem diretamente o pós-modernismo, tratam de temas similares. Contudo, não há qualquer referência a obras escritas por mulheres negras.

A incapacidade de reconhecer uma presença crítica negra na cultura e em boa parte da fortuna crítica pós-moderna leva os leitores negros — em especial as leitoras negras — a questionar qual poderia ser seu interesse em um tema discutido por pessoas que parecem ignorar a existência das mulheres negras, sendo portanto incapazes de considerar a possibilidade de que estejamos escrevendo ou dizendo coisas que deveriam ser ouvidas, ou que estejamos produzindo obras de arte que deveriam ser vistas, ouvidas e abordadas com seriedade intelectual. Isso ocorre sobretudo em obras que discorrem longamente sobre como o discurso pós-moderno abriu uma vereda teórica em que "a diferença e a Outridade" podem ser tratadas como temas legitimamente acadêmicos. Confrontando tanto a falta de reconhecimento da presença das mulheres negras em boa parte da teoria pós-moderna, quanto a resistência por parte de muitas pessoas negras em ouvir a respeito da conexão real entre o pós-modernismo e a experiência negra, participo de um discurso e de uma prática sem saber se há um público disposto a escutar minhas palavras.

Ao longo dos anos 1960, o movimento *black power* foi influenciado por perspectivas que poderiam ser facilmente rotuladas como modernistas. É certo que muitas das maneiras com as quais os negros abordaram questões de identidade respondiam aos preceitos universalizantes do modernismo. Eram raras as críticas ao patriarcado como narrativa mestre da militância negra. Mesmo que a ideologia *black power* refletisse uma sensibilidade modernista, esses elementos logo foram considerados irrelevantes, à medida que a militância era sufocada pelo poderoso Estado repressivo pós-moderno. No período imediatamente posterior ao movimento *black power*, revistas de grande circulação traziam artigos com manchetes provocativas, como "Whatever Happened to Black America?" [O que aconteceu com a América negra?]. Essa reação foi uma resposta irônica às exigências agressivas feitas por sujeitos negros marginalizados e descentrados que, ao menos por um período, foram bem-sucedidos em suas demandas por atenção, permitindo que o movimento pela libertação negra ocupasse lugar de destaque na agenda política nacional. Na esteira do movimento *black power*, inúmeros rebeldes foram massacrados e mortos, muitas vozes foram silenciadas por um Estado repressivo e tantas outras perderam a articulação. Foi necessário encontrar novos caminhos para transmitir as mensagens da luta pela libertação negra, novas maneiras de falar sobre racismo e demais políticas de dominação. A prática pós-moderna radical — precisamente definida como "política da diferença" — deveria incorporar as vozes deslocadas, marginalizadas, exploradas e oprimidas das pessoas negras. Ironicamente, o discurso contemporâneo que mais se dedica à heterogeneidade e ao sujeito descentrado — proclamando vitórias que permitiriam o reconhecimento da Outridade — ainda apresenta suas críticas para públicos especializados, que compartilham de uma linguagem baseada justamente nas narrativas mestres que esse discurso pretende questionar. Se o pensamento pós-moderno radical pretende ter um impacto transformador, o rompimento crítico com a noção de "autoridade" como "domínio" não deve existir apenas como recurso retórico. Ele deve se refletir em hábitos de existência, incluindo o estilo de escrita, assim como a escolha dos temas. As pessoas do Terceiro Mundo, as elites e os críticos brancos que absorvem passivamente o pensamento supremacista branco e, portanto, nunca percebem ou olham para os negros nas ruas ou no trabalho, essas pessoas que nos invisibilizam com seu olhar em todos os âmbitos da vida cotidiana, provavelmente não produzirão teorias libertadoras capazes de questionar a dominação racista nem de romper com os modos tradicionais de ver e pensar a realidade, ou com as formas de construir teorias e práticas estéticas. Com base em outro ponto de vista, Robert Storr faz uma crítica similar na revista *Art in America* ao afirmar:

Certamente, boa parte dos questionamentos críticos pós-modernos se concentra em questões de "diferença" e "Outridade". No plano puramente teórico, a exploração desses conceitos produziu resultados importantes, mas na falta de uma pesquisa contínua sobre o que artistas não brancos e que não fazem parte da cultura dominante estariam produzindo, esses debates demonstram não ser nem radicais nem embasados na realidade. A dúvida constante acerca do imperialismo que subjaz à invasão de outras culturas torna as coisas ainda mais complexas e serve como desculpa para que esses teóricos não pesquisem a produção artística de negros, hispânicos, asiáticos e americanos nativos.

Sem conhecimento concreto nem contato com o "Outro" não branco, os teóricos brancos caminham em direções discursivas teóricas que ameaçam e põem em risco a prática crítica que serviria de apoio à luta radical pela libertação.

A crítica pós-moderna da "identidade", ainda que seja relevante para a luta pela libertação negra, frequentemente é feita de forma problemática. Em vista do amplo domínio político da supremacia branca que busca evitar a formação de uma subjetividade radical negra, não podemos descartar arrogantemente a preocupação com as políticas identitárias. Qualquer crítico que explore o potencial radical do pós-modernismo em sua relação com a diferença e com a dominação racial deveria levar em consideração as implicações para os grupos oprimidos de uma crítica ao conceito de identidade. Muitos de nós estamos lutando para encontrar novas estratégias de resistência. Devemos nos engajar na descolonização como uma prática crítica, se quisermos ter chances reais de sobrevivência, mesmo que para isso tenhamos que lidar com a perda das bases políticas que possibilitaram o radicalismo político. Me refiro, por exemplo, à crítica pós-moderna ao essencialismo no que tange à construção da identidade.

A teoria pós-moderna que não busca simplesmente se apropriar da experiência da "Outridade" para abrilhantar o discurso, ou para ser radicalmente chique, não deveria separar a "política da diferença" da política do racismo. Para levar o racismo a sério, é preciso considerar a luta das pessoas não brancas — em sua maioria negras — pertencentes às classes populares. Para os afro-americanos, nossa condição coletiva anterior ao advento do pós-modernismo — e que ganha contornos especialmente trágicos sob as atuais condições pós-modernas — se caracteriza pelo contínuo deslocamento, por uma profunda alienação e pela falta de esperança. Ao escrever sobre os negros e o pós-modernos, Cornel West descreve nossa batalha coletiva:

> Existe uma crescente divisão e diferenciação de classe que cria, por um lado, uma significativa classe média negra, tomada pela ansiedade, pela insegurança e pelo desejo de ser cooptada e incorporada pelos poderes estabelecidos, preocupada com o racismo apenas enquanto entrave para sua ascensão social; e, por outro lado, uma enorme e crescente classe subalterna negra que representa um tipo de niilismo ambulante marcado pelo vício generalizado em drogas, pelo alcoolismo generalizado, pelos assassinatos generalizados e por um aumento exponencial nos casos de suicídio. Agora, graças à desindustrialização, também estamos diante da devastação da classe trabalhadora negra na indústria. Estamos falando de uma profunda falta de esperança.

Essa falta de esperança gera o desejo por uma visão e por estratégias de mudança capazes de renovar espíritos e reconstruir as bases para a luta coletiva pela libertação negra. O impacto do pós-modernismo pode ser visto no fato de que muitos outros grupos passaram a compartilhar com os negros a sensação de profunda alienação, desespero, incerteza e de perda de um senso de pertencimento, embora não vivenciem as mesmas circunstâncias. O pós-modernismo radical chama a atenção para as sensibilidades compartilhadas que superam as fronteiras de classe, gênero, raça, e que podem dar origem à empatia — laços que promovem o reconhecimento dos compromissos comuns e que servem de base para a solidariedade e a coalizão.

"Anseio" é a palavra que melhor descreve o estado psicológico compartilhado por muitos de nós, superando barreiras de raça, classe, gênero e práticas sexuais. Especificamente em relação à desconstrução pós-moderna das narrativas "mestres", o anseio que flui no coração e na mente das pessoas que foram silenciadas é o desejo de uma voz crítica. Não surpreende, portanto, que o rap tenha superado o *rhythm and blues* como a música preferida dos jovens negros, nem que tenha surgido como uma forma de "testemunho" para as classes subalternas. Isso permitiu que os jovens negros das classes populares desenvolvessem uma voz ou, nas palavras de um grupo de jovens negros, uma "alfabetização comum". O rap projeta uma voz crítica que explica, exige e instiga. Ao desenvolver esse argumento no ensaio "Putting the Pop Back into Postmodernism" [Devolvendo o pop ao pós-modernismo], Lawrence Grossberg comenta:

A sensibilidade pós-moderna se apropria de práticas como a ostentação, com o objetivo de anunciar sua própria — e, por consequência, nossa própria — existência, assim como um rapper que ostenta suas conquistas imaginárias (ou reais — não faz diferença). Essas práticas oferecem formas de empoderamento não apenas frente ao niilismo, mas através das formas do próprio niilismo: um niilismo empoderador, um momento de positividade através da formação e da estruturação de relações afetivas.

Considerando que é como sujeito que alguém ganha voz, a ênfase pós-moderna na crítica da identidade parece à primeira vista ameaçar e impedir a possibilidade de que esse discurso e essa prática permitam que aqueles que sofreram os efeitos paralisantes da colonização e da dominação ganhem ou recuperem a capacidade de ouvir. Mesmo que essa sensação de ameaça e de medo se baseie na incompreensão do projeto político pós-moderno, ela determina as reações. Nunca fico surpresa quando os negros reagem à crítica ao essencialismo, especialmente quando esta nega a validade da política identitária, ao afirmar: "Obviamente, é muito mais fácil abrir mão da identidade quando você já tem uma". Não deveríamos desconfiar das críticas pós-modernas ao "tema", quando surgem justamente em um momento histórico em que muitos povos subjugados ganham uma voz pela primeira vez? Embora essa seja uma resposta apropriada em muitos casos, ela não altera nem transforma o discurso de modo significativo.

A crítica às direções tomadas pelo pensamento pós-moderno não deveria nos impedir de chegar a conclusões que ampliem nossa compreensão da experiência afro-americana. A crítica ao essencialismo encorajada pelo pensamento pós-moderno é útil para os afro-americanos que se preocupam em reformular noções antiquadas de identidade. Durante muito tempo nos impuseram interna e externamente uma visão estreita e restritiva de negritude. As críticas pós-modernas ao essencialismo que põem em xeque noções de universalidade e de identidades excessivamente pré-determinadas no interior da cultura de massa e da consciência das massas podem abrir novas possibilidades para a construção de si e para a afirmação da própria agência.

A crítica ao essencialismo permite que os afro-americanos reconheçam a maneira por meio da qual a mobilidade social alterou a experiência coletiva dos negros, de modo que o racismo não tenha mais necessariamente o mesmo impacto sobre nossa vida. Essa crítica permite que afirmemos diversas identidades negras, assim como diferentes experiências da negritude. Ela também questiona os paradigmas imperialistas coloniais da identidade negra, que representam a negritude de maneira unidimensional, reforçando e sustentando a supremacia branca. Esse discurso criou a ideia do "primitivo", promovendo a noção de que existe uma experiência autêntica, tornando "naturais" as expressões da vida negra que se conformam a padrões e estereótipos preexistentes. Abandonar noções essencialistas representaria um enorme desafio para o racismo. A luta contemporânea de resistência afro-americana deve se basear em um processo de descolonização que constantemente se oponha à reafirmação da noção de uma identidade negra "autêntica". Essa crítica não deve ser equiparada à negação da luta dos oprimidos e dos explorados pelo direito de nos tornarmos sujeitos. Ela também não deve negar que, em determinadas circunstâncias, essa experiência nos oferece um ponto de vista crítico privilegiado a partir do qual podemos falar. Isso não é o mesmo que reestabelecer as narrativas mestras modernistas de autoridade, que privilegiam algumas vozes por meio da negação de outras. Parte de nossa luta por uma subjetividade negra radical é a resistência e a busca por modos libertadores de construir identidades. A incapacidade, por parte de muitos afro-americanos, de criticar o essencialismo se baseia no medo de que isso leve os negros a perderem de vista a história e a experiência específicas dos afro-americanos, assim como as sensibilidades e a cultura que tiveram origem nessa experiência. Uma reação adequada a esse temor é criticar o essencialismo sem deixar de enfatizar a importância da "autoridade da experiência". Existe uma diferença radical entre repudiar a ideia de que existe uma "essência" negra e reconhecer a maneira pela qual a identidade negra foi especificamente constituída por meio da experiência do exílio e da luta.

Quando pessoas negras criticam o essencialismo, nos empoderamos a ponto de reconhecer as múltiplas experiências da identidade negra configuradas pelas condições vividas, que dão origem a produções culturais diversas. Quando essa diversidade é ignorada, é fácil acreditar que os negros se encaixam em duas categorias: nacionalistas ou assimilacionistas, alinhados aos negros ou aos brancos. Reconhecer o impacto do pós-modernismo sobre a experiência negra, especialmente no que tange às transformações em nosso senso de identidade, nos leva a perceber que podemos e devemos rearticular as bases de nossa união coletiva. Em vista das diversas crises que os afro-americanos enfrentam (econômica, espiritual, o crescimento da violência racial), somos compelidos pelas circunstâncias a reavaliar nossa relação com a cultura popular e a luta de resistência. Muitos de nós não quer encarar essa tarefa, assim como muitos pensadores pós-modernos não negros que se concentram teoricamente na questão da "diferença" evitam abordar tópicos como raça e racismo.

A música é o produto cultural criado por afro-americanos que mais atraiu a atenção dos teóricos pós-modernos. Raramente se reconhece que existem muito mais censura e restrição em outras formas de cultura produzidas por negros — literatura, textos críticos etc. A tentativa de editores e casas editoriais de controlar e manipular a representação da cultura negra, assim como o desejo de promover a criação de produtos atraentes para o público em geral, limitam de maneira sufocante as obras que muitos negros acreditam poder criar para receber reconhecimento. Usando a mim mesma como exemplo, minhas obras criativas que, ao meu ver, melhor refletem uma sensibilidade pós-moderna de resistência, obras abstratas, fragmentadas, e narrativas não lineares são frequentemente rejeitadas por editores e casas editoriais. Elas não correspondem ao tipo de obra que esperam das mulheres negras nem ao tipo de escrita com potencial comercial. Certamente não devo ser a única pessoa negra engajada nesse tipo de produção cultural (especialmente as mais experimentais) que se vê constrangida pela falta de público para determinadas obras. É fundamental que os pensadores e teóricos pós-modernos se estabeleçam como públicos para essas obras. Para que isso seja possível, essas pessoas devem utilizar seu poder e seu privilégio no interior dos espaços de escrita crítica, de modo a abrir o campo e torná-lo mais inclusivo. Mudar a prática excludente do discurso crítico pós-moderno é pôr em prática um pós-modernismo de resistência. Parte dessa intervenção implica a participação de intelectuais negros nesse discurso.

No ensaio "Postmodernism and Black America" [Pós-modernismo e a América negra], Cornel West sugere que os intelectuais negros "são marginais — geralmente definhando na conexão entre as culturas negra e branca, ou sofrendo um completo apagamento nos contextos euro-americanos". Ele não vê esse grupo como um potencial produtor do pensamento pós-moderno radical. Embora eu concorde de forma geral com essa avaliação, os intelectuais negros devem assumir o entendimento de que não estamos condenados às margens. A forma como trabalhamos e o que fazemos podem determinar se as obras que produzimos serão relevantes para o público negro em geral, incluindo todas as classes. West sugere que os intelectuais negros não possuem "qualquer relação orgânica com a maior parte da vida negra", e que isso "diminui seu valor para a resistência negra". Essa afirmação apresenta resquícios de essencialismo. Talvez precisemos nos concentrar mais nos intelectuais negros — por mais rara que seja nossa presença — que não sentem essa falta, e cuja obra se dirige fundamentalmente ao crescimento da consciência negra crítica e ao fortalecimento de nossa capacidade de nos engajar em lutas de resistência relevantes. Ideias teóricas e pensamento crítico não precisam ser exclusivamente transmitidos por obras escritas, ou unicamente na academia. Embora eu trabalhe em uma instituição predominantemente branca, permaneço íntima e apaixonadamente engajada na comunidade negra. Não é como se eu fosse debater a escrita e o pensamento pós-moderno com outros acadêmicos e/ou intelectuais sem discutir essas mesmas ideias com pessoas negras não acadêmicas e desprivilegiadas, que são minha família, meus amigos e companheiros. Uma vez que não rompi os laços que me unem à comunidade negra pobre e desprivilegiada, percebi que esse conhecimento pode ser compartilhado, especialmente quando melhora o dia a dia e fortalece nossa capacidade de sobrevivência. Isso significa que nós, críticos, escritores e acadêmicos, devemos nutrir e cultivar nossos laços com a comunidade negra com a mesma atenção crítica que dedicamos à escrita de artigos, ao ensino e às palestras. Mais uma vez, me refiro ao cultivo de hábitos de existência que reforçam a percepção de que o conhecimento pode ser disseminado e compartilhado em diversas frentes. O conhecimento é disponibilizado e se torna acessível de acordo com o comprometimento político de cada um.

A cultura pós-moderna, com seu sujeito descentrado, pode se tornar o ambiente onde laços são rompidos, ou pode permitir o surgimento de formas de conexão novas e variadas. Até certo ponto, rupturas, superfícies, contextualidades e uma série de outros acontecimentos criam os espaços que permitem o surgimento de práticas de resistência que não confinam os intelectuais a esferas limitadas, sem conexão relevante com o mundo cotidiano. Boa parte do engajamento pós-moderno com a cultura tem origem no anseio por um trabalho intelectual que se conecte com os hábitos de existência, com formas de expressão artística e com estéticas que informam o dia a dia de autores e pesquisadores, assim como da população em geral. No terreno da cultura, é possível participar de diálogos críticos com populações pobres e sem instrução, com as classes subalternas negras que refletem sobre estética. É possível falar sobre o que vemos, pensamos ou ouvimos; existe espaço para trocas críticas. É animador pensar, escrever, conversar e criar formas de arte que refletem o engajamento apaixonado com a cultura popular, já que esse pode justamente ser "o" espaço central da luta pela resistência, um ponto de encontro a partir de onde podem surgir acontecimentos novos e radicais.

04.
o *Chitlin circuit*:[12] sobre a comunidade negra

Uma das memórias mais intensas e vívidas da minha infância sempre volta à minha mente: a lembrança do fim da segregação racial nas escolas, o que significou o fechamento de escolas exclusivas para negros, como nossas queridas Booker T. Washington e Crispus Attucks, que ficavam em bairros negros segregados. Nós adorávamos ir à escola, do momento em que saíamos correndo de casa pela manhã até os passos lentos no caminho de volta. Naquele mundo, crianças negras tinham direito à inocência. Não entendíamos direito o significado da segregação, o racismo brutal que havia criado um *apartheid* na sociedade, e ninguém nos explicava. Queriam que passássemos pela infância sem saber o que era aquilo. Só conhecíamos o mundo em que vivíamos

12. *Chitlin circuit* era o nome dado ao conjunto de locais de apresentação em todas as áreas do leste, sul e centro-oeste dos Estados Unidos considerados seguros e aceitáveis para músicos, comediantes e outros artistas afro-americanos que se apresentavam durante a era da segregação racial. O nome deriva de um prato da culinária sulista, o *chitterlings* (intestino de porco cozido); é também um jogo com a expressão *Borscht belt*, que se referia aos *resorts* (principalmente nas montanhas Catskill) populares entre os artistas judeus durante as décadas de 1940 a 1960. [N.T.]

e, enquanto crianças, amávamos aquele mundo de maneira intensa e profunda.

Era o mundo sulista, rural e negro da infância, com gente sentada na varanda dia e noite, vizinhos que ligavam para sua mãe porque você passou por eles e não conversou, e da surra que a gente levava para aprender a ter modos. Era o mundo das professoras negras solteironas, dedicadas e rígidas; elas haviam dado aula para a mamãe, para as irmãs e as amigas. Elas conheciam sua família de um modo que você jamais conheceria, e compartilhavam seus pontos de vista, nos conectando com outras gerações. Era um mundo onde tínhamos história. Havia avós e bisavós, em cujos colos nos sentávamos, e que nos davam todas as coisas maravilhosas que podiam pensar em nos dar. Era um mundo onde essa maravilha podia ser um tomate maduro, colhido durante uma caminhada pela roça do vô Jerry, ou o que você imaginava ser sua roça, porque naquela época você ainda não sabia o que era um "rendeiro". Naquela época você não sabia que a terra não era dele. Na sua mente de criança, aquele terreno só podia pertencer a ele, porque era ele quem o trabalhava, porque ele enchia as mãos de terra e ensinava que você devia amá-la — a terra, o rico solo do Kentucky onde tudo cresce. Nos retiros, ou nos cultos dominicais de verão, nos refrescávamos com leques que abanavam imagens familiares. Movidos pelo mais puro êxtase religioso, encontrávamos a nós mesmos e a Deus. Era um mundo sagrado, um mundo onde tínhamos história.

Aquele mundo negro da minha infância começou a mudar fundamentalmente quando a segregação racial nas escolas acabou. O que mais me lembro daquele tempo é de uma profunda sensação de perda. Doeu muito deixar para trás memórias, escolas que eram "nossas", lugares que amávamos e pelos quais tínhamos carinho, lugares dedicados a nós. Essa foi uma das primeiras grandes tragédias da minha infância. Essa experiência me deixou de luto. Eu me sentava no colégio branco integrado, onde nossa presença atraía ressentimento, uma longa tradição de ódio, e chorava. Chorei durante todos os anos do ensino médio. Chorava de saudades daquilo que perdêramos e me perguntava por que os adultos negros agiam como se não soubessem que estávamos abrindo mão de tanta coisa por tão pouco, que estávamos deixando nossa história para trás.

Algumas cenas de *Praisesong for the Widow* [Elogio à viúva], romance de Paule Marshall, me fazem lembrar dessa perda; o casal negro do livro está tão obcecado por "subir na vida" economicamente no mundo branco que abre mão de quem eles são, de sua própria história. Anos mais tarde, já idosa e passando por um processo de autorrecuperação, a mulher negra percebe que "se comportaram como se nada neles fosse digno de louvor". Contemplando o passado, ela pensa:

> Não podíamos ter agido de outro modo? Será que não havia outro caminho?! [...] Seria possível fazer as duas coisas? Ou seja, batalhar — como fizeram durante tantos anos — para conseguir os meios para sair da rua Halsey e ver os filhos bem formados, mas sem deixar de preservar, proteger e amar as coisas que haviam sido passadas para eles de geração em geração, que os definiram em suas particularidades. A parte mais vívida e valiosa de sua existência.

A passagem "se comportaram como se nada neles fosse digno de louvor" ecoa em meus sonhos. Ela poderia estar escrevendo sobre nós naquela época, quando permitimos que nossas escolas fossem fechadas, quando ninguém falava sobre o que estávamos perdendo, quando não encontramos modos de nos preservar.

Sem vergonha, confesso que sinto muitas saudades daquele tempo, do momento em que me apresentei pela primeira vez para centenas de pessoas no ginásio da Crispus Attucks. Recitei um longo poema. Fazíamos shows de talentos antes dos eventos escolares e, nessas ocasiões, nos apresentávamos e descobríamos nossas veias artísticas. A saudade desse tempo muitas vezes invade meus sonhos, molha meu travesseiro (durante muito tempo, o homem que dormia ao meu lado, cuja pele é quase tão escura quanto a do meu avô, me acordava para dizer "pare de chorar, por que você está chorando?"). Não consigo imaginar o dia a dia sem os rostos negros e pardos do meu povo.

Nostálgica por um senso de lugar, de pertencimento e de união, desejo que os negros voltem a saber, aprendo novamente o sentido de luta. Palavras não bastam para trazer aquele tempo à memória, a doçura de nossa solidariedade, o peso de nossa dor e de nosso sofrimento, a potência de nossa alegria. Naquela época podíamos celebrar; sabíamos reconhecer um bom momento.

Para mim, a experiência de crescer em uma pequena cidade segregada, vivendo no espaço marginal onde os negros (ainda que contidos) exercem seu poder, onde realmente cuidávamos e apoiávamos uns aos outros, foi muito diferente do nacionalismo sobre o qual aprendi nas aulas de estudos negros, ou com os Muçulmanos Negros que vendiam jornais na Universidade Stanford quando eu era caloura. Aquele nacionalismo estava ligado ao capitalismo negro. Eu vim de um mundo rural, onde as pessoas ficavam satisfeitas com pouco, onde Baba, a mãe da minha mãe, fazia sabão, tirava minhocas do chão para usar de isca, montava armadilhas para caçar coelho, produzia manteiga e vinho, costurava mantas e quebrava o pescoço das galinhas; nada disso era o capitalismo negro. A doce comunhão que sentíamos (a forte sensação de solidariedade que nos cercava e me protegia quando eu era criança era algo que achava que todos os negros conhecessem) se baseava no amor, no amor relacional (*relational love*), no cuidado que dedicávamos uns aos outros. Esse tipo de amor foi descrito por Linell Cady no artigo "A Feminist Christian Vision" [Uma visão cristã feminista]:

> O amor é um modo de relação que busca estabelecer conexões entre si e o outro, criando uma unidade a partir de indivíduos anteriormente desligados. Trata-se de um processo em que o isolamento dos indivíduos é superado por meio da formação de conexões entre pessoas. Essas conexões constituem o surgimento de uma vida mais ampla, que inclui e transcende os indivíduos separados. Essa vida mais ampla que surge das relações amorosas entre pessoas não apaga os indivíduos, tornando menos claras suas identidades e preocupações. Não se trata de um todo não diferenciado que esmaga a individualidade. Pelo contrário, essa vida mais ampla criada pelo amor cria uma comunidade de pessoas. Em uma comunidade, as pessoas mantêm sua individualidade e também compartilham o comprometimento com o bem-estar da vida relacional que as une.

É essa experiência de amor relacional, de uma comunidade negra amorosa, que eu desejo conhecer outra vez.

Neste momento histórico, os negros passam por uma profunda sensação coletiva de "perda". A nostalgia do passado é intensa, evocada pela consciência de que o sentimento de comunhão que parecia unir os negros está se desfazendo rapidamente. Estamos divididos. A assimilação arraigada no racismo internalizado nos afasta ainda mais. As reações neonacionalistas não oferecem respostas, uma vez que nos voltam para a improdutiva dicotomia do "nós contra eles", que não é mais capaz de abordar realisticamente os modos de vida das pessoas negras no mundo pós-moderno. Muitos de nós não vivemos em bairros negros. Praticamente todos nós trabalhamos com pessoas brancas. Quase ninguém é autossuficiente; não somos capazes de crescer, construir e consertar as coisas. Muitíssimos de nós somos formados em instituições predominantemente brancas. As relações inter-raciais já se tornaram a norma. O *chitlin circuit* — a rede de negros que se conheciam e se ajudavam — foi desfeito há muito tempo. Obviamente, conforme Marshall sugere em seu romance, as coisas precisam ser feitas de outra maneira. Não podemos voltar ao passado. Embora seja verdade que perdemos a proximidade, ela se baseava nas mesmas estruturas de dominação racista que a luta pelos direitos civis desejava mudar. É igualmente verdade que essa mudança trouxe avanços, diminuindo a brutalidade racista dirigida abertamente contra todos os negros. Em retrospecto, é fácil perceber que o nacionalismo dos anos 1960 e 1970 era muito diferente da solidariedade racial nascida das circunstâncias compartilhadas, não das teorias *black power*. Não que a articulação do movimento *black power* não tenha sido importante; ela foi. No entanto, não foi capaz de cumprir suas promessas, pois dependia demais de relações de poder corrosivas, e era exageradamente mítica para substituir o amor relacional concreto que unia os negros em comunidades de luta e esperança.

Escrevendo desde uma perspectiva feminista, as mulheres negras trabalharam duro para mostrar que o nacionalismo exacerbado — e seu apoio concomitante ao patriarcado e à dominação masculina — na realidade contribuía para desfazer a união orgânica que existia entre mulheres e homens negros, forjada nas lutas de resistência ao racismo que surgiram ainda durante a escravidão. Invocar novamente o nacionalismo negro não é uma resposta adequada à crise que nosso povo está enfrentando. Sob muitos aspectos, vivemos uma crise de identidade, mas não do tipo "preciso descobrir quem eu sou de verdade". Essa crise de identidade tem a ver com a perda do senso de perspectiva política, por não saber como devemos lutar coletivamente contra o racismo, criando um espaço liberatório onde possamos construir uma subjetividade radical negra. Essa identidade está ligada à resistência e à reconstrução de uma frente coletiva para reconsiderar e renovar a luta pela libertação negra.

No controverso *The Death of Rhythm and Blues* [A morte do *rhythm and blues*], Nelson George considera essa crise fruto do conflito entre assimilacionistas e os negros que, segundo ele, desejam ser autossuficientes. Essa versão simplista dos fatos é problemática. Há muitas pessoas negras que não estão em posição de se tornarem autossuficientes, mas que também não são assimilacionistas. Não se trata de um simples caso de escolha pessoal. Boa parte do "novo racismo" que nos bombardeia serve para minar a solidariedade negra, promovendo em seu lugar noções como escolha e direitos individuais, sugerindo, assim, que a "liberdade" dos negros pode ser mensurada de acordo com o grau em que embasamos nossas decisões em interesses individualistas, como o que nos dá prazer, ou satisfaz nossos desejos. Essa forma de pensar depõe contra a união que se baseia no amor relacional, e não é superada pelo nacionalismo.

    Quando os negros vivenciavam coletivamente opressões racistas similares, havia maior solidariedade no grupo. A integração racial realmente alterou de modo fundamental o terreno que servia de base para a luta pela libertação negra. Atualmente, os negros de diferentes classes sociais sofrem de maneiras distintas com o racismo. Apesar do racismo, pessoas negras de classes privilegiadas têm diante de si uma série de escolhas e possibilidades na vida. Não podemos reagir ao surgimento de experiências negras distintas defendendo a volta a um nacionalismo cultural estrito. As críticas contemporâneas ao essencialismo (a suposição de que existe uma essência negra que molda toda a experiência afro-americana, expressada tradicionalmente pelo conceito de *soul* [alma]) põem em xeque a ideia de que existe apenas "uma" experiência negra legítima. Encarar a realidade das múltiplas experiências negras permite o desenvolvimento de diferentes programas em favor da unificação, levando em conta nossas especificidades, assim como nossa diversidade.

    Como professora de estudos negros, noto que meus alunos costumam ser rápidos em rotular as pessoas negras que foram criadas em ambientes predominantemente brancos e que frequentaram escolas similares como não sendo "suficientemente negras". Fico chocada e irritada com o número crescente de ocasiões em que pessoas brancas me explicam que alguma pessoa negra "não se identifica como negra". Nosso conceito de experiência negra tem sido estreito e limitador. Em vez de supor que uma pessoa negra que não é oriunda de contextos predominantemente negros é assimilacionista, prefiro reconhecer que elas viveram outra experiência negra; uma vivência que as privou do acesso às experiências de vida comuns a quem cresceu em mundos segregados. Não vale a pena vê-los como inimigos, ou ignorá-los por "não serem negros o bastante". Na maioria dos casos, eles não escolheram o contexto em que foram educados, e talvez vivenciem o mesmo sentimento de "perda" por não saberem quem são nem onde se encaixam enquanto pessoas negras. No tempo em que dava aulas para estudantes oriundos desses contextos (especialmente na Universidade Yale), percebi que me referia frequentemente à experiência popular negra tradicional, mas que eles não sabiam do que eu estava falando. Não é como se não quisessem saber — eles queriam. Pelo bem da união, do fortalecimento da comunidade negra, é importante reconhecer o valor de todas as experiências negras e compartilhar conhecimentos uns com os outros. Aqueles de nós que possuem uma conexão particularmente rica com as tradições populares negras podem e devem compartilhá-las.

Anos atrás eu iniciava meus cursos de introdução à literatura afro-americana pedindo que os alunos definissem a negritude. Em geral, simplesmente faziam listas de estereótipos. Com frequência, muitos fazem referência à experiência negra rural do sul dos Estados Unidos como sinônimo da negritude "autêntica", ou elencam traços específicos do estilo de vida dos negros pobres, assumindo-os como "originais". Ainda que a maioria dos negros nos Estados Unidos tenha suas origens no sul do país (não podemos esquecer que, durante muito tempo, 90% dos negros viviam nas zonas rurais sulistas), atualmente muitas pessoas conhecem apenas a experiência da vida urbana. Uma cultura negra muito distinta foi criada no sul rural, por meio da vida camponesa, da pobreza, da segregação racial e da luta pela resistência, uma cultura que podemos apreciar e com a qual podemos aprender. Ela nos oferece conhecimentos e hábitos de existência que ajudam a nos sustentar enquanto povo. Podemos valorizar e apreciar o "significado" dessa experiência, sem essencializá-la. E aqueles que conservaram a fé e que incorporam em nossas práticas de vida aspectos desse legado cultural podem passá-los adiante. São perturbadoras as tendências atuais da crítica cultural pós-moderna que desvalorizam esse legado, renegando noções de autenticidade, ou sugerindo que o conceito de *soul* é ilusório e não se baseia em experiências concretas. Expostos a um senso extremo de fragmentação e alienação, os negros não podem se dar ao luxo de tal negação.

O filósofo Cornel West, um influente acadêmico negro comprometido com a luta pela libertação, chama a atenção em seus debates sobre o pós-modernismo para a crise que estamos enfrentando. Ao comentar sobre o niilismo que tomou conta das comunidades negras, ele explica:

> Além das mudanças na sociedade como um todo, e de desdobramentos como o consumismo hedonista e a necessidade constante de estímulo do corpo que dificulta a manutenção de qualquer relação humana de qualidade, trata-se de uma questão de quebra de recursos, ou o que Raymond Williams chama de estruturas de significado. A não ser pela Igreja, já não existem mais tradições

poderosas que sirvam de apoio para quem lida com a falta de esperança e de sentido.

West se refere às classes subalternas negras; ainda assim, os padrões que ele cita se manifestam igualmente entre pessoas negras providas de privilégio material. A pobreza sozinha não é capaz de criar uma situação de niilismo; os negros sempre foram pobres. Precisamos reexaminar os fatores que dão sentido à vida em meio à privação, às agruras e ao desespero. Já citei anteriormente o amor relacional como uma dessas forças; esse modo de ser pode ser praticado de maneira consciente.

Podemos começar a reconstruir os sentimentos comunais e a comunidade negra por meio do retorno à prática do reconhecimento mútuo em nossas vidas cotidianas. O jeito que o povo negro "do interior" falava, olhando no olho enquanto conversava (com frequência, os mais velhos diziam que não devíamos olhar para o chão: "Olhe para mim quando falo com você"), não era um gesto estranho de gente caipira. Tratava-se de uma prática de resistência que desfazia anos de ensinamentos racistas que negavam a nós o poder do reconhecimento, o poder do olhar. Esses olhares eram a confirmação de nossa existência, um bálsamo sobre nosso espírito ferido. Eles se opunham ao racismo internalizado, ou ao individualismo alienado que nos levava a dar as costas uns para os outros, imitando as práticas desumanizadoras do colonizador. Existem muitos hábitos de existência que fazem parte da experiência popular negra tradicional e que podemos reestabelecer como rituais do pertencimento. Recuperá-los não seria apenas um gesto de nostalgia passiva; seria um reflexo da consciência de que as estratégias humanizadoras de sobrevivência que foram empregadas no passado continuam sendo necessárias.

Outra prática importante que precisamos reconstruir é a contação de histórias que nos ensinam sobre o passado, sobre a genealogia familiar e sobre fatos da história afro-americana. Por um breve período, durante o movimento *black power* contemporâneo, dedicou-se uma enorme atenção à importância de aprender a história. Nos dias atuais, os jovens negros frequentemente não têm conhecimento da história negra e são incapazes de identificar líderes negros importantes, como Malcolm X. A arte continua sendo um âmbito poderoso — senão o mais poderoso — de resistência cultural; um espaço que serve para despertar a consciência crítica e dar novas visões. O cruzamento de gêneros que exige a assimilação na música e no cinema negro, por exemplo, teve um impacto devastador com seu efeito de propaganda anti-negra. Precisamos chamar a atenção para os artistas negros capazes de atrair públicos variados sem bajular o mercado consumidor supremacista branco, ao mesmo tempo que criam um sistema de valores em que a conquista de fama e dinheiro não é a única forma de mensurar o sucesso.

O objetivo mais importante para pessoas negras que se preocupam com a união e com a renovação da luta é a construção de um modelo visionário de libertação negra. Para completar essa tarefa, teríamos que avaliar o impacto do pensamento materialista sobre a vida das pessoas negras. Atualmente, muitas dessas pessoas creem que não há problemas em fazer qualquer coisa que dê dinheiro. Muitos de nós perdemos um senso ético fundamental, a moralidade que Mama evoca em *A Raisin in the Sun* quando pergunta a Walter Lee: "Desde quando dinheiro virou vida?". Nós negros devemos avaliar criticamente nossa obsessão com o ganho material e com os bens de consumo. Precisamos conversar sobre como viver de maneira simples pode ser um aspecto necessário para nossa autorrecuperação coletiva. Precisamos observar como o vício em drogas, comida, álcool e inúmeras substâncias mina nosso senso de individualidade e nossa capacidade de exercer a alteridade. O vício deve ser visto politicamente tanto como uma doença quanto como a manifestação de práticas genocidas que tomaram conta das vidas negras e as estão destruindo.

Na *Carta da liberdade*,[13] uma obra que registra as estratégias de resistência na África do Sul, a frase "nossa luta também é a luta da memória contra o esquecimento" é repetida diversas vezes. A memória não precisa ser uma reflexão passiva, um desejo nostálgico de que as coisas voltem a ser como eram; ela pode funcionar como modo de conhecer e aprender com o passado, o que Michael M. J. Fischer, no ensaio "Ethnicity and the Art of Memory" [Etnicidade e a arte da memória], chama de "olhar em retrospecto para obter uma visão do futuro". Ela pode servir de catalisador para a autorrecuperação. Estamos falando da autorrecuperação negra coletiva. Devemos manter viva a memória de nossas lutas contra o racismo, para que

---

[13]. Documento elaborado em meados da década de 1950, na África do Sul, com a participação de Nelson Mandela, e que foi ratificado pelo Congresso do Povo reunido em Kliptown (Soweto), em 26 de junho de 1955. A *Carta da liberdade* defendia a igualdade de direitos para todos os cidadãos sul-africanos, a despeito de sua etnia, assim como a reforma agrária, a melhoria das condições de vida e trabalho, a justa distribuição de renda, a obrigatoriedade do ensino público e a criação de leis justas, entre outras demandas sociais, e tornou-se um instrumento importante na luta contra o *apartheid*. [N.T.]

possamos avaliar concretamente nosso progresso e nossos objetivos, recordando os lugares, os tempos e as pessoas que nos deram um senso de direção. Se nos tornarmos presas do ânimo anti-histórico contemporâneo, esqueceremos que não ficamos em um único lugar, que viajamos para longe de casa, para longe de nossas raízes, que vivemos com pouco e aprendemos a criar uma nova história. Nós não fomos longe, mas nunca poderemos voltar atrás. Devemos voltar a cantar as velhas canções, os *spirituals*[14] que lavavam a alma e adocicavam a jornada. Devemos voltar a ouvir os antigos testemunhos que nos ajudavam a manter a fé e a trilhar o caminho do amor.

---

14. *Spirituals* são um tipo de canção religiosa popular muito associada à experiência da escravidão no sul dos Estados Unidos, e que proliferou do final do século XVIII até a abolição, nos anos 1860. [N.E.]

05.
constituir o lar:
um espaço
de resistência

Cruzar a cidade até a casa da minha avó era uma das minhas experiências mais intrigantes quando jovem. Minha mãe não gostava de ficar lá por muito tempo. Ela não gostava de todo aquele falatório ruidoso, as conversas geralmente se atinham a recordar os velhos tempos, como a vida era naquela época — quem tinha se casado com quem, como e quando alguém tinha morrido, mas também como vivíamos e sobrevivíamos como negros, e como as pessoas brancas nos tratavam. Eu me lembro do caminho que fazia até a casa dela não apenas por causa das histórias que ouvia. Ao atravessar a cidade para chegar lá, distanciava-me da negritude segregada de nossa comunidade rumo a um bairro pobre e branco. Lembro de me sentir assustada, de ter medo de caminhar até a casa de Baba (a casa da nossa avó) porque tínhamos que passar por toda aquela branquitude aterradora — aqueles rostos brancos nas varandas, que nos encaravam com ódio. Mesmo quando estavam vazias ou desocupadas, as varandas pareciam dizer "perigo", "aqui não é o seu lugar", "você não está segura".

Ah!, aquela sensação de segurança, de chegar, de voltar para casa, quando finalmente alcançávamos o quintal dela. Era quando podíamos ver o rosto negro retinto do nosso avô, o pai Gus, sentado na cadeira da varanda, sentir o cheiro de seu charuto e descansar no colo dele. Que contraste, a sensação de chegar, de sentir-se em casa, a doçura e a amargura do caminho que fazíamos até a casa dela, a lembrança constante do poder e do controle dos brancos.

Ao me referir a esse trajeto, digo que ele levava à casa da minha avó, embora nosso avô também morasse lá. Na nossa cabeça jovem, as casas pertenciam às mulheres, eram seu domínio especial, não como propriedade, mas como lugares nos quais acontecia tudo aquilo que mais importava na vida — encontrar o calor e o conforto do abrigo, alimentar o corpo, nutrir a alma. Lá aprendemos o que é dignidade e integridade; lá aprendemos a ter fé. As pessoas que tornaram essa vida possível, que foram nossas principais guias e professoras, eram mulheres negras.

A vida delas não era fácil. Era bem difícil. Na maioria das vezes, trabalhavam fora servindo pessoas brancas, limpando suas casas, lavando suas roupas, cuidando de seus filhos — eram mulheres negras que trabalhavam no campo ou nas ruas, fazendo o que podiam e o que fosse necessário para sobreviver. Depois disso, voltavam para casa, onde faziam a vida acontecer. Essa tensão entre se dedicar ao serviço fora da casa, da família e da rede de parentesco, prestar serviço a pessoas brancas, o que demandava tempo e energia, e o esforço das mulheres negras em se preservar o suficiente para prestar serviços (de acolhimento e cuidado) dentro da própria família e comunidade é um dos muitos fatores que ao longo da história distinguiram o destino das mulheres negras daquele dos homens negros na sociedade patriarcal da supremacia branca. A luta das pessoas negras na contemporaneidade deve honrar essa história de prestação de serviços, assim como criticar a definição machista da prestação de serviços como um papel a ser "naturalmente" exercido pelas mulheres.

Uma vez que o machismo delega às mulheres a tarefa de criar e sustentar um ambiente doméstico, tem sido sobretudo responsabilidade das mulheres negras construir lares como espaços de acolhimento e cuidado face à dura e brutal realidade da opressão racista e da dominação machista. Ao longo da história, as pessoas afro-americanas têm mostrado acreditar que a construção de uma casa, ainda que frágil e simples (a cabana de escravizados, o barraco de madeira), tem uma dimensão política radical. Apesar da brutal realidade do *apartheid* racial, da dominação, o lar de uma pessoa era o único lugar onde ela podia enfrentar livremente a questão da humanização, onde ela podia resistir. As mulheres negras resistiram constituindo lares onde todos os negros pudessem se empenhar em ser sujeitos, não objetos; onde pudéssemos encontrar conforto para nossos pensamentos e nosso coração apesar da pobreza, das dificuldades e privações; onde pudéssemos restaurar a dignidade negada a nós do lado de fora, no mundo público.

Essa tarefa de constituir um lar não era simplesmente uma questão de prestação de serviços por mulheres negras; tratava-se da construção de um lugar seguro, no qual as pessoas negras pudessem dar força umas às outras, curando assim muitas das feridas infligidas pela dominação racista. Não tínhamos como aprender a nos amar ou nos respeitar na cultura da supremacia branca, do lado de fora; era do lado de dentro, naquele "lar", na maioria das vezes criado e cuidado por mulheres negras, que tínhamos a oportunidade de crescer e nos desenvolver, de alimentar o espírito. Essa tarefa de constituir um lar, de fazer do lar uma comunidade de resistência, tem sido compartilhada por mulheres negras do mundo inteiro, especialmente por mulheres negras que vivem em sociedades de supremacia branca.

Jamais vou me esquecer daquele sentimento de história compartilhada, de angústia em comum, que tive ao ler pela primeira vez sobre a situação das empregadas domésticas negras na África do Sul e das mulheres negras que trabalhavam em casas de pessoas brancas. Suas histórias evocavam lembranças nítidas do nosso passado afro-americano. Lembro de ter lido o testemunho de uma das mulheres negras, que se queixava de, depois de passar as primeiras horas da manhã no trajeto até a casa de pessoas brancas, depois de trabalhar lá o dia todo, dando seu tempo e sua energia, sentir que "não sobrava mais nada para ela". Eu conhecia essa história. Eu a tinha lido nas narrativas de mulheres afro-americanas escravizadas que, como Sojourner Truth, diriam: "Quando chorei com minha dor de mãe, ninguém me ouviu; só Jesus". Eu conhecia essa história. Eu cresci e me tornei mulher ouvindo falar de mulheres negras que cuidavam e davam assistência a famílias brancas, ainda que quisessem muito ter tempo e energia para dar a si mesmas.

Quero hoje recordar essas mulheres negras. O ato de recordar é um gesto consciente que honra a luta e o esforço dessas mulheres para preservar algo para elas próprias. Meu desejo é de que respeitemos e compreendamos que esse esforço foi e continua sendo um gesto político radicalmente subversivo. Porque aqueles que nos dominam e nos oprimem se beneficiam mais quando não temos nada para dar a nós mesmas. É quando nos tiram a dignidade, a humanidade, que não temos mais nada, nenhum "lar" no qual possamos nos recuperar. Quero que hoje recordemos essas mulheres negras, tanto do passado quanto do presente. No momento em que digo essas palavras, há mulheres negras enfrentando o *apartheid* racial na África do Sul, lutando para proporcionar algo para si mesmas. "Sabemos o quanto nossas irmãs estão sofrendo" (citado na petição pela revogação das leis do passe,[15] 9 de agosto de 1956). Quero que honremos essas mulheres negras não porque elas sofrem, mas porque continuam a lutar em meio ao sofrimento, porque continuam resistindo. Quero ressaltar a importância do lar em meio à opressão e à dominação, do lar como um espaço de resistência e de luta pela libertação. Ao falar de "resistência", particularmente de resistência à guerra do Vietnã, o monge budista vietnamita Thich Nhat Hanh diz:

> [...] a resistência, em sua raiz, deve significar mais que resistência contra a guerra. É uma resistência contra todos os tipos de coisas que lembram a guerra. [...] Resistência, então, talvez signifique se opor a ser invadido, ocupado, agredido e destruído pelo sistema. O propósito da resistência, aqui, é buscar a cura de si para poder enxergar claramente. [...] Eu acredito que as comunidades de resistência devem ser espaços em que as pessoas possam voltar a si mesmas mais facilmente, cujas condições permitam que elas possam se curar e recuperar a integridade.

Historicamente, as mulheres negras têm resistido à dominação da supremacia branca ao trabalhar para construir um

---

15. Leis sul-africanas que vigoraram do século XVIII até 1986 e exigiam que pessoas não brancas carregassem documentos autorizando sua presença em áreas restritas. [N.E.]

lar. Não importa que o machismo tenha lhes atribuído esse papel. É mais importante que elas tenham assumido esse papel convencional e feito com que se expandisse de modo a incluir o cuidado com os outros, as crianças, os homens negros, de maneiras que nos elevaram o espírito, que impediram que nos desesperássemos, que ensinaram alguns de nós a ser revolucionários capazes de lutar pela liberdade. Frederick Douglass, na famosa narrativa sobre a sua vida como escravizado, publicada em 1845, conta a história de seu nascimento, de sua mãe negra escravizada que foi levada para trabalhar a uma distância considerável de seu local de residência. Ao descrever a relação que tinha com ela, Douglass diz:

> não vi a minha mãe, ao menos sabendo quem era, mais do que quatro ou cinco vezes na vida; e cada uma dessas ocasiões foi por pouco tempo, e à noite. Ela tinha sido contratada pelo sr. Stewart, que vivia a cerca de vinte quilômetros de onde eu morava. Ela vinha me ver à noite, fazendo todo o percurso a pé, depois de trabalhar o dia inteiro. Ela trabalhava no campo e seria punida com chicotadas se não estivesse no campo ao nascer do sol [...]. Não lembro de ter visto a minha mãe à luz do dia. Ela ficava comigo à noite. Ela deitava comigo e me fazia dormir, mas ia embora bem antes de eu acordar.

Mais adiante, depois de compartilhar esse relato, Douglass diz nunca ter desfrutado da "presença reconfortante, do cuidado terno e atento de uma mãe", de modo que, ao receber "as notícias de sua morte, sentiu o mesmo que provavelmente teria sentido ao saber da morte de um desconhecido". Douglass certamente pretendia fazer com que os leitores brancos tomassem consciência da crueldade daquele sistema de dominação racial que separava famílias negras, mães negras, de seus filhos. No entanto, faz isso desvalorizando a condição da mulher negra, sem reconhecer todo o cuidado que fazia com que sua mãe negra caminhasse esses vinte quilômetros para segurá-lo nos braços. Em meio a um brutal sistema racista, que não valorizava a vida negra, ela valorizava a vida do filho o suficiente para resistir a esse sistema, para ir até ele à noite apenas para abraçá-lo.

Ora, não tenho como concordar com Douglass quanto a ele não ter recebido o cuidado de uma mãe. Quero sugerir que essa mãe, que se atreveu a abraçá-lo durante a noite, tornou possível que ele, ainda no nascimento, soubesse que tinha valor, o que lhe deu uma base, ainda que frágil, para que se tornasse a pessoa que se tornou mais tarde. Se alguém tiver dúvidas quanto ao poder e o significado desse gesto materno, faria bem em ler o livro *The Untouched Key: Tracing Childhood Trauma in Creativity and Destructiveness* [A chave intocada: identificando o trauma infantil na criatividade e na destrutividade], da psicanalista Alice Miller. Segurando-o nos braços, a mãe de Douglass ofereceu, ainda que por pouco tempo, um espaço no qual essa criança negra, em vez de ser objeto de um desprezo e de uma desvalorização desumanizadores, foi acolhida com um cuidado que deveria ter possibilitado ao adulto Douglass olhar para trás e refletir sobre as escolhas políticas dessa mãe negra que resistiu aos códigos da escravidão, arriscando a vida para cuidar do filho. O que sugiro aqui é que Douglass, ao desvalorizar o papel que sua mãe teve em sua vida, comete um lapso perigoso. Embora Douglass seja apenas um exemplo, corremos o risco de esquecer do poderoso papel exercido pelas mulheres negras na construção de lares como espaços de resistência. Esse esquecimento fragiliza a solidariedade entre nós, bem como o futuro da luta pela libertação das pessoas negras.

A obra de Douglass é importante, pois ele é historicamente identificado como simpatizante da luta pelos direitos das mulheres. Em muitos pontos, a crítica que fez à dominação masculina, tal como a construiu, não levou em conta o reconhecimento das circunstâncias particulares em que as mulheres negras se encontravam em relação aos homens negros e às famílias negras. Para mim, um dos capítulos mais importantes do meu primeiro livro, *Ain't I a Woman? Black Women and Feminism* [Por acaso não sou mulher? Mulheres negras e feminismo], é o que chama a atenção para a "desvalorização contínua da condição da mulher negra". A desvalorização generalizada do papel que as mulheres negras exerceram construindo para nós lares como espaços de resistência fragiliza nossos esforços no enfrentamento do racismo e da mentalidade colonizadora que promove o ódio internalizado que temos de nós mesmos. O pensamento machista acerca da natureza da domesticidade determinou o modo que a experiência das mulheres negras no lar é percebida. Existe uma longa tradição de "adoração da mãe" na cultura afro-americana. Seja em autobiografias, na ficção e na poesia de pessoas negras, multiplicam-se os elogios às virtudes da abnegada mãe negra. Infelizmente, ainda que motivada por boas razões, a adoração da mãe negra exalta as virtudes do autossacrifício, ao mesmo tempo que subentende que tal gesto não é reflexo de escolha e vontade próprias, e sim a personificação perfeita do papel "natural" de uma mulher. O pressuposto, então, é que a mulher negra que trabalha arduamente para ser uma cuidadora responsável apenas cumpre o que deveria estar fazendo. Não reconhecer a dimensão da escolha, além da notável reformulação do papel da mulher e da ideia de "lar" que as mulheres negras exerceram conscientemente na prática, obscurece o compromisso político com a valorização da raça e a erradicação do racismo, núcleo filosófico da dedicação à comunidade e ao lar.

Embora as mulheres negras não tenham articulado de modo autoconsciente, por escrito, princípios teóricos da descolonização, isso não diminui a importância de suas ações. Elas compreenderam intelectual e intuitivamente o significado do lar em meio a uma realidade social opressora e dominadora, do lar como espaço de resistência e luta por libertação. Sei do que estou falando. Eu não estaria escrevendo este ensaio se minha mãe, Rosa Bell, filha de Sarah Oldham, neta de Bell Hooks, não tivesse criado um lar exatamente dessa forma libertadora, apesar das contradições da pobreza e do machismo.

Lembro da imensa angústia que sentíamos na nossa família quando éramos crianças e nossa mãe saía de casa, de nossa comunidade segregada, para trabalhar como empregada doméstica nas casas de pessoas brancas. Acho que ela sentia nosso medo, nossa preocupação de que talvez não regressasse em segurança, de que não a encontrássemos (ainda que ela sempre deixasse números de telefone, eles não diminuíam nossa preocupação). Quando voltava para casa depois de trabalhar por horas a fio, ela não reclamava. Esforçava-se para celebrar conosco o fato de seu trabalho ter sido concluído, de estar em casa, fazendo parecer que não havia nada que a despojasse de sua dignidade e poder pessoal na experiência de trabalhar como empregada doméstica em uma casa de brancos, aquele espaço de Alteridade.

Quando olho para trás hoje, já mulher adulta, penso no quanto nossa mãe deve ter se esforçado para superar o próprio cansaço (e sabe-se lá quantos ataques ou ofensas direcionados a ela precisaram ser postos de lado para que pudesse se preservar). Se considerarmos as concepções contemporâneas de "boa maternidade e paternidade", pode parecer um pequeno gesto, mas para muitas famílias negras pós-escravidão era um gesto que os pais muitas vezes se sentiam cansados demais, abatidos demais, para pôr em prática. Aqueles de nós que tiveram a sorte de receber tal cuidado entenderam seu valor. Do ponto de vista político, nossa jovem mãe, Rosa Bell, não permitiu que a cultura de dominação da supremacia branca formasse e controlasse completamente sua psique e suas relações familiares. Era preciso resistir, trabalhando para construir um lar que afirmasse nosso ser, nossa negritude, nosso amor uns pelos outros. Aprendemos com ela a desenvolver a consciência crítica. Houve contradições em nossa vida, de modo que não é minha intenção criar um retrato romantizado. No entanto, se quisermos avaliar criticamente o papel das mulheres negras na luta pela libertação, temos de examinar como a questão política do impacto do racismo deu forma ao pensamento das mulheres negras, ao modo que atribuem sentido ao lar e ao cuidado com os filhos.

A constante formação de estruturas econômicas e sociais que privam muitas pessoas dos meios de constituição de um lar tem sido um maneira efetiva de subjugação dos negros por parte dos brancos em todo o mundo. Recordar isso deveria nos fazer entender a importância política da resistência das mulheres negras no ambiente do lar. Deveria trazer à tona um quadro de referências que nos possibilite discutir o desenvolvimento de uma consciência política das mulheres negras, reconhecendo a importância política do esforço de resistência que se deu em cada lar. Não é por acaso que o regime de *apartheid* da África do Sul ataca e destrói sistematicamente o esforço das pessoas negras para construir um lar — aquela pequena realidade privada, ainda que precária, na qual mulheres e homens negros podem renovar os ânimos e se recuperar. Não é por acaso que esse lar — tão frágil e provisório quanto possa ser, um galpão improvisado, um pequeno pedaço de terra onde alguém encontre descanso — esteja sempre sujeito a ser violado e destruído. Pois quando um povo não tem mais espaço para construir um lar, não se pode mais construir uma comunidade significativa de resistência.

Ao longo da nossa história, os afro-americanos reconheceram o valor subversivo do lar, de ter acesso ao espaço privado, onde não deparamos diretamente com a agressão racista branca. Seja qual for a forma e a direção da luta pela libertação negra (a reforma dos direitos civis ou o movimento *black power*), o espaço doméstico tem sido um local fundamental de organização, de formação da solidariedade política. O lar tem sido um local de resistência. A estrutura do lar era definida menos pelo fato de as mulheres e os homens negros estarem ou não agindo em conformidade com as normas do comportamento machista, e mais pela nossa luta por valorização como povo, nossa luta para resistir à dominação racista e à opressão.

Essa luta por libertação foi seriamente prejudicada por tentativas contemporâneas de transformar esse lar subversivo em um espaço de dominação patriarcal das mulheres negras por homens negros, no qual abusamos uns dos outros por não agir em conformidade com as normas machistas. Essa mudança de perspectiva, na qual o lar não é visto como um espaço político, teve um impacto negativo na construção da identidade e da consciência política das mulheres negras. Multidões de mulheres negras, muitas das quais não eram formalmente educadas, tinham no passado sido capazes de desempenhar um papel vital na luta pela libertação das pessoas negras. Na contemporaneidade, com os paradigmas de domesticidade da vida negra espelhando as normas burguesas brancas (nas quais o lar é conceituado como espaço politicamente neutro), as pessoas negras começaram a negligenciar e desvalorizar a importância do trabalho das mulheres negras no ensino da consciência crítica no espaço doméstico. Muitas mulheres negras, independentemente da condição de classe, reagiram a essa crise de falta de sentido imitando concepções machistas da classe ociosa quanto ao papel das mulheres, passando a focar a vida em um consumismo compulsivo desprovido de significado.

Sheila Radford-Hill, identificando essa síndrome como "a crise da condição da mulher negra" em seu ensaio "Considering Feminism as a Model for Social Change" [Considerando o feminismo como modelo para a transformação social], aponta meados dos anos 1960 como o momento histórico em que a primazia do papel da mulher negra na luta pela libertação começou a ser questionada como ameaça à masculinidade negra, sendo considerada sem importância. Radford-Hill afirma:

> Sem o poder de influenciar o propósito e a direção da nossa experiência coletiva, sem o poder de influenciar nossa cultura a partir de seu interior, ficamos cada vez mais imobilizados, incapazes

de integrar nossas próprias identidades e papéis, incapazes de resistir ao imperialismo cultural da cultura dominante que faz com que sejamos continuamente oprimidos, destruindo-nos desde dentro. Assim, a crise se manifesta como disfunção social na comunidade negra — como genocídio, fratricídio, homicídio e suicídio. Também se manifesta quando as mulheres negras abdicam da responsabilidade pessoal por si mesmas e umas pelas outras. [...] A crise da condição da mulher negra é uma forma de agressão cultural: uma forma de exploração tão violenta, tão insidiosa, que está atualmente destruindo toda uma geração de mulheres negras e suas famílias.

Essa crise contemporânea da condição da mulher negra poderia ter sido evitada se as mulheres negras tivessem levado adiante tentativas coletivas de desenvolver o feminismo latente, expresso por sua disposição para trabalhar de maneira igualitária ao lado dos homens negros na luta pela libertação negra. Quando conjugadas, a luta pela libertação negra e a subordinação das mulheres negras acabam hoje por fragilizar a possibilidade de solidariedade negra coletiva. Essa combinação serve aos interesses da supremacia branca, que busca promover o pressuposto de que os danos infligidos pela dominação racista seriam menos graves se as mulheres negras se conformassem aos padrões de papéis machistas.

Estamos testemunhando diariamente a desintegração da vida familiar afro-americana que se baseava no reconhecimento do valor político da construção do lar como um espaço de resistência; a população negra perpetua diariamente normas machistas que ameaçam nossa sobrevivência. Não podemos mais agir como se o machismo nas comunidades negras não ameaçasse a possibilidade de solidariedade entre nós; qualquer força que nos afaste e nos aliene uns dos outros serve aos interesses da dominação racista.

As mulheres e os homens negros têm de desenvolver uma perspectiva revolucionária da libertação negra: uma perspectiva que tenha uma dimensão feminista, que seja formada levando em conta as nossas necessidades e preocupações específicas. Baseando-se em experiências legadas pelo passado, as mulheres negras contemporâneas podem começar a elaborar novas concepções de lar, mais uma vez considerando a primazia da domesticidade como espaço de subversão e resistência. Quando renovamos nosso interesse pelo lar, temos condições de abordar as questões políticas que mais afetam nossa vida diária. Ao ressaltar as habilidades e recursos de mulheres negras que tenham começado a achar que não possuem nenhuma contribuição significativa para oferecer; de mulheres que podem ou não ter educação formal, mas que têm saberes fundamentais para compartilhar; de mulheres que têm experiências práticas que funcionam como base de criação para toda teoria que se mostra útil, podemos começar a nos relacionar umas com as outras de maneira a renovar nossa solidariedade.

Quando nós, mulheres negras, renovamos nosso compromisso político com o lar, podemos atender às necessidades e preocupações das jovens negras que estão procurando desesperadamente um arcabouço de sentido que dê vazão a seu crescimento, jovens que estão batalhando em busca de autodefinição. Juntas, nós mulheres negras podemos renovar nosso compromisso com a luta pela libertação negra, compartilhando percepções e possibilidades de conscientização, compartilhando teorias feministas e pontos de vista feministas, construindo a solidariedade.

A partir dessa base, podemos recuperar perspectivas perdidas, dar um novo significado à vida. Podemos fazer do lar aquele espaço ao qual regressamos para nos renovar e nos recuperar, no qual podemos curar nossas feridas e nos tornar inteiras.

06.
interrogação crítica: falar de raça, resistir ao racismo

Na cultura de rua negra, *fresh* [fresco, novo ou diferente] é uma palavra usada para expressar uma percepção estética das forças inauditas que agem por trás de um estilo, de um conceito que acrescente algo novo ao nosso modo de ver — aprimorando a experiência visual de olhar, de contemplar. Em *Radiance from the Waters* [Resplendor das águas], a historiadora da arte Sylvia Boone escreve sobre o lugar do *neku* — a qualidade do frescor, como um dos conceitos centrais da cultura estética dos povos mende de Serra Leoa e da Libéria. Há uma tensão cultural fundamental entre esse sentido africano de "frescor" e a estética afro-americana. Posições culturais diferentes evocam elos, sensibilidades e anseios contidos em estruturas diversas de representação e significado. Essas conexões suscitam questões pertinentes a raça e cultura semelhantes àquelas das quais James Clifford trata em *The Predicament of Culture* [O dilema da cultura]. Essas duas obras, tendo aparecido em um momento em que a raça era o tema "em voga", o assunto "do momento", oferecem uma nova perspectiva e direção. Elas subvertem e desestabilizam, desafiando-nos a pensar criticamente sobre raça e cultura, sobre estética.

Qualquer pessoa que testemunhe o atual foco cultural e acadêmico na questão da raça deve estar se dando conta de uma mudança de abordagem nas discussões sobre o assunto, como se a raça estivesse desvinculada de práticas culturais que reforçam e perpetuam o racismo, criando uma lacuna entre comportamentos e ações. Existe até uma nova terminologia para sinalizar essa mudança de direção: as palavras-chave são "diferença", "o Outro", "hegemonia", "etnografia". Ainda que essas palavras já circulassem, agora elas estão na crista da onda. Palavras como "Outro e "diferença" estão tomando o lugar de palavras mais conhecidas, que passaram a ser consideradas inadequadas ou simplistas demais, como "opressão", "exploração" e "dominação". Em alguns círculos, "negro" e "branco" estão se tornando termos a serem evitados, sendo vistos como se perpetuassem o que algumas pessoas consideram oposições binárias obsoletas e sem sentido. Separada de um contexto político e histórico, a etnicidade está sendo reconstituída como a nova fronteira, acessível a todos, sem que credenciais ou autorizações sejam necessárias, possibilitando que a atenção esteja agora focada na produção de um discurso privilegiado e comoditizável, no qual raça se torne sinônimo de cultura. Não haveria necessidade, entretanto, de que negros radicais indisciplinados fizessem objeções críticas a esse fenômeno se todo esse interesse acalorado na questão da raça não estivesse tão claramente divorciado do reconhecimento do racismo, da contínua dominação dos negros pelos brancos, e (para lançarmos mão de alguns dos termos desatualizados e desinteressantes mencionados aqui) do contínuo sofrimento e dor que as vidas negras enfrentam.

Na cultura popular, é possível encontrar expressões poderosas dessas contradições. Elas vão desde um racismo aparentemente inócuo até o mais agressivo. Recentemente, por exemplo, na revista *Vogue*, foi publicado um artigo que fazia referência ao penteado de Tracy Chapman como "trigo sarraceno". Se considerarmos o que parece etnicamente em alta hoje, imagino que a pessoa que escreveu o artigo tenha considerado que o termo parecia simpático, como se estivesse por dentro do assunto. Como assim? As pessoas negras nunca reivindicaram o trigo sarraceno como representação positiva da sua realidade.

Mas não paremos por aí. Ao abrir a edição de fevereiro da revista *Interview*, deparo com a manchete "Yoko: a vida depois de Lennon". Yoko está falando sobre a economia do Japão quando o entrevistador Kevin Sessums pergunta: "O que as mulheres japonesas e as mulheres orientais em geral têm que os homens caucasianos acham tão fascinante?". Nada no texto sugere que Yoko tenha respondido criticamente a essa linha de questionamento. Yoko começa a responder: "Talvez o homem ocidental seja intrigante para a mulher oriental...". Sessum diz: "Talvez as mulheres orientais sejam melhores na cama. Elas conhecem mais posições". Será que a inserção que diz aos leitores que Yoko "ri" pretende mediar essa observação racista, fazendo com que a observação pareça etnicamente moderna, de um jeito *nouveau*? A questão é que nenhum desses comentários reflete uma consciência crítica sobre raça. E vamos lá, Yoko Ono, você pode fazer melhor do que isso! Tanto que ela, na página seguinte, toca o cerne da questão:

> Eu dei cerca de cinco entrevistas ontem porque o documentário *Imagine* está estreando na Europa [...]. Enfim, hoje acordei me sentindo mais desconfortável do que nunca. E disse a mim mesma: como eles ousam fazer isso? Toda vez que dou uma

entrevista, fazem a mesma pergunta: "Você era odiada no mundo inteiro. Há vinte anos você é chamada de *dragon lady*.[16] Como você se sente com isso? Por que você acha que isso aconteceu?". Imagina como eu me sinto. É como se alguém espancasse uma mulher e dissesse: "Todos nós agredimos você, mas por que você acha que fizemos isso?". Quer dizer que eu sou responsável por dizer às pessoas por que fui agredida? Bem, os outros é que têm que dizer. Eles que me agrediram. O outro lado disso é o ataque aos asiáticos — pura e simplesmente.

Exatamente.
Mais tarde, no mesmo dia, fui até a livraria local (e moro em uma cidade pequena) e peguei um livro recém-lançado sobre cinema e televisão — *Boxed In: The Culture of TV* [Dentro da caixa: a cultura da TV] —, no qual o autor, um homem branco, Mark Crispin Miller, discute imagens de pessoas negras (de certa forma) como se estivesse apresentando uma crítica esclarecida, como se tivesse alguma compreensão especial do modo que os "Outros negros" se veem. Mas não parei por aí. Fui à seção de teatro e sentei para ler a peça *Conduzindo Miss Daisy*, de Alfred Uhry, ganhadora do Prêmio Pulitzer — uma peça com autoria de um dramaturgo branco, elaborada de acordo com uma abordagem de integração. Tinham me dito que a peça tratava de uma relação sexual entre os dois personagens principais. Bem, não é por aí. Não mesmo! A peça apenas sugere a possibilidade de que a Miss Daisy, branca, e

---

[16]. A expressão "*dragon lady*" se refere a um estereótipo ofensivo comumente atribuído a asiáticas, pressupondo uma mulher sedutora, dominadora, sexualizada e perigosa. [N.T.]

seu motorista, negro, sintam uma atração mútua. Quando li a peça, foi fácil perceber a maneira como se baseia em velhos estereótipos sobre homens negros sulistas que cobiçam as damas brancas, sem questionar essas imagens.

Sejam descaradamente racistas ou condescendentes na representação do Outro, esses exemplos (dentre outros muitos) dão uma ideia das posturas subjacentes à cultura popular. Além disso, certa falta de consciência sobre essas posturas também caracterizou — e até mesmo informou —, de muitas maneiras, a investigação intelectual acerca da questão da raça e do racismo. Para início de conversa, o que significa quando homens e mulheres majoritariamente brancos estão produzindo o discurso em torno da Alteridade?

Anos atrás, quando deixei meu bairro segregado para cursar faculdade, a grande maioria dos brancos liberais da faculdade parecia estar confusa: por um lado, eles queriam estar em contato com pessoas negras e, por outro, não sabiam bem qual seria a natureza desse contato. Tinham, no entanto, a convicção de que não eram racistas. Será que o fato de quererem ter contato com pessoas negras não provava que haviam transcendido o racismo? À medida que a luta pela libertação negra foi perdendo força, o feminismo se mostrou um novo campo de política radical. No início dos anos 1980, as mulheres não brancas, particularmente as negras, puseram em xeque o pressuposto de que haveria uma opressão compartilhada baseada no gênero. Depois de um período de resistência, as mulheres brancas começaram a discutir as questões do racismo — desenvolvendo oficinas dedicadas a "desaprender o racismo" — e acadêmicas feministas chamaram a atenção para o trabalho de romancistas e poetas negras.

Críticos literários negros se juntaram à discussão, às vezes se apropriando do assunto de modo que faziam parecer que eles — e não as mulheres negras — estavam à frente da iniciativa de exigir que esses tópicos fossem abordados. E, à medida que pesquisadores homens de várias origens e disciplinas foram passando a se concentrar mais na cultura, particularmente na cultura popular, o discurso pós-colonial e o trabalho de acadêmicos e críticos do Terceiro Mundo começaram a receber ampla atenção.

O resultado de tudo isso foi um apoio sem precedentes de acadêmicos e intelectuais à inclusão do Outro — em teoria. Sim! Todo mundo parece estar clamando por "diferença", mas apenas poucos parecem querer uma diferença que implique mudança nas políticas ou que apoie um engajamento e uma luta ativos (outra palavra a ser supostamente evitada; recentemente, uma integrante da nova onda radical chique me informou ter a impressão de que "luta" é um termo desgastado, e que simplesmente não se interessa por ele). Muitas vezes, a questão me parece ser promover a *aparência* de diferença dentro do discurso intelectual, uma "celebração" que esquece de perguntar quem está bancando a festa e quem está enviando os convites. Quem está controlando esse novo discurso? Quem está sendo contratado para ensinar e onde? Quem está sendo pago para escrever sobre isso?

A produção de um discurso sobre raça que questione a branquitude seria uma mudança de rumos bem legal. Seria bem interessante se todos esses brancos que vivem dizendo aos negros o que pensam sobre a negritude tomassem consciência da branquitude. Em grande parte do que se escreve hoje — embora haja exceções notáveis —, a raça sempre aparece como um problema de uma alteridade que não é branca; é preta, marrom, amarela, vermelha, até mesmo roxa. No entanto, apenas uma crítica persistente, rigorosa e bem fundamentada da branquitude pode vir a revelar de fato quais forças relacionadas a negação, medo e competição são responsáveis por criar lacunas profundas entre o compromisso político de erradicar o racismo, professado por alguns, e a participação na construção de um discurso sobre raça que perpetua a dominação racial. Muitos estudiosos, críticos e escritores introduzem o próprio trabalho afirmando que são brancos, como se o mero reconhecimento desse fato fosse suficiente, como se isso transmitisse integralmente o que precisamos saber a respeito do ponto de vista, da motivação e do direcionamento de quem escreve. Penso nos anos em que cursei pós-graduação, quando muitas das professoras feministas resistiam ferozmente à insistência de que era importante investigar questões ligadas a raça e racismo. Agora, muitas dessas mesmas mulheres estão desenvolvendo pesquisas com foco em raça e gênero. Qual processo possibilitou que mudassem de perspectiva? Entender esse processo é importante para desenvolver solidariedade, podendo nos tornar mais conscientes das mudanças epistemológicas que permitem que todos avancemos em novas direções, movidos pela resistência. No entanto, nenhuma dessas mulheres se propôs a escrever artigos de reflexão sobre o próprio processo crítico que revelem de que forma mudaram de postura.

Tomemos como exemplo uma matéria recente de primeira página do *New York Times Book Review*, publicada em 8 de janeiro de 1989, destacando o novo livro da historiadora Elizabeth Fox-Genovese, *Within the Plantation Household: Black and White Women of the Old South* [Na sede da fazenda:

mulheres negras e brancas do velho sul]. Ao falar sobre a obra, Fox-Genovese "admitiu que às vezes parecia um pouco estranho ser uma mulher branca escrevendo sobre mulheres negras. 'Por outro lado', disse ela, 'estou profundamente comprometida com a ideia de que todos devemos ser capazes de estudar qualquer assunto, desde que sejamos honestos'". Ainda que valorize a ideia de liberdade intelectual, tal comentário obscurece as questões mais fundamentais que estão em jogo quando o membro de um grupo privilegiado "interpreta" a realidade de membros de um grupo menos poderoso, explorado e oprimido.

Dada a estrutura de dominação vigente, consideremos algumas manifestações negativas concretas que ocorrem quando essas questões não são abordadas. Antes de tudo, reconheçamos que poucos acadêmicos não brancos recebem verba de pesquisa para investigar e estudar aspectos da cultura branca do ponto de vista da "diferença"; será que isso não é um indicativo de como o paradigma colonizador/colonizado continua a estruturar de maneira severa o discurso sobre raça e o "Outro"? Ao mesmo tempo, assim como foi necessário que os pensadores críticos negros questionassem a ideia de que a resistência é algo inerente aos negros, e de que os negros nascem com consciência crítica acerca da dominação e disposição para enfrentá-la, os pensadores brancos devem questionar o pressuposto de que decidir escrever sobre raça e diferença garante necessariamente que estarão se comportando de modo antirracista. E, terceiro, será que não é hora de pensarmos bem a respeito de como e por que o trabalho de estudiosos brancos sobre pessoas não brancas recebe mais atenção e reconhecimento do que um trabalho similar produzido por estudiosos não brancos (enquanto, simultaneamente, o trabalho destes é desvalorizado — considerado "raivoso" — mesmo quando é apropriado por alguém)? Muitas pessoas que se interessam pelo trabalho de Clifford nunca leram Boone, por exemplo. Finalmente, a tendência a valorizar demasiadamente o trabalho de estudiosos brancos, assim como a sugestão de que esse trabalho constitui o único discurso relevante, deixa de considerar a questão da existência de possíveis posições inacessíveis — espaços que os teóricos brancos não têm como ocupar. Sem reinscrever um ponto de vista essencialista, é fundamental que não ignoremos nem neguemos que tais posições existem.

Se grande parte dos trabalhos recentes sobre raça deriva de um compromisso sincero com a transformação cultural, há uma séria necessidade de autocrítica imediata e persistente. Críticos culturais comprometidos — brancos ou negros, acadêmicos ou artistas — podem produzir um trabalho que se oponha a estruturas de dominação, que apresente possibilidades para um futuro diferente, questionando voluntariamente as bases estéticas e políticas do próprio trabalho. Essa interrogação em si se torna um ato de intervenção crítica, gerando uma atitude fundamental de vigilância, e não de negação.

07.
reflexões sobre raça e sexo

Raça e sexo sempre foram discursos que se sobrepuseram nos Estados Unidos. O discurso começou ainda durante a escravidão. Na época, não se falava em homens negros que desejavam a liberdade para ter acesso aos corpos de mulheres brancas — isso só veio depois. Então, o terreno discursivo era o corpo das mulheres negras: o campo de convergência entre racismo e sexualidade. O estupro era a norma cultural, reconhecido como direito e como ritual pelos grupos dominantes compostos por homens brancos. O estupro também era a metáfora mais precisa para a colonização imperialista europeia na África e na América do Norte.

A sexualidade sempre forneceu metáforas de gênero para a colonização. Países livres eram como homens livres, a dominação equivalia à castração, à perda da masculinidade e ao estupro — o ato terrorista que reencenava o drama da conquista, à medida que homens dos grupos dominantes violavam sexualmente os corpos das mulheres dominadas. O objetivo desse ato era relembrar aos homens dominados a perda de seu poder; o estupro era um gesto de castração simbólica. Homens dominados perdem o poder (ou seja, tornam-se impotentes) repetidamente, à medida que as mulheres as quais teriam o direito de possuir, controlar, exercer poder sobre, dominar e foder são constantemente fodidas pelo grupo masculino vitorioso e dominante.

Não existe uma história psicossexual da escravidão que explore o significado da exploração sexual das mulheres negras por homens brancos, nem da política da sexualidade; não existem obras que exponham todas as informações disponíveis. Não existe uma discussão sobre o sadomasoquismo sexual, do senhor que forçava a própria esposa a dormir no chão enquanto estuprava noite após noite mulheres negras em sua cama. Não há discussões sobre o voyeurismo sexual. E o que dizer da vida sexual dos homens brancos que eram declarados legalmente "incapazes" por desejarem se casar com as escravas negras com quem haviam desenvolvido relacionamentos sexuais e românticos? Sob quais condições a sexualidade representava uma força que subvertia as relações de poder, abalando o paradigma do opressor/oprimido? Aparentemente, ninguém sabe ao certo como contar essa história nem por onde começar. A narrativa histórica foi suplantada há muito tempo pela criação de outra história (o projeto sexual pornográfico, a fantasia, o medo, cujas origens ainda precisam ser traçadas). Essa história inventada pelos homens brancos trata do desejo desesperado que os homens negros têm de violar os corpos das mulheres brancas. O personagem principal dessa história é o estuprador negro. Homens negros são construídos, nas palavras de Michael Dyson, como "falos peripatéticos com desejo não correspondido pelo objeto almejado — mulheres brancas". Conforme a história conta, o desejo não se baseia no anseio por prazer sexual. Trata-se de uma história de vingança, de estupro enquanto arma utilizada pelos homens negros, os dominados, para reverter sua situação, recobrando o poder sobre os homens brancos.

Mulheres e homens negros oprimidos raramente questionaram o uso de metáforas de gênero para descrever o impacto da dominação racista e/ou a luta pela libertação negra. O discurso da resistência negra quase sempre equiparou liberdade com masculinidade; a dominação econômica e material dos homens negros com castração e emasculação. A aceitação dessas metáforas sexuais criou uma conexão entre os homens negros oprimidos e seus opressores brancos. Eles compartilhavam a crença patriarcal de que a luta revolucionária tratava, na realidade, do falo ereto, da capacidade masculina de estabelecer uma dominância política que corresponderia à dominância sexual. Um exame crítico cuidadoso da literatura *black power* dos anos 1960 e início dos anos 1970 expõe até que ponto homens e mulheres negras utilizavam metáforas sexualizadas para falar a respeito das iniciativas de resistência contra a dominação racista. Muitos de nós nunca nos esqueceremos do momento de *Soul on Ice* [Alma no gelo], em que Eldridge Cleaver, ao escrever sobre a necessidade de "recuperar minha masculinidade", detalha como estuprar mulheres negras era um treino para um dia estuprar mulheres brancas. É importante lembrar que os leitores não ficaram chocados nem aterrorizados com essa glamourização do estupro como estratégia de terrorismo utilizada pelos homens para expressar sua raiva em relação a outras formas de dominação, em decorrência da disputa masculina pelo poder. Em vista do contexto cultural machista, isso fazia sentido. Cleaver desviou a atenção do sexismo misógino em suas afirmações ao justificar esses atos como uma reação "natural" à dominação racial. Ele queria forçar os leitores a confrontar a agonia e o sofrimento da experiência dos homens negros em uma sociedade supremacista branca. Novamente, a libertação da dominação racial foi expressa por meio da redenção da masculinidade negra. A conquista do direito de afirmar a masculinidade sempre foi uma questão de sexualidade.

Durante a escravidão, talvez tenha existido um homem branco que criou sua própria versão de *Soul on Ice*, confessando como se sentia bem ao pôr em prática sua dominação racial sobre os negros, particularmente os homens negros, estuprando mulheres negras impunemente, ou então revelando como se sentia sexualmente estimulado ao utilizar a exploração sexual das mulheres negras para humilhar e degradar as mulheres brancas, de modo a afirmar a dominação falocêntrica do lar. O machismo sempre foi a instância política de mediação da dominação racial, permitindo que homens brancos e negros compartilhem uma sensibilidade comum acerca dos papéis de gênero, assim como da importância da dominação masculina. Claramente, ambos os grupos estabeleceram uma equivalência entre liberdade e masculinidade, assim como entre masculinidade e o direito dos homens ao acesso indiscriminado ao corpo das mulheres. A socialização de ambos os grupos gira em torno da aceitação da afirmação patriarcal por meio do estupro como forma de manter a dominação masculina. É a fusão da sexualidade com a dominação masculina no interior do patriarcado que serve de base para a formação da masculinidade em todas as raças e classes. *The Demon Lover: On the Sexuality of Terrorism* [Amante demoníaco: sobre a sexualidade do terrorismo], livro de Robin Morgan, começa pelo estupro. Ela analisa como homens de diferentes classes, raças e nacionalidades estão unidos por meio de noções compartilhadas acerca da masculinidade como sinônimo da capacidade de afirmar o poder por meio de atos de violência e terrorismo. Uma vez que atos terroristas são majoritariamente cometidos por homens, Morgan vê o terrorista como "a encarnação lógica da política patriarcal em um mundo tecnológico". Ela não busca entrelaçar debates de raça e sexualidade com a interconexão entre racismo e machismo. Assim como muitas feministas radicais, ela acredita que o compromisso masculino com a manutenção do patriarcado e da dominação masculina diminui ou apaga a diferença.

Boa parte da minha obra em torno da teoria feminista busca destacar como é importante compreender essa diferença, desde os modos como raça e classe determinam a capacidade do indivíduo de afirmar a dominação e o privilégio masculino, até os modos de o racismo e o machismo representarem sistemas interligados de dominação que se reafirmam e se sustentam mutuamente. Muitas feministas continuam acreditando que esses fatores são completamente desconectados, supondo que o machismo pode ser abolido enquanto o racismo se mantém intacto, ou que as mulheres que trabalham para resistir ao racismo não estão se dedicando ao movimento feminista. Uma vez que a luta pela libertação negra é frequentemente definida em termos que afirmam e apoiam o machismo, não surpreende que tantas mulheres brancas temam que a luta pelos direitos das mulheres seja posta em risco, caso o foco se concentre demais na resistência ao racismo, ou que muitas mulheres negras tenham tanto medo de trair os homens negros, caso apoiem o movimento feminista. Esses dois temores são uma resposta ao discurso que equaliza a libertação negra com a masculinidade. Esta continua sendo uma das principais formas de definir nossos esforços de resistência contra a dominação racista, e precisa ser criticada. Devemos rejeitar a sexualização da libertação negra, pois ela sustenta e perpetua o machismo, o falocentrismo e a dominação masculina. Embora Michele Wallace tenha buscado expor a falácia da equivalência entre libertação negra e opressão masculina em *Black Macho and the Myth of the Superwoman* [Macho negro e o mito da supermulher], poucos negros ouviram sua mensagem. Dando continuidade a essa crítica em *Ain't I a Woman: Black Women and Feminism*, descobri que um número crescente de mulheres negras rejeita esse paradigma. É preciso que a maioria dos homens negros — especialmente figuras políticas negras — também o rejeite. Enquanto os negros se aferrarem à ideia de que o verdadeiro trauma da dominação racista é a perda da masculinidade negra, estaremos investindo em narrativas racistas que perpetuam a ideia de que todos os homens negros são estupradores, ansiosos por utilizar o terrorismo sexual para expressar sua raiva contra a dominação racial.

Atualmente, estamos diante da ressurgência dessas narrativas. Elas estão reaparecendo em um momento histórico no qual os negros são alvo dos ataques racistas mais abertos e declarados, quando os homens negros e, especialmente, os jovens negros têm seus direitos negados. A grande mídia supremacista branca faz parecer que os negros representam uma ameaça à sociedade como um todo, de modo que o controle, a repressão e a dominação violenta são as únicas maneiras eficazes de abordar o problema. Basta ver o uso do caso Willie Horton para desacreditar Micheal Dukakis na eleição presidencial de 1988.[17] Susan Estrich, em seus artigos pós-eleições, realizou o útil trabalho de demonstrar como estereótipos racistas foram utilizados para voltar os eleitores contra Dukakis, e como George H. W. Bush em nenhum momento questionou essa estratégia. Em todos os seus artigos, ela relata a experiência de ter sido estuprada por um homem negro quinze anos antes, descrevendo como o racismo definiu a reação da polícia e dela mesma ao crime. Embora sua intenção fosse a de exortar a sociedade a se comprometer com a luta antirracista, todos os artigos que li traziam consigo uma legenda destacada enfatizando o estupro. O conteúdo subversivo de sua obra é minado, e o estereótipo de que todos os homens negros são estupradores é recolocado e reforçado. Nesta sociedade, um grande número de pessoas não percebe que a vasta maioria dos estupros não é interracial, e que as mulheres têm mais chances de serem estupradas por homens que pertencem à sua própria raça.

[17]. Michael Dukakis foi o candidato do Partido Democrata às eleições presidenciais dos Estados Unidos em 1988, tendo sido derrotado pelo republicano George H. W. Bush. Antes disso, governou o estado de Massachusetts em dois períodos: 1975-1979 e 1983-1991. Reconhecido defensor dos direitos civis, Dukakis vetou, em seu primeiro mandato como governador, uma lei do parlamento local que pretendia acabar com as permissões de saída temporárias (*furlough*) a pessoas sentenciadas por certos crimes, como assassinato em primeiro grau, por acreditar que tais permissões auxiliavam na reabilitação da população carcerária. Em seu segundo período à frente do governo de Massachusetts, a concessão de saídas temporárias colocou de volta às ruas o jovem negro Willie Horton, que estava preso por assassinato. Ao deixar a prisão, Horton cometeu estupro e assalto à mão armada, até que foi novamente preso, julgado e condenado. Mais tarde, o caso seria explorado por George H. W. Bush durante as eleições presidenciais, prejudicando a campanha de Dukakis. [N.E.]

Na cultura popular, o vídeo de "Like a Prayer", da Madonna, também faz uso de imagens que conectam homens negros ao estupro, reforçando essa representação no imaginário de milhões de espectadores — mesmo que a artista afirme que sua intenção é ser antirracista, e que o vídeo certamente sugira que nem todos os homens negros acusados de estuprar mulheres brancas são culpados. Entretanto, mais uma vez essa mensagem subversiva é minada pelo foco geral nas imagens sexualmente carregadas da sexualidade da mulher branca e da luxúria do homem negro. A mensagem mais subversiva do vídeo não tem qualquer relação com o antirracismo, mas com a construção da figura da mulher branca como sujeito desejoso, capaz de afirmar livremente sua agência sexual. Naturalmente, a expressão do tabu dessa agência é a escolha de um parceiro sexual negro. Infelizmente, isso representa a continuidade da noção de que o fim da dominação racista se revela pelo acesso ao sexo interracial, um mito que deve ser criticado para que esta sociedade possa confrontar as reais consequências materiais, econômicas e morais da perpetuação da supremacia branca, assim como o traumático impacto genocida sobre os negros.

As imagens de homens negros como estupradores, como perigosas ameaças à sociedade, se tornaram moeda cultural sensacionalista há algum tempo. O foco obsessivo da mídia nessas representações é político. O papel que ela representa na manutenção da dominação racista é o de convencer o público de que os homens negros são uma ameaça perigosa que deve ser controlada de toda e qualquer maneira, incluindo sua aniquilação. Esse é o pano de fundo cultural que molda a reação da imprensa ao caso de estupro no Central Park,[18] e ela teve um papel fundamental em moldar a reação do público. Muitas pessoas utilizam esse caso para perpetuar estereótipos raciais e o racismo. Ironicamente, as pessoas que afirmam estar mais chocadas com a brutalidade do caso não têm pudores na hora de dizer que os suspeitos deveriam ser castrados ou mortos. Elas não veem relação entre apoiar essa violência como meio de controle social e o uso que os suspeitos fizeram da violência como maneira de exercer controle. A reação pública a esse caso destaca a falta de compreensão sobre a inter-relação entre racismo e machismo.

Muitas pessoas negras, especialmente homens, que utilizam o paradigma machista que sugere que o estupro de mulheres brancas por homens negros seria uma reação à dominação racista, veem o caso do Central Park como uma acusação contra um sistema racista. Eles não veem que foi o machismo que determinou a natureza do crime e a escolha da vítima. Muitas mulheres brancas reagiram ao caso concentrando-se exclusivamente no ataque brutal como um ato de dominação de gênero, da violência masculina contra a mulher. Um artigo publicado no *Village Voice* por Andrea Kannapell, uma mulher branca, era acompanhado por uma legenda em negrito e caixa-alta, para dar

---

[18]. "Caso do Central Park" é a forma como ficou conhecido o estupro da jovem branca Trisha Meili, de 28 anos, no principal parque da cidade de Nova York, na noite de 19 de abril de 1989, e pelo qual cinco adolescentes negros foram condenados. Em 2001, Matias Reyes, assassino e estuprador condenado, também negro, confessou ter cometido o ataque. Os jovens foram libertados no ano seguinte e processaram a cidade de Nova York. O caso é retratado na série *Olhos que condenam* (2019), criada pela cineasta Ava DuVernay. [N.E.]

mais ênfase, com a afirmação: "O CRIME FOI MAIS MACHISTA QUE RACISTA...". Ao reagirem ao mesmo caso, as mulheres negras se concentraram na natureza machista do crime, frequentemente dando exemplos do machismo dos homens negros. Levando em consideração as obras feministas escritas por mulheres negras com o objetivo de chamar a atenção para a realidade do machismo dos homens negros — obras que frequentemente não recebem atenção ou são acusadas de atacar os homens negros —, é irônico que a condenação de um grupo de cinco jovens negros pelo estupro brutal de uma mulher branca tenha servido como catalisador para a admissão de que o machismo é um problema sério no interior das comunidades negras. O artigo de Lisa Kennedy intitulado "Body Double: The Anatomy of a Crime" [Corpo duplo: anatomia de um crime], também publicado no *Village Voice*, reconhece a convergência entre racismo e machismo como as políticas de dominação que dão origem a esse ataque. De acordo com Kennedy: "Caso eu aceite a premissa da cobertura midiática, de que esse estupro seria mais triste do que todos os estupros sofridos por mulheres não brancas, o que aconteceria com o valor do meu corpo? O que aconteceria com a qualidade da minha negritude?".

Essas questões continuam sem resposta, embora a autora encerre seu artigo com o "chamado a uma ofensiva feminista sofisticada". Tal ofensiva deveria começar com o desenvolvimento de uma consciência crítica do modo que o racismo e o machismo são sistemas interligados de dominação.

A reação pública ao caso do Central Park revela até que ponto a cultura investe no tipo de pensamento dualista que ajuda a reforçar e manter todas as formas de dominação. Por que as pessoas precisam decidir se esse crime é mais machista que racista, como se fossem opressões concorrentes? Por que os brancos, especialmente as feministas brancas, preferem quando pessoas negras, especialmente mulheres negras, se dissociam da luta dos homens negros no patriarcado supremacista branco capitalista como forma de enfatizar a oposição ao machismo do homem negro? Por acaso as mulheres negras não podem permanecer genuinamente preocupadas com o efeito brutal da dominação racista sobre os homens negros, sem deixar de denunciar seu machismo? E por que o machismo do homem negro é evocado como se fosse um tipo especial de desordem social, mais perigoso, mais terrível e ameaçador que o machismo que perpassa a cultura como um todo, ou que o machismo que serve de base para a dominação das mulheres por parte dos homens brancos? Essas perguntas chamam a atenção para modos de pensar excludentes entre si, que constituem a base filosófica dos sistemas de dominação. Portanto, sempre que nos envolvemos em debates sobre esse crime, ou sobre questões de raça e gênero, as pessoas mais progressistas devem insistir na complexidade de nossa experiência em uma sociedade racista e machista.

O crime do Central Park envolve aspectos do machismo, da dominação masculina, da misoginia e do uso do estupro como instrumento de terror. Ele também envolve questões de raça e racismo; é pouco provável que os jovens negros criados nesta sociedade, ao atacarem uma mulher branca, vissem "apenas uma mulher" — sua raça estaria tão presente na consciência dos jovens quanto seu sexo, do mesmo modo que as massas de pessoas que ouviram falar sobre esse crime se preocupavam em identificar primeiro a raça dela. Em uma sociedade machista e supremacista branca, o corpo de todas as mulheres é desvalorizado, mas o corpo das mulheres brancas tem mais valor que o das mulheres não brancas. Dado o contexto da supremacia branca e as narrativas históricas sobre estupradores negros, a identidade racial tanto da vítima quanto dos algozes permite que essa tragédia se torne matéria de sensacionalismo.

Para compreender plenamente os múltiplos significados desse incidente, ele deve ser abordado a partir de um ponto de vista analítico que leve em consideração o impacto do machismo e do racismo. Começar por aí permite que muitos de nós nos sensibilizemos tanto com a vítima quanto com seus algozes. Ao ler *The Demon Lover* e refletir novamente sobre esse crime, é possível enxergá-lo como parte de um contínuo de violência masculina contra as mulheres, de estupro e terror como armas de dominação masculina — mais uma expressão brutal e assustadora da socialização patriarcal. E se observarmos esse caso sob a ótica das análises feministas de raça e masculinidade, é possível ver que, uma vez que o poder masculino é relativo dentro do patriarcado, homens de grupos mais pobres e homens não brancos não são capazes de obter as recompensas materiais e sociais oriundas de sua participação no patriarcado. Na verdade, eles com frequência sofrem por agir de forma passiva e cega com base no perigoso mito da masculinidade. O pensamento machista impede que vejam essa realidade. Eles próprios se tornam vítimas do patriarcado. Ninguém pode realmente acreditar que os jovens negros condenados no incidente do Central Park não haviam se engajado em um ritual suicida de masculinidade, tão perigoso que pôs em risco a vida dele e seu bem-estar.

Basta retomarmos o artigo "The Plight of Black Men" [O dilema do homem negro], de Michael Dyson, concentrando-nos na parte em que ele descreve por que tantos jovens negros formam gangues — "o senso de absoluto pertencimento, de amor insuperável" — para compreendermos com facilidade a razão do desespero e do niilismo dos jovens negros. Seria ingênuo acreditar que valorizariam vidas alheias se não valorizam as próprias. É mesmo tão difícil enxergar a conexão entre a constante glorificação pornográfica da violência masculina contra a mulher, representada, encenada e valorizada diariamente na cultura, e o crime do Central Park? O racismo cria e mantém esse ponto cego, ou apenas permite que pessoas negras, em especial homens negros, tornem-se bodes expiatórios, personificando os males da sociedade?

Se desejamos viver em uma sociedade mais justa e menos violenta, devemos nos engajar em obras antimachistas e antirracistas. Precisamos desesperadamente explorar e compreender as conexões entre racismo e machismo. Além disso, também devemos ensinar a todos sobre essas conexões, para que sejam criticamente conscientes e socialmente ativos. Boa parte da formação da consciência crítica ocorre em conversas cotidianas. Mulheres e homens negros devem participar da construção do pensamento feminista, criando modelos por meio dos quais a luta feminista possa abordar as circunstâncias específicas que afetam os negros. Ainda assim, a tarefa mais visionária continua sendo uma nova concepção da masculinidade, para que modelos alternativos e transformadores estejam presentes na cultura e no dia a dia, ajudando meninos e homens que buscam estabelecer novas identidades. A luta pela libertação negra precisa ser repensada, para que deixe de ser equalizada com a masculinidade. Necessitamos de uma visão revolucionária da libertação negra, partindo de um ponto de vista feminista e que seja capaz de abordar a condição das pessoas negras.

Qualquer indivíduo comprometido com a resistência contra políticas de dominação e em favor da erradicação do machismo e do racismo reconhece a importância de não promover uma competição mutuamente excludente entre sistemas opressores. Podemos nutrir empatia pela vítima e pelos algozes no caso do Central Park, permitindo que esse sentimento funcione como catalisador para um comprometimento renovado junto à ação antimachista e antirracista. Ontem eu ouvi a seguinte história: uma amiga negra me ligou para dizer que havia sido atacada na rua por um homem negro. Ele levou sua bolsa, junto com as chaves da casa e do carro. Ela vive em uma das cidades mais pobres dos Estados Unidos. Conversamos sobre pobreza, machismo e dominação racial para pôr o acontecido em perspectiva, permitindo tanto a superação pessoal quanto a compreensão política do crime. Hoje ouvi a seguinte história: uma amiga branca me ligou para dizer que foi atacada na porta de casa por um homem negro. Ela gritou e ele fugiu. Os vizinhos que vieram ajudá-la fizeram comentários racistas. Ela se negou a aceitar essa conversa, embora tenha ficado chocada com a intensidade e o grau do racismo expressado. Mesmo em meio ao próprio medo e dor, ela permaneceu politicamente consciente, não se tornando cúmplice da perpetuação da supremacia branca que é a raiz de tanto sofrimento. Essas duas mulheres sentem raiva de seus algozes; elas não os perdoam pelo que fizeram, ainda que busquem entender e reagir de maneira que enriqueça a luta pelo fim da dominação — de modo que o machismo, a violência machista, o racismo e a violência racista deixem de ser um acontecimento cotidiano.

08.
representações: feminismo e masculinidade negra

Recentemente, em uma conversa com uma amiga feminista branca, comentei que havia acabado de ler o livro de ensaios *Writin' Is Fightin'* [Escrever é lutar], de Ishmael Reed, e que o havia achado interessante, especialmente os comentários sobre raça e cultura. Sua reação foi enfatizar (como se eu fosse ingênua demais para entender) que a maioria das feministas o considera "terrivelmente misógino", e que havia deixado de ler sua obra há muito tempo. Nas palavras dela: "Eu não leio esse cara". Ao confessar que eu não apenas leio sua obra, mas a uso em sala de aula, lembrei com carinho das inúmeras conversas que tive com ele quando vivia na área da baía de San Francisco, onde conversávamos longamente sobre feminismo. Esse diálogo com a feminista branca funcionou como catalisador de uma reflexão sobre o problema da censura no interior do movimento feminista. Como professora de estudos sobre mulheres, muitas vezes deparei com estudantes que não desejam ler a obra de determinados autores que consideram machistas ou misóginos. Toda vez que isso acontece, aproveito a ocasião para conversar sobre os perigos de fazer julgamentos que sugerem que não devemos ler um autor ou autora por conta de seus posicionamentos políticos acerca de determinada questão, os perigos de negar uma obra inteira com base em comentários de terceiros. Encorajando os estudantes a consultarem diretamente as fontes para embasar suas críticas, reitero que o conhecimento é mais poderoso que os boatos.

Com o passar dos anos, percebi que alunos de cursos de estudos sobre mulheres julgam rapidamente os livros escritos por homens negros, mesmo que não tenham lido um repertório muito vasto de autores negros. Com frequência, os estudantes se matriculam no meu curso sobre autoras negras e ficam chateados quando afirmo que, antes de se dedicar a essa linha de pesquisa, precisam compreender profundamente a tradição literária afro-americana; isso significa que precisam ler obras escritas tanto por mulheres quanto por homens. O desejo de se concentrar unicamente nas obras de mulheres negras é uma reação que alimenta a falsa noção de que o racismo e o machismo são duas formas radicalmente diferentes de opressão, que uma pode ser erradicada enquanto a outra se mantém intacta. Quando ouço feministas maduras fazendo comentários similares a respeito de Reed e outros autores negros, costumo chamar a atenção para como estão dispostas a julgar escritores negros, ao passo que é muito raro ouvir a mesma condenação em relação a escritores brancos. No meio dos estudos literários, o racismo frequentemente molda essa resposta. Mulheres brancas não imaginam uma bibliografia básica que exclua Chaucer, Shakespeare ou Joyce (mesmo que suas obras retratem o machismo e o racismo), mas utilizam esse critério com tranquilidade para defender sua ignorância a respeito das obras de autores negros. Atualmente, no mundo acadêmico, a tendência entre mulheres interessadas por teoria crítica ou pelo discurso pós-colonial é ignorar o máximo possível o racismo e o machismo de pensadores brancos cujas obras considerem "importantes" (Derrida, Foucault, Jameson, Said, por exemplo). Essa reação é tão problemática quanto a que encoraja as mulheres a ignorarem esses autores. Se nosso objetivo é construir um movimento feminista que não se baseie na premissa de que homens e mulheres estão sempre em pé de guerra, então devemos estar dispostos a reconhecer a validade de respostas críticas complexas às obras de homens, mesmo que sejam machistas. Obviamente, as mulheres podem aprender com escritores cujas obras são machistas e podem até mesmo se inspirar nelas, uma vez que o machismo pode ser apenas uma das dimensões da obra. Ao mesmo tempo, criticar o machismo de frente não implica necessariamente a desvalorização da obra.

Neste ensaio, desejo me concentrar nas respostas feministas aos homens negros e ao seu machismo. Uma vez que muitos homens negros creem que o feminismo ameaça apagar suas vozes e desviar o foco da opressão racial, é de interesse do próprio movimento feminista examinar as implicações negativas das tentativas de censurar obras ou de condenar abertamente determinado grupo de homens.

A censura ou condenação da obra de certos autores nos círculos feministas nunca se concentrou exclusivamente nas obras escritas por homens. Quando meu primeiro livro foi publicado, uma famosa escritora feminista negra escreveu uma resenha sugerindo que os leitores não o comprassem e, mais do que isso, que não o lessem. Outra poeta e ensaísta feminista negra escreveu aos editores uma carta em que dizia que a publicação da minha obra era, nas palavras dela, "um ato criminoso". Chocada com essas tentativas de censurar e/ou reprimir a introdução no discurso feminista de uma perspectiva e de um estilo de escrita considerados inaceitáveis (na época, não era de bom tom criticar a natureza e a direção do movimento feminista), comecei a perceber que, mesmo no âmbito do pensamento feminista, existia um discurso hegemônico que censurava vozes dissonantes. Ironicamente, anos mais tarde, as mesmas questões que levantei — causando celeuma e ofensa — tornaram-se não apenas aceitáveis, mas entraram em voga. A apreciação crítica feminista positiva da minha obra não foi suficiente para apagar a memória do que significou ter meu trabalho brutalmente negado. Essa experiência está por trás do meu desejo de que exista um espaço no movimento feminista para a produção, disseminação e discussão de ideias e perspectivas diversas. Posso entender vozes masculinas negras que se queixam das pensadoras feministas por condenarem suas obras sem ao menos realizar uma avaliação crítica séria, sem buscar compreender seus pontos de vista. Para que fosse realmente produtiva, essa compreensão deveria ser recíproca. Homens negros também precisam tentar explorar plenamente o pensamento feminista.

Embora eu achasse interessantes os ensaios de Ishmael Reed sobre raça e cultura, percebi que ele enquadrava sua obra conscientemente em um paradigma masculinista excludente. O subtítulo do livro é "Thirty-Seven Years of Boxing on Paper" [37 anos de boxe no papel]. A escolha da metáfora, o uso da luta e, mais especificamente, do "boxe" para enquadrar sua obra, incluindo todas as referências diretas a homens negros (existem algumas boxeadoras, mas elas não fazem parte de sua "panelinha"), estruturam o livro de modo a declarar uma solidariedade aos escritores negros que, aparentemente, ele não sente em relação às autoras negras. Ao dedicar o livro a três homens "que lutaram uma batalha justa", Reed reitera e destaca seu foco nos homens negros, escrevendo um prefácio composto por quatro citações curtas, todas de homens: Chester Himes, dizendo que "o lutador luta, e o escritor escreve". Paul Lofty, afirmando que "o homem negro nasce com a guarda alta". A citação de Muhammad Ali dá origem ao título do livro, "Writin' is Fightin'". E, por fim, as palavras de Larry Holmes: "cuidado para não morder a língua". Não poderia ser mais óbvio para o leitor atento que Reed está reagindo à atenção recebida pelas mulheres negras, dando destaque central aos homens em sua obra e ressaltando essa escolha.

Em vez de construir seu texto de um modo que pudesse eliminar as tensões entre autores e autoras negras, ele explora essas preocupações, elevando seu próprio status como escritor que se opõe às mulheres negras e ao pensamento feminista.

No divertido ensaio "Steven Spielberg Plays Howard Beach" [Steven Spielberg encena Howard Beach], Reed busca por um lado negar as acusações feministas de que seria machista e misógino, ao mesmo tempo que inclui comentários que podem ser facilmente considerados antifeministas. Por exemplo:

> Gloria Steinem, escolhida pela mídia a suma-sacerdotisa do feminismo americano, deu o tom da atual campanha contra os homens negros ao dizer na edição de 2 de junho de 1982 da revista *Ms.* que, ao caracterizar os homens negros em seu livro, Walker estaria "contando a verdade". Desde então, muitas outras feministas e mulheristas assumiram essa postura de "contar a verdade", assim como seus aliados masculinos: bichas e bundões.

Uma vez que o sarcasmo e a ridicularização são maneiras de falar sobre mulheres que reforçam o machismo e a dominação masculina, é fácil entender porque tantas feministas veem Reed como inimigo. Entretanto, este ensaio levanta uma questão fundamental, que não é respondida totalmente — se o foco feminista no chauvinismo masculino negro é mais duro e mais brutal do que as críticas ao patriarcado em geral.

Fundamentalmente, Reed acerta do ponto de vista crítico ao chamar a atenção para a diferença entre as reações ao machismo branco e ao machismo negro no interior do movimento feminista. As feministas contemporâneas geralmente agem a partir do pressuposto de que o machismo dos homens negros seria mais hediondo do que o machismo dos brancos. Em vista do racismo das mulheres brancas, que determinou o direcionamento de boa parte do movimento feminista, não surpreende que o foco inicial no estupro projetasse o estereótipo de que o homem que mais deveria ser temido é o negro. Nunca vou me esquecer de quando ouvi um programa feminista de rádio afirmar isso com todas as letras. Um grupo de mulheres brancas debatia o estupro e alertava as ouvintes que tinham o hábito de pedir carona sobre os perigos de aceitar carona de homens negros, dando a entender que era mais provável serem estupradas por eles do que por motoristas brancos. Essa informação não se baseava em nenhuma evidência estatística que demonstrasse que motoristas negros estupravam passageiras brancas. Estudos mostram que mulheres brancas estão sob maior risco de serem estupradas por homens de seu mesmo grupo racial do que por homens não brancos. Esse é um exemplo de como o racismo informa as percepções feministas acerca dos homens negros; mas há muitos outros casos. Até certo ponto, críticas perspicazes ao racismo no interior do movimento feminista ajudaram a criar um clima político progressista no qual pensadoras feministas brancas (e negras também) têm maior possibilidade de refletir sobre como falam a respeito de questões de raça e do machismo dos homens negros. Ainda assim, a tendência de criticar com mais veemência o machismo dos homens negros, dando a entender que é a expressão mais danosa do poder patriarcal (o que não é verdade), sempre aparece nas discussões feministas, mesmo em obras de mulheres negras.

Boa parte do debate público em torno de *A cor púrpura*, de Alice Walker, concentrou-se em indagar se era realista o retrato dos homens negros como misóginos brutais. Embora o romance mostre a transformação de Mister — ele deixa de ser um chauvinista brutal e se torna uma pessoa que demonstra carinho e compaixão —, a mudança na representação criada por Walker raramente é levada em consideração. Com o romance completamente eclipsado pela interpretação feita por Steven Spielberg para o cinema, o público se esqueceu do ponto de vista de Walker. No filme, Spielberg preferiu não exibir graficamente a transformação de Mister. Em vez disso, destacou imagens que representavam os estereótipos racistas preexistentes da masculinidade negra como perigosa e ameaçadora. Isso pode ser visto na produção cinematográfica desde *O nascimento de uma nação* até filmes mais contemporâneos, como *A testemunha*. Essas imagens "funcionam" nos filmes. No interior da cultura supremacista branca, é lógico que o público branco se engaje mais com filmes assustadores quando o vilão é um homem negro.

A testemunha é um ótimo exemplo de filme que explora estereótipos racistas para realçar o "suspense". O público quase cai da cadeira quando o personagem negro (interpretado por Danny Glover) comete um assassinato brutal em frente a um menininho branco que assiste a tudo sem ser visto. Depois do assassinato, o homem negro abre as portas das cabines do banheiro onde o crime aconteceu para se assegurar de que não fora observado. A diferença racial é explorada para criar tensão dramática. Quando enfia a mão dentro da cabine onde o menininho inocente e "bonito" está escondido, a câmera se aproxima da mão negra, alternando em seguida para o rosto assustado do menino, destacando o contraste entre a negritude aterrorizante e a testemunha branca e pura. A versão de *A cor púrpura* para o cinema opera de modo similar. Quando o filme começa, a inocência das meninas negras parece ser mais pungente e autêntica quando contrastada com as imagens brutais da masculinidade negra dominante.

A representação que Spielberg faz dos homens negros não pode ser ignorada como se não tivesse implicações políticas, como se fosse baseada exclusivamente em escolhas artísticas neutras. Não importa quais sejam os fatores que o motivaram pessoalmente a minimizar e, em alguns casos, ignorar completamente a transformação de Mister; o impacto político de transformar o texto de Walker (que não era anti-homens negros nem representava os homens negros como se não fossem indivíduos complexos) reforçou um quadro unidimensional no qual os homens negros são exibidos do modo racista convencional e estereotipado de Hollywood. No filme, a masculinidade negra é animalizada e retratada com brutalidade.

Boa parte do debate sobre raça e representação iniciado por *A cor púrpura*, tanto o livro quanto o filme, concentrou-se especialmente na representação da masculinidade negra. Essas obras, assim como os textos de autoras negras contemporâneas em geral, foram vistas como anti-homens negros, e como se estivessem conscientemente promovendo representações negativas. Infelizmente, boa parte das discussões foi superficial, enfatizando a pureza, não importando se as imagens eram "boas" ou "ruins". Produzir imagens de pessoas negras em um contexto racista é um ato politicamente carregado. As mulheres negras foram acusadas de cumplicidade com *the man* (ou seja, sistemas de dominação masculina branca), ao criarem imagens de homens negros. Os homens negros nunca querem saber se as imagens da feminilidade negra nas obras contemporâneas de autoras negras são "positivas" ou não. A preocupação é sempre com a imagem do homem negro, quem irá controlá-la e representá-la. Um aspecto central da estética masculina negra é a construção de uma imagem, em especial uma imagem dissimuladora. Em vista dessa preocupação, é natural que a maior parte dos homens negros reaja de maneira defensiva quando tem a impressão de que outros grupos estão assumindo o "controle" sobre a representação da masculinidade negra. Os homens que abordam essas questões a partir de uma mentalidade patriarcal desaprovam fundamentalmente a iniciativa das mulheres negras autônomas que criam essas imagens sem antes consultá-los. A partir de uma perspectiva machista, essa atitude é vista como uma indicação de que os homens negros não têm poder, já que seriam incapazes de controlar "suas mulheres".

Autoras negras têm reagido às acusações de que escolhem conscientemente retratar os homens negros "de forma negativa", indicando defensivamente o realismo de suas representações, ou invocando a noção de uma artista transcendente, divinamente inspirada e, portanto, que não pode ser plenamente responsabilizada pelas imagens que surgem em sua obra. Depois que um enorme número de pessoas negras viu *A cor púrpura* nos cinemas, discussões públicas surgiram em comunidades negras em todos os Estados Unidos, debates tanto sobre o filme quanto sobre o livro. Mulheres negras contavam que conheciam homens como Mister há muito tempo, que somos vítimas de incesto, estupro e abusos físicos brutais. Os homens negros reagiram afirmando que a questão da representação não tinha relação com a precisão, mas com a validade de debater (ou seja, de revelar) determinados aspectos da vida negra em um contexto não negro. As reações nacionalistas questionavam se valia a pena lavar roupa suja em público, embora raramente sugerissem contextos em que essas discussões seriam mais aceitáveis. Certamente o livro de Walker não foi o catalisador dessa discussão, mas sim a interpretação masculina branca, sugerindo que os homens negros estão mais preocupados com a maneira pela qual são vistos pelos homens brancos do que pelas mulheres negras. No geral, as discussões a respeito de raça, representação e gênero iniciadas por esses debates não foram capazes de melhorar muito a compreensão sobre esses temas. Não houve comunicação expressiva entre os dois grupos. Uma grande barreira era o fato de os homens negros não estarem dispostos a levar o machismo a sério, reconhecendo que ele existe e pode ser tão prejudicial quanto o racismo.

A discussão continua. No episódio de 14 de julho de 1989, o programa de Phil Donahue contou com a participação de cinco autoras e pensadoras negras (Maya Angelou, Angela Davis, Ntozake Shange, Alice Walker e Michele Wallace), que foram convidadas para discutir se as autoras negras criam uma imagem "negativa" dos homens negros. Boa parte do debate se concentrou novamente em *A cor púrpura*. Enquanto espetáculo público, o programa deu a impressão de que havia uma enorme hostilidade entre mulheres e homens negros; que as autoras negras são responsáveis por atrapalhar a solidariedade entre os dois grupos; e, por fim, que existe pouca ou nenhuma comunicação. Mais uma vez, a discussão passava a mensagem de que qualquer debate sobre raça e representação deveria se concentrar exclusivamente no tema das imagens positivas ou negativas, igualadas à construção de personagens masculinos negros. Naturalmente, a imprensa racista branca estaria mais inclinada a destacar as aparentes tensões e confusões de gênero entre os negros do que a tentar estabelecer um clima capaz de gerar um diálogo engajado mais rigoroso, menos centrado em questões de pureza, de imagens boas e ruins, e mais na questão da representação, ao que se presta e aos interesses de quem. As autoras negras presentes no programa de Donahue, especialmente Alice Walker, foram chamadas a "defender" o modo que retratam os homens negros, em vez de explicar suas motivações e aquilo que pensam sobre gênero. O feminismo não foi mencionado em nenhum momento. Quando Walker comentou sobre como, em seu livro, Mister se transforma de um bruto misógino em um homem carinhoso e dotado de compaixão, ninguém lhe respondeu. É bem capaz que homens negros machistas não achem positivo o fato de Mister cultivar hábitos de existência geralmente associados às mulheres (ternura, compaixão, falta de força física). Para eles, pode parecer que Mister foi castrado. Nenhum dos homens negros que conversava com Alice

Walker e com as outras autoras falava sobre como gostariam que a masculinidade negra fosse retratada.

Embora eu não parta do princípio de que as autoras contemporâneas negras criam maliciosamente imagens negativas da masculinidade negra, é verdade que, sempre que essas imagens aparecem em suas obras, corre-se o risco de que sejam apropriadas pelo imaginário popular branco racista. As representações de homens negros nos meios de comunicação de massa geralmente dão a entender que são mais violentos que outros homens, supermasculinos (personagens como Hawk e Mr. T.). Essas imagens atraem o público branco, que simultaneamente tem medo e é fascinado por elas. Isso não diminui o valor literário das obras de ficção escritas por mulheres negras e que atraem muitos leitores brancos, especialmente mulheres brancas, que talvez inconscientemente busquem caracterizações de homens negros que destaquem qualidades igualmente estereotípicas. Muitas obras contemporâneas escritas por mulheres negras retratam estupradores negros. Obras populares, como o estudo das fantasias sexuais das mulheres brancas feito por Nancy Friday, revelam que uma das imagens mais constantes é a do sedutor/estuprador negro. Isso está em consonância com o racismo que esse tipo de imagem é tão capaz de gerar, cativando, atiçando e, ao mesmo tempo, causando horror. Em vista da popularidade do aspecto antimasculino reacionário do feminismo radical, há um público para obras literárias que destacam e expõem a violência masculina. Quando as autoras negras sugerem que a força mais opressora e exploradora na vida das mulheres negras são os homens negros, a sociedade branca se vê livre do fardo da responsabilidade; assim fica fácil ignorar o impacto brutal e doloroso do racismo.

Leitores negros de ficção afro-americana não estão invadindo o campo sagrado da liberdade artística quando demonstram preocupação política acerca do conteúdo das obras contemporâneas produzidas por autoras negras em uma economia capitalista e supremacista branca, onde todos estamos plenamente cientes de que algumas imagens "vendem" melhor do que outras. Devemos desconfiar dos críticos que ridicularizam as tentativas das pessoas negras de questionar criticamente o campo da representação. Entrevistado para uma edição especial da revista *Wedge* sobre "The Imperialism of Representation, the Representation of Imperialism" [O imperialismo da representação, a representação do imperialismo], Edward Said relembra os leitores de que "as representações são utilizadas na economia doméstica de uma sociedade imperialista". Ao falar sobre sua formação escolar, quando aprendeu sobre história e cultura da Inglaterra, mas "nada sobre minha própria história, sobre a história árabe", ele afirma: "Não podia deixar de compreender a representação como um sistema discursivo que envolve escolhas políticas e forças políticas, autoridades de uma forma ou de outra". A atenção às políticas de representação tem sido fundamental para os grupos colonizados de todo o mundo na luta pela autodeterminação. A força política das representações não pode ser ignorada. Os afro-americanos compreenderam isso sem permitir plenamente que esse conhecimento molde a natureza e a direção de nossa análise da representação. As discussões sobre representação entre os afro-americanos geralmente ocorrem no contexto das emergentes políticas identitárias, mais uma vez concentrando-se em se as imagens são consideradas "boas" ou "ruins". A imagem geralmente é considerada boa simplesmente por ser diferente de um estereótipo racista. De maneira acrítica, personagens de TV como o dr. Huxtable, no *Cosby Show*, geralmente são considerados "positivos". Pouco se diz a respeito de como esse papel patriarcal benevolente é problemático. Uma vez que a imagem estereotípica primária do homem negro na imaginação supremacista branca é a do estuprador, qualquer caracterização do homem negro nesse papel corre o risco de ser vista como uma imagem "ruim". Questões sobre o contexto, a forma, o público e a experiência (que servem de base para a construção das imagens) geralmente são postas de lado quando a análise é feita apenas levando em conta se as imagens são boas ou ruins. Isso parece ser especialmente verdade no atual debate acerca da caracterização que a mulher negra faz da masculinidade negra, em obras de ficção ou não.

A apresentadora negra Oprah Winfrey foi alvo de críticas dos espectadores que afirmam que seu programa é um espaço de debate onde os homens são continuamente "zoados" e "sacaneados", já que são alvo constante de críticas. De acordo com os homens que assistem ao programa, eles sempre são retratados de maneira negativa. Winfrey apresentou um episódio inteiro dedicado a homens negros que criticavam esse padrão, respondendo às críticas de cada um. Foi um verdadeiro espetáculo público. Na maior parte dos casos, os convidados negros, assim como os espectadores que se manifestaram durante a gravação, tentavam questionar verbalmente as representações que sugerem que homens negros são dominadores, machistas etc., embora reagissem de um modo que indicava que essas acusações tinham fundamento. Em alguns momentos, o programa inteiro parecia ser uma farsa, ridicularizando as tentativas dos afro-americanos de confrontar questões de gênero e caçoando de homens e mulheres negras ao mesmo tempo.

Em sua contribuição para a coletânea de ensaios *Watching Television*, "*We Keep America on Top of the World*" [Assistindo à televisão, "Nós mantemos os Estados Unidos no topo do mundo], Daniel Hallin aconselha os espectadores a lembrarem que a televisão influencia a consciência política do público. Certamente, uma vez que muitas pessoas vivem em ambientes racialmente segregados, elas aprendem sobre raça e racismo na TV. Os comentários de Hallin sobre o noticiário valem igualmente para *talk shows*: "Uma das principais características dos jornais na TV é que se trata de um meio ideológico, que fornece não apenas informações e diversão, mas 'bolhas de consciência' — paradigmas para interpretar e pistas sobre como reagir à realidade social e política". Como a televisão é uma das principais máquinas de propaganda utilizadas por esse Estado supremacista branco, os afro-americanos devem buscar saber quem se beneficia quando a representação dominante da cultura negra tanto nos jornais quanto nos *talk shows* sugere que a família negra está se desintegrando, e que uma profunda guerra de gênero ocorre entre homens e mulheres negras. Na verdade, boa parte da hostilidade entre esses dois grupos foi gerada nas arenas de espetáculo político, que não foram criadas para ser fóruns nos quais questões de gênero podem ser abordadas de maneira séria e progressista. Por que um programa de TV como o de Donahue decide trazer ao público cinco escritoras negras distintas para discutir apenas se os homens negros são retratados de maneira negativa ou injusta em suas obras? De uma hora para a outra, o público de Donahue, geralmente branco, passa a ser dominado por homens negros vestidos de terno e gravata.

Quem está manipulando essas imagens e com qual finalidade? Debates que tentam definir se as mulheres negras — especialmente as que defendem políticas feministas — estariam representando os homens de maneira negativa servem para impedir a possibilidade de qualquer discussão proveitosa sobre como o machismo funciona nas comunidades negras, sobre como o sistema patriarcal que sustenta a dominação masculina empodera os homens negros, ainda que o racismo os desempodere, ou sobre o lugar do feminismo na luta pela libertação negra. Acima de tudo, debates que são meros espetáculos impedem uma discussão ampla sobre em quais contextos e de que maneira os negros podem discutir temas como o machismo masculino negro, que se manifesta na política da vida cotidiana e em casos extremos de abuso e dominação.

Há alguns anos, comecei a trabalhar em um livro de ensaios sobre masculinidade, entrevistando uma série de homens negros. Um deles fez o seguinte comentário: "O machismo é a última coisa com a qual o homem negro quer lidar". Conversamos sobre o fato de que muitos homens negros se sentem perseguidos diariamente pelo racismo e sobre o impacto do capitalismo em seu status como trabalhadores; eles sentem que devem transpor continuamente uma série de barreiras que dificultam a vida. Ao abordar esses sentimentos, Ishmael Reed conclui o ensaio "Steven Spielberg Plays Howard Beach" com a seguinte declaração:

> Espero que a tragédia de Howard Beach convença as feministas e mulheristas negras a compreender que as críticas a filmes como *A cor púrpura* (que faturou mais de cem milhões de dólares, mais do que o faturamento anual de muitas indústrias!) nem sempre

se baseiam em "inveja", ou rancor, mas talvez sejam uma paranoia justificada. O cinema e a TV, além de serem fontes de entretenimento, são os instrumentos de propaganda mais poderosos já criados pela humanidade, e o período nazista é uma prova de que, quando cai em mãos sinistras, pode ser utilizado para prejudicar grupos impopulares e bodes expiatórios. Na TV, homens negros geralmente estão nus da cintura para cima, algemados e debruçados sobre um carro de polícia.

Sentindo como se estivessem sempre no limite, com a vida sempre por um fio, muitos homens negros não compreendem que essa condição de "impotência" não impede que tenham capacidade de exercer poder sobre as mulheres negras de maneira dominadora e opressora, e tampouco justifica ou torna aceitável o comportamento machista. Ao voltar para casa depois de um dia longo de trabalho mal pago, de procura por emprego, ou de sentir o peso do desemprego, o homem negro que exige de maneira agressiva e chantagista que sua mulher o sirva pode não perceber que suas ações são machistas nem que envolvem o uso de poder. Essa "incapacidade de ver" pode ser — e muitas vezes é — um processo de negação que ajuda a manter as estruturas patriarcais.

Os homens negros não são os únicos que não estão dispostos a confrontar o machismo. Muitas mulheres negras creem que os homens negros são as maiores vítimas da opressão racista e que nada que uma mulher enfrente pode se igualar à dor do homem. Muitas de nós crescemos em lares onde as mães davam desculpas e explicavam a raiva, a irritabilidade e a violência dos homens chamando a atenção para as pressões encaradas por eles em uma sociedade racista, em que o pleno acesso ao poder econômico lhes é negado. Elas claramente acreditavam — assim como muitos homens — que o racismo recai com mais força sobre os homens do que sobre as mulheres, ainda que muitas dessas mulheres trabalhassem em empregos mal pagos e em circunstâncias em que eram destratadas e humilhadas diariamente. A suposição de que o racismo oprime mais os homens do que as mulheres, tanto no passado quando agora, baseia-se fundamentalmente na aceitação das noções patriarcais de masculinidade.

Muitas pessoas continuam a acreditar que os homens são particularmente afetados pelas práticas racistas, que os impedem de ter acesso a empregos com salários elevados e, portanto, os privam da capacidade de ser os provedores e líderes de sua própria casa. Ainda assim, as atitudes sociais em relação ao trabalho se transformaram. Embora o homem já não seja mais necessariamente o provedor, esses pressupostos ainda dominam boa parte da cultura em geral, especialmente nas comunidades negras. Para mulheres e homens negros, o diálogo sobre questões de gênero tem sido difícil, especialmente no contexto de discussões que se concentram no "aprimoramento da raça"[19] e na luta pela libertação negra. Uma barreira para essas discussões é a aceitação das normas convencionais de gênero como principal padrão que deve servir de base para avaliar o

---

19. A ideologia de "aprimoramento da raça" surgiu nos Estados Unidos entre o fim do século XIX e o início do XX, originando-se em uma classe média negra que acreditava no autoaperfeiçoamento como forma de se "igualar" aos brancos. Dessa forma, eles tomavam para si a responsabilidade de desenvolver instituições com o objetivo de possibilitar às massas negras se aprimorarem em termos de cultura e educação para assim alcançar uma respeitabilidade que, acreditavam eles, enfraqueceria o racismo. [N.E.]

progresso racial. A aceitação acrítica do patriarcado torna mais fácil ignorar que a mudança de circunstâncias é real, tanto no ambiente de trabalho quanto no ambiente familiar, que deixou de entender as normas tradicionais de comportamento masculino moldadas pelo pensamento machista como forma positiva de masculinidade. Existem muitos "arrimos de família" negros, que continuam a suportar a dor de viver em uma sociedade racista; esse sofrimento não muda, mesmo quando eles se adequam com sucesso aos papéis de gênero predeterminados. Ainda assim, não começamos a criar novas normas para o comportamento masculino, padrões para a construção da individualidade que sejam libertadores para os homens negros.

Até que os homens negros encarem a realidade de que o machismo os empodera, apesar do impacto do racismo em sua vida, será difícil engajá-los em diálogos relevantes sobre gênero. Quando ouvimos os homens negros falarem sobre sua realidade social, é comum ouvir narrativas de vitimização. Até mesmo os homens negros bem-sucedidos falam sobre sua vida como se o racismo os impedisse de ter acesso a formas de poder que mal conseguem descrever e que parecem quase míticas. Enquanto veem a si mesmos unicamente como vítimas, ou como vítimas potenciais, deixam de ver tudo aquilo que conquistaram. Isso é comparável à autopercepção de muitas mulheres brancas privilegiadas que fazem parte do movimento feminista e estão determinadas a conscientizar os outros a respeito de como são vítimas do patriarcado, a ponto de não aceitar qualquer análise mais complexa de suas experiências que explicite as formas de poder que elas são capazes de manter apesar da exploração machista — privilégios de classe e raça. Discussões sobre papéis de gênero nas comunidades negras, especialmente as que surgem espontaneamente como resposta a produtos ou eventos culturais específicos, não partem de uma definição do machismo, de como ele funciona no patriarcado e nas comunidades e lares negros. Ainda assim, esse paradigma crítico é o pano de fundo necessário para trazer rigor intelectual e seriedade para discussões de gênero que até este momento culminaram em uma política de culpabilização, com homens negros acusando mulheres negras de impedirem seu progresso, e vice-versa.

Historicamente, a linguagem utilizada para descrever como os homens são vitimizados na sociedade racista é sexualizada. Quando palavras como castração, emasculação e impotência são comumente usadas para descrever a natureza do sofrimento dos homens negros, cria-se uma prática discursiva que conecta a libertação dos homens negros à conquista do direito de participar plenamente do patriarcado. Por trás dessa pressuposição, há a ideia de que as mulheres negras que não estão dispostas a ajudar os homens negros em seus esforços para se tornarem patriarcas são "o inimigo". Essa assistência ocorreria quando as mulheres negras optassem conscientemente por se subordinar, tornando-se a mulher por trás do homem. No início dos anos 1970, algumas mulheres negras acharam que poderiam reparar os danos causados aos homens negros na sociedade racista optando por reprimir seu próprio avanço na sociedade, assumindo um papel secundário, coadjuvante; elas se viram em relacionamentos nos quais os homens negros exerciam poder de maneira dominadora e coercitiva. O fato de as mulheres negras estarem dispostas a assumir uma posição subordinada não transformou a violência ou a agressividade masculina.

No fim das contas, essas mulheres negras sentiam que estavam em uma situação "impossível de vencer".

A solidariedade entre mulheres e homens negros perdeu ainda mais força à medida que mais homens negros passaram a aceitar acriticamente a noção de que as mulheres negras estão crescendo às suas custas. Ainda que a maior parte das famílias seja sustentada por mulheres, na sociedade como um todo, quando as famílias são negras, esse fator é tratado como sinal do fracasso dos homens negros. Políticos supremacistas brancos conservadores e até mesmo alguns negros tentam estabelecer uma relação entre as altas taxas de desemprego dos homens negros e o aumento no número de famílias sustentadas por mulheres, responsabilizando as mulheres negras por uma situação que elas obviamente não criaram. Esse pensamento também traz consigo o pressuposto de que a única razão pela qual pessoas negras heterossexuais deveriam formar casais e compartilhar a vida seria econômica. Claramente, existem diversas razões para explicar a existência de famílias sustentadas por mulheres. As pessoas negras criaram uma série de estilos de vida significativos e produtivos, que não se conformam às normas sociais brancas. A falta de registros que mostrem famílias produtivas saudáveis que não se conformam às noções mais comuns de família nuclear também ajuda a propagar o pressuposto errôneo de que todas as famílias que desviam dos padrões aceitos são destrutivas. Não há qualquer iniciativa que visa estudar como os homens negros veem a família e sua participação, de modo que é impossível saber por que homens negros com salários altos também optam por não sustentar suas famílias. Ninguém realizou pesquisas mais longas com homens negros para descobrir se desejam ser pais de família. Os homens negros querem ser provedores? Existe algum espaço afirmativo para homens negros que queiram cuidar da casa e criar os filhos? Existem algumas questões de gênero que precisam ser abordadas pelas pessoas negras que desejam compreender como nossas experiências são representadas pela elite dominante branca, que esperam criar novos futuros para as famílias negras e revisar a masculinidade para libertá-la do machismo.

Até que mulheres e homens negros comecem a confrontar com seriedade o machismo nas comunidades negras, assim como nos indivíduos negros que vivem em ambientes predominantemente brancos, vamos continuar testemunhando as crescentes tensões e a constante polarização entre esses dois grupos. A masculinidade, tal qual concebida pelo patriarcado, é uma ameaça à vida dos homens negros. O questionamento cuidadoso do modo como noções machistas da masculinidade legitimam o uso da violência para manter o controle e a dominação masculina das mulheres, das crianças e até de outros homens irá revelar a conexão entre esse pensamento e o homicídio de negros por negros, a violência doméstica e o estupro.

Precisamos ouvir o que têm a dizer os homens negros que questionam o machismo, que lutam para criar visões divergentes a respeito da masculinidade. Suas experiências são a prática concreta que pode influenciar os outros. A libertação negra progressista deve levar a sério o movimento feminista para acabar com o machismo e a opressão machista, caso queiramos recuperar para nós e para as futuras gerações de negros a doce solidariedade na luta, que representou historicamente um desafio subversivo e redentor ao patriarcado capitalista supremacista branco.

09.
aos pés do mensageiro: lembrando Malcolm X

Quando eu era uma jovem estudante universitária no início dos anos 1970, li um livro que revolucionou o que eu pensava sobre raça e política: a autobiografia de Malcolm X. O modo como ele teve sua consciência crítica despertada, algo vivenciado por muitos leitores, estimulou nosso despertar. Como leitores, testemunhamos o esforço dele para se livrar do jugo do racismo internalizado, acompanhando-o em várias etapas de autorrecuperação. Ao nos aproximarmos do final do livro, Malcolm X parece ter se tornado um novo homem, liberto e empenhado na luta revolucionária, dedicando-se a libertar os que estavam escravizados. Como as narrativas de escravizados do século XIX, a história dele é um testemunho vivo do movimento da escravidão rumo à liberdade. É o único a mapear a descolonização de uma mente negra de uma maneira que vai bem além de qualquer experiência descrita nas narrativas de escravizados. A maioria dos leitores da autobiografia se sensibiliza com o modo pelo qual Malcolm X busca a autorrealização, pela forma franca e direta com que comunica a raiva que sente, e por seu compromisso profundo com a luta pela libertação negra. Mesmo depois de viajar a Meca, algo que transformou o que ele entendia por experiência religiosa, Malcolm X permaneceu fiel às suas preocupações políticas, afirmando:

> Não há religião que me faça esquecer das condições do nosso povo neste país. Não há religião que me faça esquecer a luta contínua contra tanta gente que se opõe ao nosso povo neste país. Não há religião que me faça esquecer os cassetetes de policiais dando na nossa cabeça. Não há deus algum, religião alguma, que me faça esquecer até que isso pare, que deixe de existir, que seja extirpado.

Essa afirmação não tinha como propósito diminuir a importância da experiência religiosa na vida de Malcolm; pelo contrário, demonstrava que a dedicação à espiritualidade não modificava o compromisso militante que ele tinha com a luta pela libertação. Qualquer leitor da autobiografia nota que as duas principais preocupações da vida de Malcolm foram o compromisso com a libertação negra e sua luta pessoal pela realização religiosa.

A autobiografia narra a jornada política de Malcolm X da escravidão à liberdade, assim como sua busca religiosa, sua jornada de autorrealização sentida e vivenciada em termos espirituais. Comecei a pensar nela como registro dessas duas histórias apenas anos depois de tê-la lido pela primeira vez. Como muitas pessoas já tinham escrito e falado sobre a conversão política de Malcolm, eu quis explorar criticamente o despertar espiritual que a obra descreve. Ao dar início à narrativa, Malcolm se apresenta como um homem que passa da infância à maturidade preocupado apenas em satisfazer necessidades materiais, ansiando por comida, roupas, abrigo; as necessidades do espírito não têm lugar. Quase metade da autobiografia é uma representação contundente do modo como os processos de desumanização distorcem e, quando bem-sucedidos, destroçam o espírito de alguém. Seguindo a tradição das narrativas que retratam o despertar espiritual, Malcolm vaga pelo deserto, perdido em um abismo. Essa errância cessa não porque ele deseja, mas porque é detido e subsequentemente preso. Nesse momento, diz a quem o lê:

> Quero dizer, antes de continuar, que nunca antes contei a ninguém o meu sórdido passado em detalhes. E não estou contando agora para dar a impressão de que posso estar orgulhoso de como era terrível e mau.
>
> Mas as pessoas estão sempre especulando. Por que sou como sou? Para compreender isso, de qualquer pessoa, é preciso analisar toda a sua vida, desde o nascimento. Todas as experiências se fundem em nossa personalidade. Tudo o que nos acontece é um ingrediente.
>
> Hoje, quando tudo o que eu faço tem um objetivo e muita urgência, não passaria sequer uma hora nos preparativos de um livro que tivesse apenas a ambição de talvez agradar a alguns leitores. Mas estou gastando muitas horas porque a história completa é a melhor maneira que conheço para que todos possam saber e compreender que eu tinha ido até o fundo do poço da sociedade do homem branco americano quando, na prisão, encontrei Alá e a religião do islã, transformando completamente a minha vida.

O confinamento na prisão proporciona um espaço no qual Malcolm pode se dedicar, sem interrupções, a refletir criticamente sobre a própria vida, no qual pode contemplar o significado e o valor da existência humana. Durante esse período, ele depara com o vazio da própria vida, o niilismo. Trata-se de um tempo em que sua alma adentra algo como "uma noite escura". É uma época em que experimenta profunda tristeza quanto ao passado, além de uma angústia de espírito. Como São João da Cruz, Buda e outros que percorreram esse caminho, ele anseia com toda intensidade, mas sem saber pelo quê. O islã surge para Malcolm em meio a essa necessidade. Os irmãos compartilham com ele seu envolvimento com a Nação do Islã, instando-o a orar, a falar com Alá sobre sua salvação pessoal. Assim teve início sua conversão, mas foi um processo difícil. Diz Malcolm:

> Para o mau, dobrar os joelhos, admitir sua culpa, implorar o perdão de Deus, é a coisa mais difícil do mundo. É fácil para mim compreender e dizer isso agora. Mas naquela ocasião, quando eu era a personificação do mal, a coisa foi terrível. Incontáveis vezes eu me forcei a ficar na postura da prece a Alá. Quando finalmente consegui assumi-la sem me erguer imediatamente... descobri que não sabia o que dizer a Alá.

A incerteza de Malcolm também encontra eco nos escritos de outros que, buscando a Deus, sentem-se inseguros. Como refletiu Santo Agostinho, "e que lugar há em mim para receber o meu Deus?". De certa forma, Malcolm duvida de sua dignidade e não tem certeza se suas orações serão ouvidas.

Talvez o medo não só de não ser digno de estar diante de Alá, mas de não saber o que lhe dizer, tenha motivado Malcolm a escrever uma carta por dia para Elijah Muhammad, a contemplar sua fotografia assim como muitos devotos contemporâneos contemplam a imagem de um guru, um professor espiritual, ou como muitos cristãos se sentam nas igrejas, olhando fixamente para retratos de Cristo. Muito antes de Malcolm encontrar Elijah Muhammad em carne e osso, ele já o tinha aceitado plenamente como seu professor espiritual e mentor. Quando Malcolm ouviu o irmão Reginald, que havia tido um papel importante na sua aproximação com o islã, criticar Elijah Muhammad, Malcolm ficou chocado. Sua fé não se deixou abalar de forma alguma. Pouco depois desse conflito com o irmão, Malcolm teve uma visão. Não foi seu mestre, Elijah Muhammad, que apareceu diante dele; ele teve uma visão do mentor espiritual de Muhammad, W. D. Fard. Para Malcolm, tal visita confirmou que ele estava seguindo o caminho certo.

Malcolm saiu da prisão ansiando encontrar o mensageiro, aquele que o tinha libertado espiritualmente, Elijah Muhammad. Lembrando-se da primeira visão que teve dele, disse:

> Eu estava totalmente despreparado para o impacto físico da presença do Mensageiro Elijah Muhammad sobre minhas emoções. O rosto pequeno, sensível, gentil, que eu tanto examinara em fotografias, até sonhar com ele, olhando fixamente para a frente, enquanto o Mensageiro avançava dos fundos do Templo Número Dois, a caminho da plataforma, cercado pelos guardas enormes do Fruto do islã. Comparado com os guardas, o Mensageiro parecia frágil, quase minúsculo. [...]
>
> Fiquei olhando fixamente para o grande homem que se dera ao trabalho de me escrever quando eu não passava de um simples preso, sobre o qual nada sabia. Ali estava o homem que me

haviam dito ter passado muitos anos de sua vida no sofrimento e sacrifício, a fim de nos liderar, os negros, porque nos amava imensamente. E quando ouvi sua voz, inclinei-me para a frente no banco, hipnotizado pelas palavras [...].

Fascinado ao ver e ouvir seu mestre, Malcolm se tornou ainda mais devoto. Ele queria viver a vida de uma maneira que refletisse seu compromisso profundo e sua devoção ao islã, mas especialmente a Elijah Muhammad.

De diferentes formas, o grupo Nação do Islã era uma teologia revolucionária. Para muitos negros de uma classe tida como inferior, mostrou-se a mistura perfeita entre religiosidade e treinamento político. Foi uma espécie de Teologia da Libertação. Definindo este termo, o padre Pablo Ricardo, sociólogo da religião chileno, afirma em uma entrevista de março de 1985 à revista *Diálogo Social*:

> A espiritualidade é a forma mais fundamental da Teologia da Libertação na consciência religiosa das pessoas pobres e crentes em nosso continente. Ela é a experiência de Deus na luta e nos movimentos populares. A experiência dos pobres é uma posição privilegiada de encontro com Deus, e Deus é vivido e celebrado como o Deus dos pobres.

Ainda que a Teologia da Libertação, para o padre Pablo Ricardo e a maioria das pessoas, esteja a princípio associada ao cristianismo, o islã de Elijah Muhammad e o islã do aiatolá Khomeini também remetem a uma forma de fé religiosa politizada que traz a libertação como promessa. Nos Estados Unidos, a atenção pública destinada à questão da conversão de afro-americanos ao islamismo por meio da Nação do Islã raramente destaca a natureza religiosa dessa experiência, focando sempre a questão da raça. A retórica dos muçulmanos negros, ao se referir aos brancos como maléficos, como demônios, era muito mais fascinante para o público branco, pois este não deixava de ser o foco central. Os brancos não estavam interessados no significado dos ensinamentos e cerimônias religiosas islâmicas e seu impacto na vida dos negros.

Malcolm sempre se empenhou em chamar a atenção para a experiência religiosa dentro da Nação do Islã. Buscando conferir destaque a esse aspecto da fé, ele rejeitou o uso do termo "muçulmano preto":

> A opinião pública fixou a expressão "muçulmanos pretos". Do sr. Muhammad para baixo, todos ficamos desolados com tal referência à Nação do Islã. Tentei destruir a expressão "muçulmanos pretos" durante dois anos, pelo menos. A todo repórter de jornal e revista que me procurava, a todo microfone que aparecia na minha frente, eu sempre dizia:
>
> — Somos pretos aqui na América. Nossa religião é o islã. Somos apropriadamente chamados "muçulmanos"!
>
> Mas nunca foi possível eliminar a expressão "muçulmanos pretos".

O sentimento ostensivamente racista antimuçulmano nos Estados Unidos determinou o modo como eram vistos os negros que se convertiam ao islã. O escárnio e o desdém à Nação do Islã próprios da estrutura do poder branco faziam parte de um esforço cultural generalizado para desqualificar o islã, para ridicularizá-lo como religião. Essa leitura racista imperialista ocidental do islã ficou mais evidente durante a cobertura que a imprensa realizou da situação de norte-americanos mantidos reféns no Irã. Não por acaso, o aspecto da Nação do Islã que menos interessava ao público dos Estados Unidos era o foco na oração diária e na prática espiritual.

A segunda parte da autobiografia de Malcolm revela o quanto ele valorizava a devoção religiosa islâmica. Ele claramente almejava uma perfeita harmonia entre a adoração e os esforços políticos da Nação do Islã em prol da descolonização do pensamento das pessoas negras. A devoção que Malcolm tinha a Elijah Muhammad não era a de um cidadão em relação a um líder político. Na verdade, Malcolm não via Elijah Muhammad como uma figura política. No pensamento e no coração de Malcolm, Elijah Muhammad era antes de mais nada o mensageiro espiritual, a personificação do Divino. Ele representava, para Malcolm, o Amado: aquele que, no sufismo, tradição mística islâmica, é adorado com tanto fervor pelo amante (isto é, aquele que percorre um caminho espiritual) que este daria a própria vida — ou, como se costuma dizer na tradição sufi, deixaria a própria cabeça ser cortada — como sinal de devoção e completa submissão à vontade do mestre espiritual. Era uma devoção assim que Malcolm tinha a Elijah Muhammad. "Eu acreditava tão intensamente no sr. Muhammad que teria me interposto sem hesitar entre ele e um assassino."

Em toda a autobiografia, Malcolm expressa seu intenso amor e devoção por Elijah Muhammad, assegurando aos leitores: "Eu tinha mais fé em Elijah Muhammad do que jamais terei em qualquer outro homem deste mundo". A influência de Muhammad sobre Malcolm era tão grande que este parecia, às vezes, ter verdadeiramente aberto mão de sua própria vontade em detrimento da de seu mestre espiritual. O voto de castidade era uma das maneiras pelas quais Malcolm expressava essa devoção. Ele não buscava relacionamentos amorosos por acreditar que interfeririam em sua busca espiritual, em seu compromisso de servir ao seu mestre:

> Em meus doze anos como um ministro muçulmano, sempre fui tão insistente nas questões morais que muitos muçulmanos acusavam-me de ser "contra as mulheres". A própria base das minhas preleções e a minha convicção pessoal mais profunda era a de que Elijah Muhammad, em todos os aspectos de sua existência, era um símbolo da reforma moral, mental e espiritual dos pretos da América. Durante doze anos, eu ensinara que, em toda a Nação do Islã, minha própria transformação era o melhor exemplo que conhecia do poder do sr. Muhammad de transformar a vida dos homens pretos. Desde o momento em que entrara na prisão e até casar, cerca de doze anos, por causa da influência do sr. Muhammad, eu jamais tocara uma mulher.

Sem dúvida, muitas pessoas duvidariam do fato de um homem público tão carismático e dinâmico quanto Malcolm X ter permanecido celibatário por tantos anos. Mas, ao contrário de outras importantes figuras políticas negras, nunca se descobriu um acontecimento passado que pusesse em dúvida a verdade dessa afirmação. Esses doze anos de celibato mostram a profundidade do envolvimento emocional e espiritual de Malcolm com Elijah Muhammad. E é importante lembrar que, antes de se converter, Malcolm era um homem das "ruas". Provavelmente tinha se envolvido em todo tipo de atividade sexual ilícita vista como tabu, algumas das quais descreve em sua autobiografia. É possível ver no celibato de Malcolm o desejo de suprimir e negar a prática sexual hedonista da juventude, cuja memória evocava claramente sentimentos de vergonha e culpa. O celibato, acompanhado por padrões rígidos de comportamento sexual, pode ter sido a maneira que Malcolm encontrou para apagar todos os vestígios desse passado sexual.

Ironicamente, a moralidade sexual seria precisamente a questão que viria a abalar a fé de Malcolm em seu mestre espiritual. Quando vários dos seguidores da Nação do Islã começaram a se afastar da religião porque tinham testemunhado ou sabido dos atos sexuais ilícitos de Elijah Muhammad, Malcolm nem sequer considerou a possibilidade de que seu mestre espiritual pudesse trair sua fé:

> Não creio que eu possa dizer qualquer coisa que melhor testemunhe a profundidade da minha fé no sr. Muhammad do que o fato de que rejeitava, total e absolutamente, as minhas próprias informações. Eu simplesmente me recusava a acreditar. [...]
>
> Ninguém no mundo poderia me convencer de que o sr. Muhammad iria trair a reverência que lhe era conferida por todas as mesquitas, repletas de pobres e confiantes muçulmanos, poupando níqueis para fielmente sustentarem a Nação do Islã... quando muitos desses fiéis mal tinham com que pagar o próprio aluguel.

Mesmo depois de finalmente encarar a verdade das acusações contra Elijah Muhammad, Malcolm permaneceu firme e dedicado. Em vez de censurar seu mensageiro espiritual, quando soube que havia se desviado do caminho do islã, ele lutou para encontrar uma maneira de reinterpretar e compreender as ações de Elijah Muhammad. Ele queria convencer outros seguidores de que deveriam manter a fé:

> Pensei numa ponte que poderia ser usada, quando e se a revelação terrível se tornasse pública. Os muçulmanos leais poderiam ser ensinados de que as realizações de um homem na vida são mais importantes que as suas fraquezas humanas pessoais. Wallace Muhammad me ajudou a repassar o Quran e a Bíblia, em busca de documentação. O adultério de Davi com Betsabá, por exemplo, valia menos em termos históricos do que o fato positivo de que Davi matara Golias. Pensando em Lot, não pensamos tanto em incesto, e sim no fato de que salvou sua gente da destruição de Sodoma e Gomorra. E a imagem que ficou de Noé não é a da sua embriaguez, mas sim do homem que construiu a Arca e salvou sua gente do dilúvio. Pensamos em Moisés libertando o povo hebreu da escravidão, não em Moisés cometendo adultério com as mulheres etíopes. Em todos os casos que eu analisava, o positivo superava o negativo.

Malcolm sentia um amor tão grande que assumiu o desafio de falar com Elijah Muhammad sobre as acusações. Na verdade, para ele, essa era a única atitude honrosa que um devoto poderia tomar:

> Ele era O Mensageiro de Alá. Quando eu era um condenado sórdido e depravado, tão terrível que os outros presos me chamavam de Satã, fora aquele homem que me salvara. Era o homem que me preparara, que me tratara como se fosse alguém de sua própria carne e sangue. Era o homem que me dera asas... para ir a lugares, para fazer coisas que, se não fosse por isso, eu jamais teria sonhado.

O compromisso constante de Malcolm com Elijah Muhammad, mesmo após o período de desilusão, acaba fazendo com que, mais tarde, quando o mensageiro deixa de ser leal ao seu filho espiritual, Malcolm experimente um sentimento profundo de traição.

Quando Elijah Muhammad se afasta de Malcolm, aparentemente porque o "filho" está começando a afirmar demais a própria autonomia e a não seguir ordens, essa rejeição quase leva Malcolm à loucura. A sua alma adentra novamente "uma noite escura", uma angústia de espírito gerada por uma perda momentânea da fé. É doloroso ler passagens autobiográficas nas quais Malcolm transmite ter sido tomado por uma sensação profunda de perplexidade e perda, quando precisa aceitar a realidade de que o mensageiro de Alá, a quem dedicou anos de serviço, não só se desviou do caminho, mas sente extrema inveja e se vê ameaçado pelo poder de seu pupilo, tão ameaçado que se volta contra ele. Ironicamente, Elijah Muhammad parece ter se sentido mais ameaçado pela profundidade das crenças religiosas e da prática espiritual de Malcolm. Talvez o mestre receasse que seu pupilo de maior devoção espiritual pudesse vir um dia a ter um maior número de seguidores.

A angústia espiritual de Malcolm é vividamente evocada em passagens autobiográficas nas quais ele fala da natureza de sua devoção, de como acreditava no mensageiro mais do que em si mesmo. É importante ressaltar que Malcolm continua a obedecer à vontade de seu mestre espiritual mesmo depois de ficar sabendo sobre seu comportamento sexual, mesmo quando suspeita que o mestre deseja tirá-lo do poder. Se Malcolm já não fosse tão intensamente leal e compromissado com Muhammad e a Nação do Islã, poderia ter reagido com rebeldia ao silenciamento que o mensageiro espiritual lhe impôs por sua declaração de que "as galinhas voltam para dormir em casa". Em vez disso, ele aceita. A sua obediência, nessas circunstâncias, passa ao público a mensagem de que ainda se via como um bom e fiel servo, o verdadeiro devoto espiritual, desejando apenas o que o seu mestre deseja.

Quando lemos a autobiografia de Malcolm como uma narrativa de busca espiritual, podemos ver a sua angústia espiritual, ocasionada pela perda da fé, como parte da iniciação vivenciada por aquele que empreende essa busca, antes de atingir a iluminação espiritual. A traição de Elijah Muhammad pode ser vista como uma prova de fogo que testa o comprometimento espiritual de Malcolm. É provável que a quebra de sua fé no mensageiro espiritual — ainda que isso não esteja explicitamente dito no livro — o tenha levado a questionar o significado da experiência religiosa e da prática espiritual em um mundo corrupto. Durante esse período, Malcolm, bastante angustiado, sentiu que estava perdendo a cabeça. Com o espírito despedaçado e quebrantado, sente-se ainda mais atormentado do que quando estava na prisão. Ele passa por uma provação espiritual. A lição espiritual que Malcolm aprende com esse teste é que não se pode nunca pensar que o poder divino está exclusivamente incorporado em um indivíduo. Após romper com a Nação do Islã, ele vai para Meca, para fazer a peregrinação e expressar e renovar sua fé. Percorrer esse caminho também proporciona um espaço no qual pode contemplar tudo o que havia acontecido:

> Em Meca, reconstituí também os doze anos que passara com Elijah Muhammad, como se fosse um filme. Acho que seria

> impossível para qualquer pessoa sequer compreender como era intensa e total a minha fé em Elijah Muhammad. Acreditava nele não apenas como um líder no sentido *humano* comum, mas também o tinha como um líder *divino*. Estava convencido de que Elijah Muhammad não tinha defeitos nem fraquezas humanas; assim, ele não podia cometer erros, não podia fazer nada errado. Ali, no topo de uma colina no Mundo Santo, compreendi como era extremamente perigoso para as pessoas sentirem tanta estima e apreciação por qualquer ser humano, especialmente considerar alguém como uma espécie de pessoa "divinamente orientada" e "protegida".

Nessa passagem, Malcolm repudia a crença de que os humanos são capazes de incorporar o divino. Se tivesse vivido tempo suficiente para encontrar outros mensageiros espirituais, diferentes de Elijah Muhammad, talvez tivesse mudado essa percepção.

É significativo que a ruptura com Elijah Muhammad tenha sido justamente o que preparou Malcolm para seguir seu "verdadeiro" caminho espiritual e fazer a peregrinação a Meca. De um ponto de vista cristão, a traição de Muhammad e a angústia de Malcolm podem ser comparadas à experiência de Cristo, a angústia que ele sente no jardim do Getsêmani, expressa em seu clamor atormentado: "Meu Deus, meu Deus, por que me abandonaste?". Passar por um período de angústia espiritual, por uma "noite escura" na alma, intensifica a humildade espiritual de Malcolm. A arrogância pública que fazia parte de sua personalidade política se transformou bastante depois da viagem a Meca. Tal prova de fogo foi capaz de cortar o que o monge budista tibetano Chögyam Trungpa chama de "materialismo espiritual". É essa ruptura com o ego e os apegos ligados a ele que possibilita a Malcolm chegar ao estágio final de sua jornada espiritual. A missão termina. A jornada restaura sua fé e renova seu espírito. É essa renovação do compromisso espiritual, aliada a um compromisso permanente com uma mudança política radical, com a libertação do povo negro, que os leitores testemunham no final da autobiografia.

Assim como Martin Luther King falou em ter estado no topo da montanha como metáfora para chegar a um certo entendimento com Deus, e em um sentimento de regozijo espiritual que o prepara para aceitar a morte, a jornada de Malcolm, quando considerada em retrospecto, parece tê-lo preparado para uma aceitação semelhante. Se tivesse escolhido abandonar sua jornada espiritual, retirando-se para uma vida reclusa, talvez estivesse vivo hoje. No entanto, Malcolm escolheu o caminho que sabia que acabaria por testá-lo, exigindo dele uma submissão espiritual que cobraria o sacrifício de sua própria vida. Ele ofereceu a própria vida de livre e espontânea vontade a nós, ao povo, que saberíamos em nosso coração o significado do compromisso espiritual e político, do amor que ele sentia tanto pela vocação religiosa quanto pela luta política progressista, o anseio fervoroso pela libertação negra.

10. meninas divas do Terceiro Mundo: políticas da solidariedade feminista

Vindo da classe trabalhadora negra do sul, contexto que ainda considero meu "lar", trouxe comigo para o movimento feminista certo modo de ser que nasce das tradições culturais negras, como o *signifying*.[20] No mundo politicamente correto do feminismo, o *signifying* tende a suscitar reações negativas, dada a ênfase frequente em uma noção de amizade e vínculo de irmandade baseada em princípios de "harmonia plena". Não se fala tanto de como o privilégio de classe informa ideias feministas de comportamento social, estabelecendo padrões que regem todas as interações feministas. O comportamento aparentemente cordial contra o qual as mulheres brancas se rebelaram em suas relações com homens brancos foi com frequência transposto para as relações entre mulheres brancas e mulheres não brancas. Era comum mulheres não brancas serem acusadas de dizer ou fazer algo errado em

20. Na tradição afro-americana, *signifying* diz respeito a práticas de deslizamento semântico e argumentação indireta com efeito retórico. Parte do princípio de que os interlocutores compartilham um conhecimento comum acerca daquilo a que a linguagem figurada em uso se refere. Ver Henry Louis Gates Jr., *The Signifying Monkey: A Theory of African-American Literary Criticism*. Oxford/Nova York: Oxford University Press, 1989. [N.T.]

eventos feministas (especialmente em encontros que envolviam algum tipo de confronto no qual mulheres brancas choravam). Os sentimentos de inadequação social se intensificaram quando nós, mulheres negras, fomos nos dando conta de que nossos códigos sociais e culturais não eram respeitados nem conhecidos nas principais arenas do movimento feminista. Para mim, minha origem de classe fica nítida quando transito por círculos acadêmicos, espaços que costumam ser habitados por pessoas inteligentes, mas não muito interessantes, alguns intelectuais aqui e ali, e por círculos artísticos povoados principalmente por gente vinda de classes privilegiadas, ou pelos gananciosos que querem tirar o máximo de vantagem possível com o mínimo de custos. Reflito sobre o sentido da política no que diz respeito à posição ocupada por cada sujeito, perguntando-me o que significa para indivíduos de uma classe mais baixa e de origem pobre entrar em terrenos sociais dominados pela ética e pelos valores de uma experiência de classe privilegiada.

Para aqueles de nós que vêm da classe trabalhadora, a assimilação facilita bastante adquirirmos os ornamentos que fazem com que aparentemos ter vindo de uma situação privilegiada, especialmente se tivermos uma formação no ensino superior e nos comunicarmos com uma linguagem certinha (todas vezes que eu tento ser esperta e inserir expressões negras vernaculares nos meus ensaios, elas são percebidas como erros e "corrigidas"). Até pouco tempo atrás, eu não via problema nisso. Ficava satisfeita me atendo a falar desse modo nos espaços privados da minha vida. Hoje reconheço que, para as pessoas de origens desprivilegiadas, censurar conscientemente o nosso jeito de falar, de modo a "nos encaixarmos melhor" em ambientes onde somos vistos como não pertencentes, é algo que nos fragiliza. Para quem vem da classe trabalhadora, não é tão difícil, depois de adentrar o mundo do privilégio, sentir que cometemos um erro e voltarmos para o nosso lugar de origem. Voltar às raízes problemáticas implica certo status inverso, trazendo a mensagem de que lá é na verdade melhor, um lugar mais justo (onde talvez não compreendam você plenamente, mas lá pelo menos você tem vínculos); melhor do que ficar com aqueles "outros" privilegiados que não têm a menor ideia de onde você vem.

Se eu fosse confrontada com a necessidade de decidir entre a assimilação ou o retorno às minhas raízes, não hesitaria em pegar o primeiro trem de volta para casa. Existe uma outra escolha mais difícil e menos aceitável, que é decidir manter valores e tradições advindos de uma experiência da classe trabalhadora negra do sul ao incorporar conhecimentos significativos obtidos em outros locais, mesmo nesses espaços hierárquicos de privilégio. Essa escolha faz com que muitas pessoas se sintam desconfortáveis. Torna difícil nos colocar e manter em uma categoria estreita. Na última vez que vi minha avó antes de sua morte, ela me perguntou: "Como você consegue viver tão longe do seu povo?". Na cabeça dela, "meu povo" não era sinônimo de uma massa de negros, mas de pessoas negras específicas às quais estamos ligadas por laços de sangue e companheirismo, as pessoas com as quais compartilhamos uma história, as pessoas que falam como falamos (o patoá da nossa região), que conhecem nosso passado e nossos caminhos. Não consegui reagir ao comentário. Senti tanta dor que foi como se meu coração tivesse sido perfurado por uma lâmina afiada. As palavras da minha avó me faziam sentir assim; eram como pequenas facas. Ao responder com o silêncio, era como se tacitamente concordasse que apenas pessoas confusas e desorientadas vivem longe de seu povo, do lugar a que pertencem.

Muitas vezes penso no meu povo, especialmente nas mulheres, no modo que foram criadas, quando participo de encontros e conferências feministas. Fico espantada com a dicotomia entre a retórica da irmandade e a maneira perversa com que garotas aparentemente legais, politicamente corretas, às vezes se tratam, puxando o tapete uma da outra, de jeitos bem mais brutais do que jamais testemunhei em comunidades negras consideradas violentas. Minha mãe, sem qualquer orientação teórica feminista para guiar as próprias atitudes, seguiu adiante determinada a criar as filhas para que valorizassem a conexão umas com as outras. Ela costumava nos dar "sermões" sobre o tema da irmandade, contando-nos sobre famílias de mulheres, geralmente irmãs, que viviam brigando, dando punhaladas nas costas umas das outras, casos "sérios" de rivalidade entre mulheres. Nossa mãe deixava claro que nada disso aconteceria na nossa casa. Aprenderíamos a respeitar e a nos importar umas com as outras como mulheres. A tarefa não era fácil; ela tinha seis filhas bem diferentes entre si. Apesar de todo o esforço da minha mãe, de vez em quando surgiam episódios de inveja e antipatia. Mas, na maior parte do tempo, aprendemos a manter o laço como irmãs, mesmo com nossas diferenças. Apenas quando nos tornamos mulheres maduras pudemos olhar para trás e perceber a importância da formação que tivemos desde cedo em casa, porque só então conseguimos perceber também o mal que uma mulher pode fazer à outra.

Agora que somos mulheres negras adultas, podemos nos reunir em família na varanda e sentir a força do nosso vínculo, sentir que somos próximas, apesar das diferenças de classe, experiência, valores, atitudes, prática sexual, educação e assim por diante. Nessas ocasiões, lembro-me do trabalho árduo da nossa mãe, ensinando-nos tolerância, compaixão, generosidade, maneiras fraternas de amar umas às outras.

Crescendo em uma casa repleta de mulheres negras, era impossível cair na ideia de que algo a nosso respeito era "exótico". Porque as pessoas dão risada e falam prontamente que o que quer que esteja acontecendo com você, seja lá o que for; é algo comum. Isso não queria dizer que o sentido de algo único não fosse coletivamente reconhecido ou valorizado no nosso ambiente familiar — era —, mas aquilo não dava a ninguém o direito de afirmar o domínio do próprio poder sobre outras pessoas. Ao transitar entre comunidades negras segregadas e círculos predominantemente brancos, observei como é frequente a exotização de mulheres negras tidas como "especiais", objetificadas de maneira que corroboram tipos de comportamento que, no meu entorno, seriam simplesmente considerados fora de controle. Na cultura branca, as mulheres negras exercem basicamente dois papéis. Ou somos as garotas más, as "piranhas", as piradas (quantas vezes você já ouviu alguém dizer que uma mulher negra mais assertiva é "maluca"?), vistas como ameaçadoras e maltratadas; ou somos as supermães que falam a real e cuidam de todo mundo, espalhando nossa magia especial onde quer que a gente vá. O exemplo contemporâneo mais notável da maneira como essa imagem em particular é codificada na cultura popular e comoditizada é certamente a construção de Oprah Winfrey como adorada e simbólica *mammy*[21] negra. Todo mundo tenta atacar as garotas más, que são constantemente vigiadas e mantidas na linha, e as supermães, que às vezes viram mulheres fatais quando têm um tempo livre (lembram de como a imagem de Oprah mudou depois de ela ter perdido peso? Um bom exemplo é o anúncio que ela fez para a Revlon em 1989) e fazem o que querem; afinal, elas são "especiais". A menos que fiquemos sempre atentas ao modo como as representações da condição da mulher negra (especialmente as de mulheres bem-sucedidas) são apropriadas e exploradas no patriarcado capitalista e supremacista branco, podemos cair em armadilhas estabelecidas pela cultura dominante.

Nos últimos anos, meus textos feministas passaram a ter mais destaque e reconhecimento público, e isso me faz pensar no grande risco de ficar muito fascinada consigo mesma, acreditando que de alguma forma alguém merece ser visto separadamente dos outros e, em alguns casos, "ter domínio sobre eles", especialmente aqueles que parecem menos iluminados, menos cultos. De vez em quando eu tenho que me questionar, observar o meu comportamento e tomar consciência de reações críticas negativas, ou ouvir os comentários de quem é próximo de mim para me certificar de que não estou saindo da linha. Parece-me que os espaços ocupados por mulheres negras/não brancas fora das comunidades de

---

21. Historicamente, a expressão *mammy* foi bastante utilizada no sul escravista estadunidense e se referia a uma ama negra cujo trabalho consistia em cuidar de crianças brancas. Trata-se de um estereótipo que continua a associar às mulheres negras o papel de servir e proteger os interesses alheios. [N.T.]

origem, predominantemente espaços brancos, são realmente os mais arriscados. Muitas vezes nos encontramos nesses espaços e tratamos umas às outras como adversárias. Muitas vezes, em ambientes brancos, somos como irmãs e irmãos lutando pela aprovação de "pais brancos", cuja atenção finalmente temos. É algo sério. Participei recentemente de uma grande conferência sobre "feminismo do Terceiro Mundo", na qual fui uma das várias "mulheres não brancas" convidadas para falar (pus esse rótulo entre aspas porque raramente o uso; eu me identifico sobretudo como mulher negra). Ao chegar lá, comecei a interagir com participantes que falavam sobre como tinham ido ao evento para ver o circo pegar fogo, ou seja, presenciar os confrontos negativos que, tinham certeza, aconteceriam entre as mulheres não brancas que lá estavam. Os comentários e as expectativas que compartilharam me fizeram lembrar das muitas cenas ficcionais retratadas na literatura afro-americana nas quais pessoas negras, na maioria das vezes homens, entram em embates públicos uns com os outros para entreter os brancos, virando eles próprios um espetáculo desumanizado.

Temerosa de que algo assim pudesse acontecer na conferência, fiquei particularmente preocupada em saber se eu e outras mulheres não brancas estávamos nos relacionando umas com as outras com reconhecimento, cuidado e respeito, sem deixar de compreender as mulheres que estivessem envolvidas em um processo similar. Agíamos segundo um compromisso ético com a solidariedade feminista, que começa em primeiro lugar com tratar umas às outras com respeito. Ao longo da maior parte da conferência, como se por consentimento mútuo coletivo, as palestrantes feministas do Terceiro Mundo mantiveram uma interação marcadamente positiva umas com as outras, mesmo em situações em que o diálogo era rigorosamente crítico. As pessoas discordavam umas das outras, mas não de maneira destrutiva, silenciando ou desestimulando. No último dia da conferência, esse comportamento cuidadoso foi fortemente abalado pelas atitudes de uma estudiosa do Terceiro Mundo — comportando-se em relação às mulheres não brancas, particularmente mulheres negras, de maneira desrespeitosa (por exemplo, ela apontava rapidamente o que percebia como inadequações intelectuais nos comentários das outras mulheres), preparando o palco para o espetáculo competitivo que muitas de nós tínhamos feito de tudo para evitar.

Depois do encontro, quando as pessoas estavam avaliando o saldo negativo e tentando atribuir a culpa a alguém, fui repreendida por muita gente por ter me comportado de uma maneira positiva e respeitosa em relação a essa crítica durante toda a conferência. Ela é uma estudiosa cujo trabalho eu respeito e, do ponto de vista da minha tradição cultural, alguém mais experiente que eu deveria em princípio respeitar. Fiquei surpresa com toda a crítica dirigida a mim por ser "legal demais". De repente, a habitual insistência burguesa no decoro, norma tediosa presente na maioria dos ambientes acadêmicos públicos, foi considerada não aplicável a essa situação, e as participantes pareciam muito contentes de ter tido uma oportunidade de testemunhar o espetáculo de uma mulher não branca "reprimindo" — e de modo extravagante, note-se bem — mulheres negras e pessoas negras. De fato, a colega estava fora de controle. Claro que, depois disso, ela pôs a culpa em "nós", mais especificamente em mim, dizendo que tinha simplesmente ficado chateada com algo que eu tinha dito. Naturalmente, ela poderia ter decidido conversar comigo, em outro espaço, sobre o que quer que a estivesse incomodando, mas, se é que posso pôr nestes termos, "isso já teria sido demais, né?". Mas o que eu quero dizer é que esse negócio de culpar as mulheres negras por um abuso sofrido é bem familiar. Da mesma forma, quando as mulheres negras põem em questão o racismo dentro do movimento feminista, a principal reação é de hostilidade e raiva. Muitas vezes somos acusadas de incitar essa hostilidade quando entramos em um confronto para resistir a uma situação. As mulheres negras que resistiram ao racismo no movimento feminista foram descartadas e depois ainda ouviram: "você que me obrigou a fazer isso". Mulheres brancas costumam usar essa tática para mascarar a cumplicidade que mantêm com estruturas racistas de dominação. Um paradigma comum a esse frequentemente se manifesta nas interações entre elites poderosas do Terceiro Mundo e pessoas negras dos Estados Unidos em ambientes predominantemente brancos. Isso certamente aconteceu na conferência, e não surpreende que tenha sido iniciado por uma acadêmica do Terceiro Mundo cujo trabalho recebeu a mais ampla legitimação em círculos acadêmicos brancos privilegiados.

A atual popularidade do discurso pós-colonial que implica apenas o Ocidente muitas vezes obscurece a relação colonizadora do Oriente em relação à África e outras partes do Terceiro Mundo. Muitas vezes esquecemos que muitos cidadãos do Terceiro Mundo trazem para os Estados Unidos o mesmo tipo de desprezo e desrespeito à negritude que é mais frequentemente associado ao imperialismo ocidental branco. Embora seja verdade que muitos cidadãos do Terceiro Mundo que vivem na Grã-Bretanha e nos Estados Unidos desenvolvem conhecimentos teóricos e concretos acerca de como são diminuídos pelo racismo ocidental branco, isso nem sempre os leva a interrogar a maneira pela qual passam a integrar uma hierarquia racializada na qual, aos olhos dos brancos, ocupam automaticamente uma posição mais elevada e têm mais privilégios do que indivíduos de ascendência africana. No movimento feminista, cidadãos do Terceiro Mundo muitas vezes assumem o papel de mediadores ou intérpretes, dando explicações sobre os negros "maus" aos seus colegas brancos ou ajudando os negros "ingênuos" a entenderem a branquitude. Por exemplo: em um programa de estudos sobre mulheres em que a mulher negra é vista pelas colegas brancas como hostil e raivosa, estas recorrem à cidadã do Terceiro Mundo e expressam preocupação, dizendo: "Por que ela não é como você?". A cidadã do Terceiro Mundo responde: "No meu país, temos uma longa tradição de diplomacia; portanto, estou mais bem preparada para lidar com a política da diferença". Confiante de que está preocupada com o destino de sua colega negra, ela compartilha essa conversa e oferece conselhos. Assumindo sem querer o papel de intermediária, de mediadora, reinscreve um paradigma colonial. Tal ação interrompe todas as possibilidades de que a solidariedade política feminista se sustente entre as mulheres não brancas de forma transcultural. Certamente, muitas de nós fomos embora da conferência sobre o feminismo do Terceiro Mundo sentindo que um racha irrefletido e sem resolução tinha se dado entre mulheres negras e cidadãs do Terceiro Mundo.

Semanas depois do fim da conferência, eu ainda estava defendendo minha posição de que era importante que as mulheres não brancas se tratassem com respeito mútuo, ainda que isso significasse ir além do que normalmente seria visto como um comportamento apropriado. Audre Lorde defende esse argumento repetidamente em seu perspicaz ensaio "Olho no olho", lembrando aos leitores que, no contexto patriarcal supremacista branco, esse gesto, sejam mulheres negras ou mulheres não brancas em geral tratando umas às outras com respeito, é um ato de resistência política. Trata-se de um sinal de que rejeitamos e nos opomos ao racismo internalizado que nos faria agir de modo a prejudicar umas às outras.

A solidariedade feminista entre mulheres negras/mulheres não brancas deve ser construída de uma maneira que nos permita nos engajar em críticas significativas e trocas intelectuais rigorosas, sem fazer críticas destrutivas ou contestar as outras de forma brutal. Para manter esse compromisso com a solidariedade, devemos estar sempre atentas, considerando que vivemos em uma sociedade em que o racismo e o machismo internalizados fazem com que tratarmos uns aos outros de maneira dura e desrespeitosa seja a norma. Muitas vezes estamos em ambientes com escritoras e pensadoras feministas do Terceiro Mundo bem conhecidas que são capazes de ser gentis com as mulheres brancas (mesmo que as considerem racistas), mas que desvalorizam ou desprezam completamente as mulheres não brancas em seu meio, especialmente se não lhes parecem mostrar uma deferência adequada. Ouvi recentemente uma história muito desanimadora que demonstra o comportamento que estou descrevendo. Uma pesquisadora negra pouco conhecida participou de um curso de verão para professores universitários realizado em um ambiente acadêmico da Ivy League.²² Ela foi para o programa já em conflito quanto a qual seria seu "lugar" dentro da academia, com a expectativa de que teria uma experiência de aprendizado que a tranquilizaria no que diz respeito à importância de sua presença e de sua voz. Estabelecer um vínculo com outra participante negra a ajudou. Juntas, elas almoçaram com uma célebre escritora negra e com feministas brancas.

A certa altura, sua amiga negra estava falando, compartilhando ideias, quando, de repente, foi agressivamente interrompida pela escritora negra famosa, que a mandou "calar a boca". Esse corte deixou as mulheres negras chocadas e magoadas. As mulheres brancas que estavam presentes agiram como se não tivessem ouvido o comentário, parecendo absolutamente encantadas com a escritora. Sentindo-se duplamente apagadas e humilhadas — primeiro, por não terem tido a presença reconhecida como importante e, segundo, por terem sentido que não era importante que suas vozes fossem ouvidas ali —, elas foram embora se sentindo ainda mais deixadas de lado. Ironicamente, a conhecida escritora negra provavelmente agiu dessa maneira por estar acostumada a ser a única mulher negra em tais ambientes, a "voz da autoridade", e pode ter se sentido ameaçada pela presença de outras vozes com uma autoridade potencialmente equivalente, baseada em conhecimentos e experiências compartilhados. E essas mulheres negras podiam não estar lhe "adorando" tanto quanto as

---

22. Nome usado para se referir a um grupo de oito universidades tradicionais da costa leste dos Estados Unidos (Brown, Columbia, Cornell, Dartmouth, Harvard, Pennsylvania, Princeton e Yale), reconhecidas pela excelência acadêmica, dificuldade de ingresso e elitismo social. [N.E.]

mulheres brancas. É difícil saber qual foi a experiência dela. Muitas vezes, mulheres negras bem conhecidas se veem em ambientes nos quais o público branco fica ligado em cada palavra que dizemos, e pode ser difícil passar para ambientes com pessoas não brancas onde isso não ocorre. É claro que precisamos questionar a "reverência", pois a idolatria pode ser outra maneira de objetificar e não levar alguém a sério. Por exemplo: algumas mulheres negras famosas recebem aplausos de pé mesmo se derem palestras vistas no geral como pouco potentes ou desinteressantes. Nesses casos, a reação do público não permite que a palestrante verifique o impacto de sua fala com precisão. Ainda que esse incidente diga respeito ao conflito entre uma mulher negra bem conhecida e um público desconhecido e/ou colegas, em um caso em que o poder serve para machucar alguém, muitas vezes ocorre o oposto.

Às vezes é mais fácil para feministas bem conhecidas serem mais cautelosas e defenderem indivíduos que não compartilham o mesmo status e não estão em uma posição que possibilite reivindicar o centro das atenções. Em tais circunstâncias, o que acontece é uma hierarquia benevolente, em que o poder se torna uma oportunidade de afirmar uma generosidade, mesmo quando a hierarquia se mantém. Normalmente, a pessoa famosa ou conhecida aceita ser dotada de um poder de dominação como parte do que lhe é devido, como recompensa por seu status. Nos Estados Unidos, isso mostra que você obteve sucesso, que você é uma estrela. Uma das vantagens disso é que muitas vezes pode tratar mal os outros, ser ofensivamente narcisista e, embora as pessoas possam odiar você, elas raramente vão falar a verdade quando você pisa na bola. Nessa cultura, somos socializados para acreditar que as pessoas realmente importantes têm o direito de serem autocentradas demais, de pensar que suas necessidades e preocupações são mais importantes que as dos outros. Isso pode ser especialmente problemático para as mulheres negras que se tornam estrelas, já que bem poucas de nós conquistam posições de destaque, seja qual for a área. É difícil, porque conquistar um grande estrelato significa ao mesmo tempo ficar isolado e ser famoso. Isso, então, gera um territorialismo feroz, já que convivemos em uma matriz social que nos diz constantemente que apenas um de nós pode estar no topo. Uma vez que muitas de nós, mulheres negras/não brancas, geralmente superamos obstáculos dificílimos para chegar a um ponto em que recebemos reconhecimento, podemos facilmente ter uma falsa sensação de legitimidade.

Por trabalhar em um ambiente capitalista, escritoras como nós, especialmente mulheres não brancas conhecidas, estão bem conscientes de que os brancos representam o maior grupo possível de consumidores para os "produtos" que geramos. Isso pode se traduzir em: "eles" são as pessoas que devem receber nossa atenção e comentários. Quantas vezes ouvimos uma feminista não branca falar em particular sobre como é mais fácil se relacionar com mulheres brancas? Muitas vezes é mais fácil estabelecer relações com mulheres brancas porque elas podem estar agindo com um tipo de medo e culpa do viés racial que as leva a reagir positivamente a um comportamento negativo e/ou aceitar qualquer tipo de tratamento para manter uma amizade com uma mulher não branca. Muitas vezes as mulheres brancas concordam sem ressalvas quanto a todas as questões relativas à raça quando falam com uma mulher negra/não branca. Essa deferência limitada permite que se sintam antirracistas e ainda sejam intelectualmente dominadoras e condescendentes em sua área de especialização. Normalmente, uma mulher negra envolvida nesse tipo de relação se investe até certo ponto de uma identificação assimilacionista branca, levando-a a acreditar que esse tipo de tokenismo fará com que chegue a um status mais elevado. Em outro nível, pode às vezes ser mais fácil para pesquisadoras progressistas brancas aceitarem diferenças de perspectiva entre elas, mesmo quando elas e mulheres não brancas policiam outras mulheres não brancas. Frequentemente, mulheres não brancas fazem críticas severas e mesquinhas a outras mulheres não brancas. Embora nenhuma mulher não branca tenha escrito uma crítica dura e implacável à obra *Within the Plantation Household*, de Elizabeth Fox-Genovese, trabalhos similares de pesquisadoras negras foram brutalmente criticados. Quantas vezes se ouve que o trabalho de Rosalyn Terborg-Penn ou Paula Giddings é inadequado, insuficientemente rigoroso do ponto de vista acadêmico?

Escrevendo sobre o modo que as mulheres negras se relacionam, sobre o policiamento que nos leva a direcionar a nós mesmas uma raiva mais profunda do que qualquer outra que liberamos diante de outros grupos, Audre Lorde levanta as seguintes questões: "Por que a raiva que sentimos se expressa de forma mais incisiva contra uma mulher negra, sob o menor dos pretextos? Por que julgo uma mulher negra de forma mais crítica que qualquer outra? Por que fico furiosa quando ela não está à altura?". As mulheres negras podem se "policiar" mutuamente porque muitas de nós fomos criadas em comunidades onde nos ensinaram que "supervisionar" as atitudes uns dos outros era um gesto de cuidado. Quando muitos de nós estávamos crescendo, era comum os mais velhos monitorarem o comportamento dos mais jovens. Às vezes, esse monitoramento era útil, mas muitas vezes era repressivo. Dependendo do lugar, esses gestos podem ser menos uma expressão de cuidado e mais uma tentativa de manter o *status quo*. Mulheres negras frequentemente se policiam para manter posições de poder e autoridade, especialmente em ambientes profissionais. Infelizmente, o legado associado a ser a "exceção" prejudica nossa capacidade de nos relacionar umas com as outras. Normalmente, mulheres negras talentosas trabalham em ambientes onde há uma tendência a pensar em si mesma como diferente e superior a outras mulheres negras. Muitas de nós são repetidamente informadas por "superiores" brancos de que somos diferentes, especiais. Internalizar essa mensagem pode tornar mais difícil compartilhar espaço com outra mulher negra. Atraída pela ideia de que é a "exceção", essa pessoa pode precisar expor ou diminuir outras mulheres negras para mostrar que é melhor. Isso pode levar a interações extremamente negativas nos ambientes de trabalho. Como as mulheres negras (como quase todos os que são criados nessa sociedade) costumam ser ensinadas a acreditar que é necessário competir para ter sucesso, as pessoas facilmente se sentem satisfeitas por terem vantagem sobre um colega. Isso tende a acontecer ainda mais se esse colega for outra mulher negra/ não branca. Também parecemos mais qualificados e confiáveis aos olhos das pessoas brancas quando agimos como supervisores, dispostos a chicotear os outros negros com mais força.

Quando me pediram para enviar uma lista de dez nomes, dentre os quais três seriam escolhidos para me avaliar em um processo de progressão de carreira docente, tive ainda mais cautela ao indicar mulheres negras. Indiquei apenas uma, que senti que poderia ser confiável quanto a não julgar meu trabalho injustamente, o que não quer dizer que eu achasse que ela só faria comentários positivos. Minha cautela é uma reação a encontros negativos com colegas negras, que muitas vezes veem opiniões e estilos de vida diferentes como razão para desmerecer, excomungar e marginalizar outras mulheres negras de forma maldosa. Isso parece irônico, já que a maioria das mulheres negras, especialmente aquelas que relutam em defender o feminismo, insiste, muitas vezes de um jeito machista, que temos uma tradição de apoio e proximidade mútuos, e que por isso não precisamos do pensamento feminista para criar esses laços. Existe alguma verdade nessa afirmação, embora geralmente se esqueçam que tais laços muitas vezes se expressam em um ambiente homogêneo. Muitas de nós aprendemos a nos relacionar com mulheres como nós, que compartilhavam valores e experiências semelhantes. Esses grupos coesos muitas vezes usavam o poder de sua intimidade para desmerecer mulheres de fora do círculo das escolhidas.

Como todas as mulheres na sociedade patriarcal, as mulheres negras têm que desenvolver estratégias feministas de resistência que realmente nos permitam aceitar, respeitar e até reverenciar colegas que são diferentes de nós. Devemos entender que, por meio de um trabalho ativo, essa solidariedade deve levar à formação de diferentes estratégias que possibilitem uma comunicação produtiva. Muitas das mulheres que são grandes realizadoras aprenderam a seguir um modelo individualista de sucesso. É o caso de muitas mulheres negras. Elas podem sentir que formar vínculos com outras mulheres é algo que ameaça esse sucesso. Às vezes, mulheres negras em posições de autoridade e poder impõem pressupostos racistas internalizados às pessoas a quem têm poder de influenciar. Podem transmitir mensagens de desqualificação que em outro momento receberam, ressignificadas como um desafio, um incentivo para ter uma maior produtividade. Infelizmente, não é assim que a maioria de nós responde a comentários negativos. Em "Woman Poem" [Poema mulher], de Nikki Giovanni, há uma frase que diz: "Não sou merda nenhuma, você precisa ser menos do que isso para se importar". O enfrentamento do racismo e do machismo internalizados deve ser uma pauta central para a luta feminista e a luta pela libertação negra. Uma etapa importante desse processo é o desenvolvimento de habilidades que nos permitam olhar para nós mesmas de maneira crítica e observar como nos comportamos em relação às outras pessoas.

Recentemente, em um jantar em que uma conhecida escritora negra estava presente, eu disse à pessoa que estava sentada ao meu lado que tinha enviado um romance para várias editoras e que ele havia sido rejeitado. A famosa escritora negra (cujo trabalho me inspirou e me entusiasmou tanto como escritora quanto como professora) interrompeu a conversa em que estava para me dizer, em voz alta, num tom de voz hostil: "Provavelmente foi rejeitado simplesmente por ser um romance ruim". Como ela tinha passado a noite toda agindo como se ninguém, a não ser ela mesma, tivesse algo que valesse a pena ser dito e ouvido, não me surpreendi com esse ataque nada sutil. Senti-me grata, no entanto, por não a ter conhecido em um momento da minha vida em que ansiava por uma mentora negra que me incentivasse a continuar escrevendo. Nenhuma das interações que tivemos sugeria que ela estivesse familiarizada com a minha escrita. Fiquei pensando em quão nocivo um comentário negativo assim poderia ser para uma escritora iniciante. A hostilidade dela me magoou. Embora estivéssemos em um grupo predominantemente branco e ouvíssemos muitos dos comentários habituais feitos nesses contextos (alguns deles ingenuamente racistas), ela não direcionou comentários críticos a esses interlocutores. Na verdade, foi muito gentil com os homens brancos presentes. A pergunta feita por Audre Lorde — "por que a raiva que sentimos se expressa de forma mais incisiva contra uma mulher negra, sob o menor dos pretextos?" — passou pela minha cabeça. Para respondê-la, precisaríamos examinar criticamente a dinâmica da interação entre mulheres negras a partir de uma perspectiva feminista.

Mais tarde, quando conversei com outras pessoas presentes no jantar que tinham desfrutado desse espetáculo, elas disseram que eu devia ter feito algo para provocar tamanha hostilidade. A necessidade que tinham de eximir a conhecida escritora da responsabilidade por suas atitudes parecia ligada ao anseio de manter suas percepções idealizadas de uma condição de mulher negra poderosa. Quando você é uma pessoa conhecida, cercada de fãs e seguidores, poucas pessoas reagem de forma crítica ao seu trabalho. A maioria das pessoas tende a ignorar graciosamente comportamentos abusivos e dominadores de pensadoras "feministas" famosas, mesmo que nosso trabalho seja baseado em uma crítica da dominação. Analisar o modo como o patriarcado se manifesta na vida cotidiana por um viés feminista nos chama atenção para como os incidentes sutis e aparentemente triviais nos quais os homens exercem controle coercitivo e dominação sobre as mulheres são importantes arenas da luta política. Os homens que deixam de agir de forma dominadora servem como exemplos necessários para seus semelhantes. Muitas vezes, mulheres envolvidas com o feminismo criticam comportamentos de homens que para elas parecem aceitáveis quando apresentados por mulheres. Muito do comportamento dominador e abusivo que acontece nos círculos feministas, nos quais há gradações de poder, seria imediatamente questionado e criticado se perpetrado por homens.

À medida que o movimento feminista foi avançando e se começou a falar sobre pós-feminismo, muitas mulheres parecem ter começado a esquecer de uma das dimensões mais importantes da luta feminista: o foco na ética feminista. Esse foco tinha raiz no reconhecimento da maneira como o pensamento machista patriarcal distorce a relação entre nós, mulheres. O compromisso com a política feminista costumava ser um processo reparador. Os grupos de conscientização já foram ambientes nos quais as mulheres se engajavam em uma troca dialética sobre essas questões. Hoje em dia, há uma tendência a agir como se o modo que as mulheres tratam umas às outras já não fosse importante. Em vez de um grupo de conscientização baseado em um senso de comunidade, temos estrelas feministas que são líderes da formação do pensamento e da ação feministas. No entanto, essas mulheres são frequentemente as menos dispostas a participar de encontros nos quais a sua prática feminista possa ser questionada. O surgimento de um sistema de estrelas feministas, que tem recompensas materiais concretas (*royalties* pela publicação de livros, palestras remuneradas, trabalhos bem remunerados etc.), significa que as mulheres competem pelo poder dentro dos círculos feministas, e as mulheres negras geralmente competem umas com as outras.

Quando o feminismo se torna uma forma oportunista de promover os próprios interesses, isso significa que aquelas que exercem o papel de porta-voz de destaque podem facilmente perder de vista a necessidade de compartilhar um pensamento feminista crítico com multidões de pessoas. Grande parte do pouco de escrita feminista feita por mulheres não brancas é direcionada para um público branco. Assim, não é de surpreender que não nos esforcemos tanto quanto deveríamos para espalhar a mensagem feminista para grandes grupos de pessoas não brancas. Isso também significa que raramente nos dedicamos a relações de mentoria que poderiam produzir um novo grupo de pensadores e teóricos feministas formado por mulheres e homens não brancos. Quem tem um compromisso sério com a luta feminista deve estar sempre consciente da realidade de que esse compromisso se manifesta ativamente quando compartilhamos conhecimentos, recursos e estratégias de transformação com aqueles que têm menos acesso.

Quando trabalhei com um grupo brilhante de meninas não brancas que estavam se esforçando para aprofundar a consciência crítica, aprender formas de existência politicamente ativas e se desenvolver intelectualmente, eu as chamei carinhosamente de "meninas divas do Terceiro Mundo", um título que expressa a singularidade e importância dessas mulheres. Usamos a palavra "menina" do modo que ela é usada na cultura afro-americana tradicional, como um sinal de intenso afeto mulherista, e não para menosprezá-las. É uma referência à intimidade, baseada em um reconhecimento orgulhoso do gênero. E usamos o termo "diva" por causa do papel especial que as mulheres tiveram na ópera. (A esse respeito, veja *A ópera ou a derrota das mulheres*, de Catherine Clément). Ambos os termos se referem a algo especial, mas carregam a conotação de estar um pouco fora de controle, autocentrada. A intenção é mostrar como é fácil imaginar que somos superiores às outras pessoas e, portanto, que mereceríamos ser tratadas de forma especial ou ter o direito de dominar.

Tive a ideia de escrever este ensaio quando uma das meninas divas me ligou chorando inconsolável, depois de ter participado de uma palestra proferida por uma prestigiada pensadora feminista negra. A audência era predominantemente branca. Já nas perguntas, ela se manifestou, ainda que tivesse receio de fazê-lo em público. A palestrante a ridicularizou, e desmereceu suas palavras. Ela se sentiu humilhada. Outro dia, outra menina diva me ligou para compartilhar uma dolorosa interação entre ela e uma cidadã negra do Terceiro Mundo, cuja produção acadêmica se baseia na análise de experiências de mulheres afro-americanas. Todas as suas tentativas de dialogar criticamente com essa pesquisadora, especialmente em encontros nos quais buscava o reconhecimento de seus diferentes pontos de vista culturais, foram percebidas como tentativas de usurpar o poder, e repudiadas. Ela também saiu desse encontro arrasada, pensando por que pesquisadoras negras de diferentes etnias raramente orientavam estudantes negras. Como mulheres não brancas proeminentes, engajadas no movimento feminista, podem se surpreender por haver tão pouca participação de pessoas como nós no movimento, se nos comportamos como se o feminismo fosse apenas para aquelas que são "especiais" entre nós? Ou se nos comportamos como se o feminismo fosse um território que conquistamos, um campo de poder no qual podemos manter a autoridade e a presença, e receber recompensas somente se apenas algumas poucas de nós estivermos presentes, como se fôssemos sempre um bem raro?

Deve-se fazer uma distinção clara entre receber o respeito e o reconhecimento que mulheres não brancas excepcionais ativas no movimento feminista legitimamente merecem, e um mau uso do poder e da presença. Tratando disso em relação às mulheres negras, Audre Lorde nos lembra:

> Muitas vezes nos limitamos a falar de forma vazia da ideia do apoio mútuo entre mulheres negras porque ainda não ultrapassamos as barreiras dessas possibilidades nem expressamos plenamente a raiva e os medos que nos impedem de perceber o poder de uma verdadeira irmandade negra. Além disso, reconhecer nossos sonhos é, às vezes, reconhecer a distância entre esses sonhos e nossa situação atual.

Se as "meninas divas do Terceiro Mundo", sejam elas escritoras e pensadoras emergentes ou já famosas e conhecidas, quiserem saber se estamos alimentando o tipo de irmandade baseado na solidariedade feminista e informado pela ética feminista, devemos olhar e escutar, observar e ouvir a resposta ao nosso redor. Precisamos fazer uma autocrítica contínua. Quando faço uma palestra e ninguém traz perguntas desafiadoras, então eu mesma penso na forma como me coloquei. Quando faço uma palestra e as pessoas me dizem que eu não sou como esperavam que seria, peço que expliquem. Às vezes, querem que eu saiba que me iludo com o poder como achavam que eu poderia me iludir, já que muita gente faz isso. Fico especialmente satisfeita quando recebo uma carta que revela como sou vista. Uma delas chegou recentemente. Depois de me ouvir falar na universidade onde ela trabalha, uma mulher negra me escreveu estas palavras:

> A palestra que você deu aumentou bastante a consciência que tenho do mundo em que vivemos. As suas palavras e seu "orgulho negro", que fica muito claro, me tocaram profundamente. Eu nunca tive modelos a seguir, fossem mulheres ou homens... Ouvir você falar, então, foi monumental... Não vejo você como a "celebridade" que é, mas como uma verdadeira irmã que conhece suas raízes e se orgulha disso. Sinto que você não apareceu na minha vida por acaso.

Essa carta me inspira, fortalecendo minha convicção de que a solidariedade feminista tem realidade e substância.

Eu às vezes ajo como diva da pior maneira possível — ou seja, sou narcisista, muito autocentrada, querendo que os outros me sirvam. Recentemente, estava em casa com a minha família, querendo atenção, e minhas irmãs me deram um toque e disseram que a coisa estava ficando fora de controle. Cansada depois de meses intensos dando aula, escrevendo e dando palestras, eu realmente queria ser mimada e servida, além de receber aquele cuidado especial que as divas da nossa imaginação merecem, já que são tão únicas. Minhas irmãs estavam dispostas a dar esse cuidado, reiterar que eu era especial, mesmo me mostrando que havia limites, os quais, se ultrapassados, acabaria por colocá-las no papel de subalternas. As mulheres não brancas enfrentam dificuldades intensas em um patriarcado capitalista supremacista branco. Aquelas de nós que resistem e que procuram rever as próprias posturas merecem todo respeito e admiração.

No mais, precisamos valorizar e reverenciar aquelas de nós que se tornam "estrelas", não porque estejam acima de nós, mas porque compartilham conosco a luz que guia, proporcionando o discernimento e a sabedoria necessários. Ser uma estrela, uma diva, implica responsabilidade; é preciso aprender a conhecer e respeitar os limites, usando o poder de maneiras que enriquecem e elevam. Nos tempos em que vivemos, fundamentalmente mais antifeministas do que pós-feministas, o movimento feminista precisa de ativistas que possam levar adiante o trabalho de libertação, meninas divas que estejam na linha de frente.

11.
uma estética da negritude: estranha e opositiva

Esta é a história de uma casa. Já foi habitada por muitas pessoas. Baba, nossa avó, fez dessa casa um espaço que pudesse ser um lar. Ela sabia que o nosso modo de viver seria moldado pelos objetos, pelo jeito como olhamos para eles, por sua disposição ao nosso redor. Ela tinha convicção de que somos moldados pelo espaço. Com ela aprendo sobre estética, sobre o anseio por beleza que ela me diz ser a condição do coração para que nossa paixão se torne real. Tecedora de colchas de retalhos, ela me ensina a respeito das cores. Na casa dela, aprendo a ver as coisas, aprendo a pertencer a um espaço. Em quartos repletos de objetos, repletos de coisas, aprendo a me reconhecer. Ela me entrega um espelho, mostrando como olhar. No meu copo, a beleza do cotidiano surge na cor do vinho feito por ela. Cercadas por campos de tabaco, trançamos folhas como se fossem cabelo, secas, suspensas. Círculos e círculos de fumaça enchem o ar. Atamos pimentas de um vermelho radiante com uma linha quase invisível. Elas serão penduradas na frente de uma cortina de renda para tomar sol. Olha, Baba me diz, o que a luz faz com a cor! Você acredita que o espaço pode dar ou tirar a vida, que o espaço tem poder? São perguntas assim, como essa que ela faz, que me assustam. Baba morre já idosa, deslocada. O funeral dela também é um lugar para ver as coisas, para *me reconhecer. Como posso ficar triste diante da morte se estou cercada de tanta beleza? A morte, escondida em um campo de tulipas, usando meu rosto e chamando meu nome. Baba pode fazer com que as tulipas cresçam. Vermelhas, amarelas, elas envolvem o corpo de Baba como apaixonados em transe, tulipas por toda parte. Eis uma alma incendiada pela beleza que arde e passa, uma alma tocada pelas chamas. Vemos Baba partir. Ela me ensinou a olhar o mundo e a ver beleza. Ela me ensinou que "precisamos aprender a ver".*

Anos atrás, em uma galeria de arte em San Francisco, perto do restaurante Tassajara, vi quartos arrumados pelo monge budista Chögyam Trungpa. Em um momento da minha vida em que eu tinha me esquecido de como olhar, ele me ajuda a ver. Organiza espaços. O que o move é uma estética moldada por antigos valores. Os objetos têm alma. São coisas vivas e nos tocam de maneiras que nem imaginamos. Nesse percurso, aprende-se que um quarto como um todo é um espaço a ser criado, um espaço que pode refletir beleza, paz e uma harmonia de existência, uma estética espiritual. Cada espaço é um santuário. Eu me lembro. Baba me ensinou que "precisamos aprender a ver".

A estética aqui é mais do que uma filosofia ou teoria da arte e da beleza; é uma maneira de habitar o espaço, um lugar específico, uma maneira de olhar e de se tornar. A estética não é orgânica. Eu cresci em uma casa feia. Lá ninguém pensava na função da beleza ou refletia sobre o uso do espaço. Envolta por coisas mortas, cujos espíritos tinham partido havia muito tempo, já que não eram mais necessários, aquela casa era tomada por um vazio profundo. As coisas daquela casa não estavam ali para serem olhadas, mas para serem possuídas — o espaço não estava ali para ser criado, mas para pertencer a alguém: uma violência antiestética. Cresci pensando sobre arte e beleza a partir de como existiam na nossa vida, na vida das pessoas negras pobres. Sem conhecer a linguagem apropriada, compreendi que o capitalismo avançado estava afetando nossa capacidade de ver, que o consumismo começou a tomar o lugar daquela condição do coração que nos convocava a ansiar pela beleza. Hoje, muitos de nós ansiamos apenas por coisas.

Em uma casa, aprendi o lugar da estética na vida de pessoas negras pobres do campo. Lá a lição que tive foi que devemos entender a beleza como uma força a ser produzida e imaginada. Os mais velhos nos transmitiram a ideia de que saímos da escravidão de modo a ocupar esse espaço livre, e que tínhamos que criar um mundo que renovasse o espírito, que o tornasse provedor de vida. Havia um sentido de história naquela casa. Na outra, a casa em que morei, a estética não tinha lugar. Lá o que tínhamos a aprender era a possuir coisas, e nunca sobre arte ou beleza. O reconhecimento dessas casas informou meu pensamento sobre estética: uma delas cultivava e celebrava uma estética da existência, enraizada na ideia de que a carência material de modo algum poderia impedir alguém de olhar para o mundo criticamente, de reconhecer a beleza, ou de usá-la como uma força para reforçar o próprio bem-estar interno; a outra negava o poder do esteticismo abstrato. Morando naquela outra casa, na qual estávamos tão cientes da carência, tão atentos à materialidade, pude perceber na vida cotidiana o efeito devastador do capitalismo sobre os negros pobres, alimentando em nós o anseio por coisas que muitas vezes subordinavam nossa capacidade de reconhecer valor ou importância estética.

    Apesar dessas condições, havia na tradicional comunidade negra racialmente segregada do sul uma preocupação com o "aprimoramento da raça" que promovia continuamente o reconhecimento da necessidade de expressão artística e produção cultural. A arte era vista como inerentemente voltada a cumprir uma função política. Seja o que fosse que os afro-americanos criassem na música, na dança, na poesia, na pintura, seria visto como uma forma de testemunho, pondo em xeque o pensamento racista que sugeria que as pessoas negras não eram plenamente humanas, que eram incivilizadas, e que isso seria demonstrado pela nossa incapacidade coletiva de criar uma "grande" arte. A ideologia supremacista branca insistia que as pessoas negras, por serem mais animais do que humanas, não dispunham de capacidade de sentir, de modo que não tinham como mobilizar as sensibilidades mais refinadas que proporcionavam um terreno fértil para a arte. Reagindo a tamanha desinformação, as pessoas negras do século XIX enfatizavam a importância da arte e da produção cultural, considerando-as as maneiras mais efetivas de fazer frente a tais alegações. Como muitos escravos africanos desterrados trouxeram para os Estados Unidos uma estética baseada na percepção de que a beleza, especialmente a beleza criada em um contexto coletivo, deveria ser um aspecto integrante da vida cotidiana, oferecendo subsídios para a sobrevivência e o desenvolvimento comunitário, essas ideias constituíram a base da estética afro-americana. A produção cultural e a expressão artística também eram formas de a população africana desterrada se conectar com o passado. Aquilo que foi possível reter culturalmente na arte de matriz africana se manteve vivo bem depois de outras expressões terem se perdido ou serem esquecidas. Aquilo que foi possível reter, ainda que não fosse lembrado ou valorizado por razões políticas, seria evocado para fazer frente às alegações dos supremacistas brancos e das mentes negras colonizadas de que não restava nenhum vínculo vivo vital entre a cultura dos afro-americanos e as culturas da África. Esse legado estético histórico se mostrou tão poderoso que o capitalismo de consumo não foi capaz de acabar com a produção artística de comunidades negras de classe mais baixa.

Ainda que a casa em que morei fosse feia, era um lugar onde eu podia fazer arte, e de fato fiz. Pintei, escrevi poesia. Apesar de ter sido um ambiente mais preocupado com a realidade prática do que com a arte, essas aspirações eram estimuladas. Em uma entrevista concedida à *Callaloo*, a pintora Loïs Mailou Jones descreve o imenso apoio que recebeu de pessoas negras: "Bem, comecei a fazer arte bem cedo na minha vida. Sempre gostei de desenhar quando era criança. Eu amava as cores. Minha mãe e meu pai, percebendo que eu tinha talento, me davam giz de cera e lápis e papéis excelentes — e me encorajavam". Pais negros pobres viam a produção cultural artística como crucial para a luta contra o racismo, mas também percebiam a ligação entre a criação de arte e o prazer. A arte era necessária para trazer prazer e beleza para vidas difíceis, materialmente carentes. Ela permitia expressar as duras condições de pobreza e servidão. A arte também era uma maneira de se escapar do sofrimento. As igrejas negras protestantes chamavam a atenção para a parábola dos talentos, e o compromisso com a espiritualidade também significava valorizar os talentos e utilizá-los. Na nossa igreja, se alguém soubesse cantar ou tocar piano e não oferecesse esses talentos à comunidade, seria advertido.

As artes da performance — dança, música e teatro — eram os modos mais acessíveis para expressar a criatividade. Fazer e ouvir música negra, tanto secular quanto sagrada, era uma das formas de as pessoas negras desenvolverem uma estética. Não era uma estética documentada na escrita, mas ela de fato informava a produção cultural. Uma análise do papel dos "shows de talentos" em comunidades negras segregadas, que era verdadeiramente a forma comunitária de apoiar e promover a produção cultural, traria à tona muito do lugar da estética na vida tradicional negra. Os "shows de talento" eram tanto um lugar de exposição coletiva de arte quanto de desenvolvimento de critérios estéticos. Menciono essas informações para situar a preocupação afro-americana com a estética em um referencial histórico que mostra uma continuidade. Costuma-se supor que as pessoas negras começaram a se interessar por estética durante os anos 1960. Muitas vezes, as pessoas negras privilegiadas do século XIX e do início do século XX, assim como seus pares brancos, mostravam-se obcecadas com ideias do que seria uma "grande arte". Não por acaso, uma das dimensões importantes do movimento artístico negro que ficou mais conhecido como Renascimento do Harlem foi a defesa da valorização de formas populares. Como outros períodos de intensa preocupação da cultura afro-americana com as artes, o Renascimento do Harlem chamou a atenção para formas de expressão artística que estavam simplesmente desaparecendo porque não eram valorizadas no contexto de uma estética convencional focada na "grande arte". As elites intelectuais afro-americanas se apropriaram dessas formas, reformulando-as de maneiras adequadas a diferentes localizações. Certamente, o *spiritual*, tal como foi cantado por Paul Robeson em concertos na Europa, era um aspecto da cultura popular afro-americana evocado em um contexto muito distante dos pequenos e quentes cultos do sul, onde pessoas pobres negras se reuniam em êxtase religioso. A celebração das formas populares possibilitou que elas sobrevivessem e fossem mantidas como um legado a ser transmitido, mesmo quando alteradas e transformadas pela interação de diversas forças culturais.

A articulação consciente de uma "estética negra" tal como construída por artistas e críticos afro-americanos nos anos 1960 e início dos 1970 consistiu em forjar um elo inabalável entre produção artística e política revolucionária. Tratando da interconectividade entre arte e política no ensaio "Frida Kahlo e Tina Modotti", Laura Mulvey descreve a maneira como uma vanguarda artística

> foi capaz de usar formas populares não como um meio de comunicação, mas como um meio de construção de um passado mítico cuja eficácia pudesse ser sentida no presente. Desse modo, as formas populares se harmonizavam com o ímpeto revolucionário de construção do passado mítico da nação.

Houve uma tendência semelhante na arte afro-americana, com pintores, escritores, músicos trabalhando para evocar imaginativamente a nacionalidade negra, uma terra natal, recriando laços com um passado africano e, ao mesmo tempo, evocando uma nação mítica nascida no exílio. Durante esse período, Larry Neal declarou que o Movimento das Artes Negras era "o braço cultural da revolução negra". A arte devia servir aos negros na luta pela libertação. Devia servir como apelo e inspiração para a resistência. Uma das principais vozes do movimento estético negro, Maulana Karenga, em *Thesis on Black Cultural Nationalism* [Tese sobre o nacionalismo cultural negro], ensinou que a arte deveria ser funcional, coletiva e comprometida.

O movimento estético negro era basicamente essencialista. Caracterizado por uma inversão da dicotomia entre "nós" e "eles", trocou os sinais dos modos convencionais de pensar a alteridade de maneira que sugeriam que tudo que era negro era bom e tudo que era branco era ruim. Em sua introdução à antologia *Black Fire* [Fogo negro], Larry Neal definiu os termos do movimento, descartando o trabalho de artistas negros que não surgiam dentro do movimento *black power*:

> Uma arte revolucionária está sendo expressa hoje. Chegaram ao fim a angústia e a falta de objetivos que acompanharam nossos grandes artistas dos anos 1940 e 1950 e que levaram a maioria deles à morte precoce, a se dissipar e desaparecer. Desorientados pelas referências culturais brancas (os modelos que a cultura define para seus indivíduos) e a incongruência desses modelos em relação à realidade negra, homens como Bird foram levados a se autodestruir voluntariamente. Não havia programa. E o modelo de realidade era incongruente. Era um modelo de realidade branca. Se Bird tivesse um modelo de realidade negra, as coisas poderiam ter sido diferentes. [...] No caso de Bird, havia uma dicotomia entre sua genialidade e a sociedade. Mas ele não conseguiu encontrar o modelo adequado de existência, o que foi a parte trágica disso tudo.

As ligações entre o nacionalismo cultural negro e a política revolucionária levaram, em última instância, à subordinação da arte à política. Em vez de servir como um catalisador capaz de promover manifestações artísticas diversas, o Movimento das Artes Negras começou a ignorar todas as formas de produção cultural de afro-americanos que não obedecessem aos critérios do movimento. Muitas vezes, isso levava a juízos estéticos que não permitiam o reconhecimento da multiplicidade da experiência negra ou da complexidade da vida negra, como no caso da interpretação crítica que Neal faz do destino do músico de jazz Charlie Parker. Claramente, os problemas enfrentados por Parker não eram simplesmente preocupações estéticas e não poderiam ter sido resolvidos pela arte ou por teorias críticas sobre a natureza da produção artística negra. Ironicamente, em muitas de suas práticas estéticas, o Movimento das Artes Negras se baseou na ideia de que a arte popular, a produção cultural para as massas, não poderia ser complexa, abstrata ou diversa quanto a estilo, forma, conteúdo.

Apesar de suas limitações, o Movimento das Artes Negras trouxe uma crítica útil baseada no questionamento radical do lugar e do significado da estética para a produção artística negra. A insistência do movimento quanto a toda arte ser política, quanto a uma dimensão ética ter de informar a produção cultural, bem como o estímulo a uma estética que não separasse os hábitos de existência da produção artística, foram importantes para os pensadores negros preocupados com estratégias de descolonização. Infelizmente, esses aspectos positivos do movimento estético negro deveriam ter levado à formação de um espaço crítico, no qual poderia ter havido uma discussão mais aberta sobre a relevância da produção cultural para a luta pela libertação negra. Ironicamente, embora o Movimento das Artes Negras insistisse que representava uma ruptura com tradições ocidentais brancas, grande parte de seu fundamento filosófico reinscreveu ideias dominantes sobre a relação entre arte e cultura de massa. O pressuposto de que o naturalismo ou realismo era mais acessível a um público de massa do que a abstração certamente não era uma posição revolucionária. Na verdade, os paradigmas de criação artística oferecidos pelo Movimento das Artes Negras eram bastante restritivos e enfraquecedores. Eles minaram a agência criativa de muitos artistas ao desprezar e desvalorizar seu trabalho por ser ou muito abstrato ou não abordar abertamente uma política radical. Tratando de posturas socialistas em relação à arte e à política em *Art and Revolution* [Arte e revolução], John Berger sugere que a relação entre arte e propaganda política é muitas vezes objeto de confusão no contexto radical ou revolucionário. Com frequência, foi isso que se deu no Movimento das Artes Negras. Embora Berger seja receptivo ao truísmo "de que todas as obras de arte exercem uma influência ideológica — mesmo as obras de artistas que não têm interesse fora do âmbito da arte", ele critica a ideia de que a simplicidade de forma ou de conteúdo promove necessariamente uma consciência política crítica ou leva ao desenvolvimento de uma arte revolucionária significativa. Suas palavras de prudência devem ser ouvidas por aqueles que gostariam de reviver uma estética negra prescritiva que limite a liberdade e restrinja o desenvolvimento artístico. Opondo-se a uma estética prescritiva, Berger diz:

> Quando a experiência é "oferecida", não se espera que seja transformada de algum modo. Sua apoteose deve ser instantânea e, por

assim dizer, invisível. O processo artístico é um dado adquirido: permanece sempre exterior à experiência do espectador. Não é mais do que o veículo que é suprido para que a experiência seja posta de modo a chegar com segurança a uma espécie de terminal cultural. Assim como o academicismo reduz o processo da arte a um aparato para artistas, ele o reduz também a um veículo para o espectador. Não há absolutamente nenhuma dialética entre a experiência e a expressão, entre a experiência e as formulações a ela associadas.

O movimento estético negro foi uma articulação autoconsciente de muitos quanto a receios profundos de que o poder da arte residisse em seu potencial para transgredir fronteiras.

Muitos artistas afro-americanos se afastaram do nacionalismo cultural negro e assumiram uma postura retrógrada, a partir da qual sugeriam que não havia ligações entre arte e política, remetendo a noções ultrapassadas da arte como transcendente e pura para defender sua posição. Esse foi outro passo para trás. Não houve uma tentativa relevante de contrariar a estética negra com critérios conceituais para criar e avaliar a arte que reconhecessem seu conteúdo ideológico, ao mesmo tempo que permitissem noções expansivas de liberdade artística. No geral, o impacto causado por esses dois movimentos, o da estética negra e o daqueles que se opunham a ela, sufocou a produção artística de afro-americanos em praticamente todos os meios, com exceção da música. Significativamente, os músicos de jazz de vanguarda, lidando com uma expressividade artística que exigia experimentação, resistiram a restrições dirigidas a seu trabalho, fossem elas impostas por um público branco dizendo que a obra deles não era música de fato, fosse um público negro buscando relações mais explícitas entre a música que faziam e a luta política.

Para reabrir o espaço criativo que boa parte do movimento estético negro fechou, parece fundamental que os envolvidos nas artes negras contemporâneas participem de uma discussão revitalizada sobre estética. As teorias críticas sobre a produção cultural, sobre a estética, continuam a confinar e restringir os artistas negros, e é inútil agir passivamente, evitando falar de estética. Sugerir, como Clyde Taylor faz em seu ensaio "We Don't Need Another Hero: Anti-Theses on Aesthetics" [Não precisamos de outro herói: antiteses sobre estética], que o fracasso da estética negra ou o desenvolvimento da teorização ocidental branca sobre o assunto devem negar toda a preocupação afro-americana com a questão é repetir mais uma vez um projeto essencialista que não possibilita nem promove o desenvolvimento artístico. Um discurso afro-americano sobre estética não precisa começar com tradições ocidentais brancas nem ser prescritivo. A descolonização cultural não acontece apenas com o repúdio de tudo o que parece manter conexão com a cultura colonizadora. É realmente importante pormos em xeque a noção de que a cultura ocidental branca é "o" local onde surgiu uma discussão sobre estética, como Taylor sugere; ela é apenas um deles.

Os afro-americanos progressistas preocupados com o futuro de nossa produção cultural buscam conceitualizar criticamente uma estética radical que não negue o poderoso lugar da teoria como força capaz de estabelecer critérios de julgamento estético e como base vital para ajudar a tornar certas obras possíveis, particularmente obras expressivas, transgressoras e opositivas. Os comentários de Hal Foster sobre a importância de uma antiestética no ensaio "Postmodernism: A Preface" [Pós-modernismo: um prefácio] apresentam um paradigma útil que os afro-americanos podem empregar para questionar perspectivas modernistas de estética sem negar o discurso sobre a Estética. Foster propõe esse paradigma para questionar criticamente "a ideia de que a experiência estética existe à parte, sem 'propósito', para além da história, ou de que a arte é hoje capaz de afetar um mundo ao mesmo tempo (inter)subjetivo, concreto e universal — uma totalidade simbólica". Assumindo a posição de que uma antiestética "indica uma prática de natureza interdisciplinar, que é sensível a formas culturais engajadas em uma política (por exemplo, a arte feminista) ou enraizadas em um vernáculo — isto é, a formas que negam a ideia de um domínio estético privilegiado", Foster mostra a possibilidade de que obras de grupos marginalizados tenham maior público e impacto. Trabalhando a partir de uma base na qual a diferença e a alteridade são reconhecidas como forças que intervêm na teorização ocidental sobre estética de modo a reformular e transformar a discussão, os afro-americanos são habilitados a romper com velhas formas de ver a realidade, que sugerem que há apenas um público para o nosso trabalho, e apenas uma medida estética do seu valor. Com um afastamento do nacionalismo cultural estreito, deixa-se também de lado os pressupostos racistas de que as produções culturais das pessoas negras só podem ter importância e significado "autênticos" para um público negro.

Os artistas negros preocupados em produzir um trabalho que incorpore e reflita uma política libertadora sabem que a intervenção crítica e o questionamento das estruturas repressivas e dominantes existentes são parte importante de qualquer processo de descolonização. Críticos afro-americanos e/ou artistas que falam sobre nossa necessidade de engajamento em um diálogo contínuo com os discursos dominantes sempre correm o risco de ser desprezados sob acusação de assimilacionismo. Há uma grande diferença entre um envolvimento com a cultura branca que busque desconstruir, desmistificar, desafiar e transformar, e gestos de colaboração e cumplicidade. Não há como participar de um diálogo que seja a marca da liberdade e da agência crítica se deixarmos de lado todo o trabalho que vem das tradições ocidentais brancas. O pressuposto de que a crise dos afro-americanos deve ou pode ser abordada apenas por nós também deve ser questionado. Muito do que ameaça nosso bem-estar coletivo é produto de estruturas dominantes. O racismo é uma questão tanto branca quanto negra.

O engajamento intelectual contemporâneo com questões de "alteridade e diferença" manifestado na crítica literária, nos estudos culturais, na teoria feminista e nos estudos negros indica que há cada vez mais trabalhos capazes de oferecer e promover diálogos e debates críticos além das fronteiras de classe, raça e gênero. Essas circunstâncias, junto a um foco no pluralismo no âmbito da política social e pública, têm criado uma atmosfera cultural na qual é possível questionar a ideia de que diferença é sinônimo de carência e privação, e ao mesmo tempo exigir uma reflexão crítica sobre a estética. Fazer uma análise retrospectiva do impacto repressor que uma estética negra prescritiva teve sobre a produção cultural negra deveria servir como alerta para os afro-americanos. Não existe paradigma crítico único de avaliação do trabalho artístico. Em parte, uma estética radical reconhece que estamos constantemente mudando de posição e localização, que nossas necessidades e preocupações variam, que essas diversas direções devem corresponder a mudanças no pensamento crítico. Uma estética limitadora estreita nas comunidades negras tende a marginalizar manifestações inovadoras na arte negra. Obras assim muitas vezes recebem pouca ou nenhuma atenção. Sempre que nós, artistas negros, trabalhamos de maneira transgressora, somos vistos como suspeitos pelo nosso grupo e pela cultura dominante. Repensar princípios estéticos pode ajudar a desenvolver um ponto de vista crítico que promova e incentive modos variados de produção artística e cultural.

Como artista e crítica, tenho fascínio por uma estética radical que busque revelar e restabelecer ligações entre a arte e a política revolucionária, particularmente no que diz respeito à luta pela libertação negra, oferecendo ao mesmo tempo uma ampla base crítica de avaliação estética. Uma preocupação com a situação contemporânea das pessoas negras me faz questionar meu trabalho, refletindo sobre se ele funciona como uma força capaz de promover o desenvolvimento da consciência crítica e do movimento de resistência. Continuo apaixonadamente comprometida com uma estética que enfoque o propósito e a função da beleza, do talento artístico na vida cotidiana, especialmente na vida das pessoas pobres, que procure explorar e celebrar a conexão entre nossa capacidade de engajamento na resistência crítica e nossa capacidade de experimentar prazer e beleza. Quero produzir uma obra que compartilhe com o público, particularmente com grupos oprimidos e marginalizados, o sentido de agência e empoderamento que a criação artística proporciona. Quero compartilhar a herança estética que me foi transmitida por minha avó e por gerações de ancestrais negros, cujos modos de pensar sobre esse assunto se desenvolveram em escala global na diáspora africana, informados pela experiência do exílio e da dominação. Quero reiterar a mensagem de que "precisamos aprender a ver". Ver, significa aqui, em termos metafísicos, uma intensificação da percepção e da compreensão, a intensificação da capacidade de experimentar a realidade por meio do domínio dos sentidos.

Relembrando as casas da minha infância, vejo que minha preocupação com a estética foi profundamente marcada por mulheres negras que estavam forjando uma estética da existência, lutando para passar para os filhos uma visão de mundo baseada na resistência, trabalhando com o espaço de modo a torná-lo habitável. Baba, minha avó, não sabia ler nem escrever. Ela não herdou seus interesses contemplativos pela estética de uma tradição literária ocidental branca. Ela foi pobre a vida toda. A memória dela é um desafio para os intelectuais, especialmente os de esquerda, que pressupõem que a capacidade de pensar criticamente, em conceitos abstratos, de ter uma perspectiva teórica, decorre de um privilégio de classe e educacional. Deve-se lembrar reiteradamente aos intelectuais contemporâneos comprometidos com uma política progressista que a capacidade de nomear algo (particularmente em termos como estética, pós-modernismo, desconstrução) não é sinônimo de criar ou possuir a condição ou as circunstâncias às quais tais termos se referem.

Muitas pessoas negras de classe mais baixa que não conhecem a linguagem acadêmica teórica convencional têm reflexões críticas sobre estética. É raro vermos livros que documentem a riqueza de seus pensamentos. Também é raro vermos artistas afro-americanos inovadores que documentem o próprio processo, seu pensamento crítico sobre a questão da estética. É necessário e essencial que existam relatos das teorias que informam a obra desses artistas; daí a minha preocupação em resistir a qualquer ponto de vista que desvalorize esse projeto crítico. Certamente, muitas das perspectivas críticas revolucionárias e visionárias sobre a música, inerentes à estética opositiva de John Coltrane e à sua produção cultural, nunca serão compartilhadas, porque não foram plenamente documentadas. Essa perda trágica retarda o desenvolvimento de trabalhos com reflexões de afro-americanos sobre a questão da estética que esteja ligada ao empoderamento político. Não devemos passar ao largo da maneira como a estética serve de base para perspectivas emergentes. A estética, para alguns de nós, é um espaço crítico que inspira e estimula o fazer artístico. Há diferentes maneiras de interpretarmos e habitarmos esse espaço.

Como mulher negra adulta, sendo recebida como convidada na casa de minha mãe, explico que o minimalismo é a marca da minha paisagem interna, que não posso viver em um espaço cheio demais de coisas. A casa da minha avó é habitada apenas por fantasmas e não é mais capaz de me abrigar ou me salvar. Declaro corajosamente que sou minimalista. Minhas irmãs repetem essa palavra com um tipo de alegria que nos faz rir, enquanto celebramos juntas o modo particular como a linguagem e o "significado" das palavras transformam quando saem do espaço hierárquico que habitam em certos locais (o ambiente predominantemente branco da universidade) e chegam às bocas da cultura e do discurso vernacular, à negritude das classes mais baixas, às comunidades segregadas nas quais o analfabetismo é tão presente. Quem saberá o que pode acontecer com a palavra "minimalista"? Quem saberá falar de como ela será transformada, reformada pelo patoá denso da nossa língua negra do sul? Não há como registrar essa experiência por escrito. Mesmo que eu tente descrevê-la, não serei capaz de transmitir o modo como é vivida.

Uma das minhas cinco irmãs quer saber como comecei a pensar nessas coisas, nas casas e no espaço. Ela não se lembra de ter tido longas conversas com Baba. Lembra da casa em que morou como um lugar feio, cheio de objetos. Minhas lembranças a fascinam. Ela me escuta admirada quando descrevo as sombras na casa de Baba e o que elas significam para mim, a maneira como a lua entrava pela janela no andar de cima, criando para mim novas formas de enxergar a escuridão e a luz. Depois de ler o ensaio "In Praise of Shadows" [Elogio às sombras], de Tanizaki, sobre a questão da estética, digo a essa irmã em uma conversa tarde da noite que estou aprendendo a pensar sobre a negritude de uma nova maneira. Tanizaki fala de ver a beleza na escuridão e compartilha a seguinte percepção: "A qualidade que chamamos de beleza, no entanto, deve sempre partir das realidades da vida, e nossos ancestrais, forçados a morar em quartos escuros, descobriram a beleza nas sombras, para finalmente conduzir as sombras à beleza". Minha irmã tem a pele mais escura que a minha. Pensamos sobre a nossa pele como um quarto escuro, um lugar de sombras. Muitas vezes falamos de colorismo e das maneiras como o racismo criou uma estética que nos fere, um modo doloroso de pensar sobre a beleza. Nas sombras da madrugada, falamos sobre a necessidade de ver a escuridão de maneira diferente, de falar sobre isso de uma maneira nova. Nesse espaço de sombras, ansiamos por uma estética da negritude — estranha e opositiva.

12.
heranças estéticas: a história feita à mão

Para escrever este texto, me baseei em fragmentos e detalhes de informações encontrados aqui e ali. Telefonemas afetuosos tarde da noite para minha mãe, para ver se ela se "lembrava de quando" algo tinha acontecido. Lembranças de antigas conversas voltando repetidas vezes, lembranças como tecido reutilizado em uma colcha de retalhos, guardadas para serem usadas no momento certo. Juntei as lembranças, recordei. Um dia senti vontade de registrar e documentar para não mais corroborar o apagamento do legado estético e das contribuições artísticas das mulheres negras. O que escrevi foi inspirado na obra da artista Faith Ringgold, que sempre acalentou e celebrou a produção artística de mulheres negras desconhecidas e não aclamadas. Faith, ao evocar esse legado em sua obra, nos convida a lembrar, celebrar, louvar.

    Mesmo que eu sempre tenha tido vontade de escrever sobre as colchas de retalhos que minha avó fazia, nunca encontrei as palavras, a linguagem necessária para isso. Houve um momento em que sonhei filmá-la tecendo as colchas. Ela morreu antes disso. Nada tinha sido feito para documentar o poder e a beleza do trabalho dela. Ao ver as elaboradas colchas de histórias de Faith Ringgold, que insistem que nomeemos, documentemos, que nós, mulheres negras, contemos nossa história, encontrei palavras. Quando os museus de arte destacam a conquista artística das tecedoras de colchas de retalhos americanas, lamento que minha avó não esteja entre as que são nomeadas e homenageadas. Muitas vezes, a representação em tais mostras sugere que as mulheres brancas eram o único grupo verdadeiramente dedicado à arte de fazer colchas. Não é verdade. Mesmo assim, as colchas feitas por mulheres negras são retratadas como se fossem exceções; geralmente há apenas uma. A ficha que identifica a criadora diz "mulher negra anônima". Apenas recentemente historiadores da arte especializados em colchas de retalhos começaram a documentar tradições de tecedoras negras, mencionando os seus nomes, indicando detalhes.

Minha avó era uma tecedora de colchas de retalhos dedicada. Essa é a primeira afirmação que quero fazer sobre Baba, mãe da minha mãe, cujo nome é pronunciado com um "a" longo. Quero agora dizer o nome dela, Sarah Hooks Oldham, filha de Bell Blair Hooks. Ambas eram tecedoras de colchas de retalhos. Digo o nome delas como uma forma de resistência, para me opor ao apagamento das mulheres negras — essa marca histórica da opressão racista e machista. Muitas vezes não temos nomes, nossa história é registrada sem especificidade, como se não fosse importante saber quem — qual de nós —, ou seja, os pormenores. Baba se interessava pelos detalhes. Sempre que estávamos "em casa", como chamávamos a casa dela, ela nos dizia "sem rodeios" que, ao entrar, deveríamos olhar para ela, dizer seu nome e reconhecer a presença dela. Uma vez feito isso, deveríamos apresentar nossos "detalhes" — quem éramos e/ou o que estávamos fazendo. Devíamos dar nome a nós mesmos

— nossa história. Esse ato ritualístico de nomear era assustador. Era como se essa longa saudação fosse um interrogatório. Para ela, era uma maneira de tomarmos ciência de nós mesmos, de estabelecer parentesco e conexão, o modo pelo qual conhecíamos e reconhecíamos nossos ancestrais. Era um processo de congregar e relembrar.

Baba não lia nem escrevia. Ela trabalhava com as mãos. Não se referia a si como artista. Não era uma das palavras dela. Mesmo que a conhecesse, poderia não haver nada no som ou no significado que fosse do interesse dela, que atraísse a sua imaginação indomável. Em vez disso, ela diria: "Reconheço a beleza quando a vejo". Ela era uma tecedora de colchas de retalhos dedicada — talentosa, habilidosa, brincalhona na maneira como fazia arte, tendo tecido colchas por mais de setenta anos, mesmo depois de suas "mãos se cansarem" e sua capacidade de enxergar estar quase "jogando a toalha". É difícil abandonar o trabalho de uma vida inteira, mas ela parou de fazer colchas nos anos que precederam sua morte. Perto de fazer noventa anos, parou de tecer. Ainda assim, continuou a falar do seu trabalho com quem estivesse interessado em ouvir. Fascinada com a habilidade das suas mãos, eu queria saber mais, e ela estava disposta a ensinar e instruir, a me mostrar como alguém chega a conhecer a beleza e se doar para ela. Para Baba, o tecer colchas de retalhos era um processo espiritual que ensinava sobre como se doar. Era uma forma de meditação que liberava o "eu". Foi assim que aprendeu com a mãe a pensar o processo de tecer colchas, que considerava uma arte da quietude e da concentração, uma atividade que renovava o espírito.

Basicamente, para Baba, tecer colchas era um trabalho próprio das mulheres, uma atividade que dava harmonia e equilíbrio à psique. Segundo ela, era esse aspecto do trabalho de uma mulher do campo que lhe permitia parar de servir às necessidades dos outros e "voltar para si mesma". Na verdade, era um "descanso para o pensamento". Aprendi essas ideias com ela quando criança, perguntando sobre como e por que começou a fazer colchas de retalhos; mesmo assim, a resposta me surpreendeu. Inicialmente, ela se via como uma criança do ar livre: amava pescar, desenterrar minhocas, cuidar de hortas e jardins de flores, arar, cuidar de galinhas, caçar. Ela tinha "uma natureza de renegado", selvagem e indomável. Hoje, no discurso vernacular negro, poderíamos dizer que ela estava "fora de controle". A mãe dela, Bell Blair Hooks, escolheu fazer colchas de retalhos como exercício que daria à jovem Sarah um tempo de silêncio, um espaço para se aquietar e voltar para si mesma. Uma tecedora dedicada, Bell Hooks transmitiu tal habilidade para a filha. Começou falando da prática de tecer colchas de retalhos como uma forma de quietude, como um processo pelo qual uma "mulher aprende a ter paciência". Na época, aquelas mulheres negras do campo não tinham nada do que entendemos por passividade feminina. Constantemente ativas, eram trabalhadoras — mulheres negras de língua afiada, braços fortes, mãos pesadas, com muito trabalho e bem pouco tempo. Havia sempre trabalho a fazer, era preciso abrir espaço para que houvesse uma atmosfera de quietude, tranquilidade e concentração. Tecer colchas de retalhos era uma maneira de "acalmar o coração" e "aliviar o pensamento".

Do século XIX até os dias atuais, as tecedoras de colchas de retalhos, cada uma a seu modo, se referiram à prática como uma forma de meditação. Destacando a conexão entre tecer colchas de retalhos e a busca por paz interior, os organizadores do livro *Artists in Aprons: Folk Art of American Women* [Artistas de avental: arte popular de mulheres americanas] lembram aos leitores que:

> Tecer colchas de retalhos, assim como outras artes feitas com agulhas, era muitas vezes um veículo para expressar não apenas a energia criativa, mas também para liberar as frustrações reprimidas de uma mulher. Um autor observou que "uma mulher fez colchas o mais rápido que conseguiu para que sua família não congelasse, e as fez o mais belas possível para que seu coração não se partisse". Os pensamentos, os sentimentos e a própria vida das mulheres estavam inextricavelmente ligados aos desenhos com tanta firmeza quanto as camadas de tecido estavam atadas pelas linhas.

Baba aprendeu a estética de fazer colchas de retalhos na casa da mãe. Aprendeu como prática meditativa (lembrando, de certa forma, a cerimônia japonesa do chá), aprendendo a sustentar os braços, a segurar as agulhas cuidadosamente, aprendendo a postura corporal adequada, depois aprendendo como fazer colchas bonitas, que agradassem ao pensamento e ao coração. Essas considerações estéticas eram tão cruciais quanto a necessidade material que exigia que as mulheres negras pobres do campo fizessem colchas. Muitas vezes, na sociedade capitalista contemporânea, na qual a "arte popular" é uma mercadoria que custa caro no mercado, muitos historiadores da arte, curadores e colecionadores ainda supõem que as pessoas que criaram essas obras não compreenderam e reconheceram plenamente seu "valor estético". Mas os testemunhos orais de tecedoras negras de colchas de retalhos do século xix e início do século xx, tão raramente documentados (ainda que nossas mães tenham conversado com as mães das mães delas, adquirindo uma noção de como essas mulheres viam o próprio trabalho), indicam uma percepção fina das dimensões estéticas em jogo. Harriet Powers, uma das poucas tecedoras negras de colchas de retalhos cujo trabalho é reconhecido por historiadores da arte, entendeu que suas elaboradas colchas com aplicações eram únicas e extraordinárias. Ela entendeu que pessoas que faziam as próprias colchas queriam comprar seu trabalho por ser diferente e especial. As dificuldades econômicas frequentemente a forçavam a vender suas peças, mas Powers o fazia com relutância, precisamente porque entendia seu valor — não apenas em relação a habilidade, tempo e trabalho, mas como expressão única de sua visão imaginativa. É uma maravilha contemplar as colchas de histórias que Powers fazia, repletas de suas inventivas narrativas pictóricas. O senso de valor estético que Baba tinha das colchas de retalhos foi ensinado a ela por uma mãe que insistia que o trabalho fosse refeito se a costura e a escolha de um tecido não estivessem "perfeitas". Ela entrou na vida adulta como mulher compreendendo e reconhecendo como a imaginação criativa de alguém pode se expressar pela prática de tecer colchas de retalhos.

O trabalho das tecedoras negras de colchas de retalhos precisa de análises críticas feministas específicas que considerem o impacto da raça, do sexo e da classe. Muitas mulheres negras continuaram a fazer colchas apesar das circunstâncias econômicas e sociais opressoras que muitas vezes exigiam o exercício da imaginação criativa de maneira radicalmente diferente das mulheres brancas, especialmente as mulheres privilegiadas que tinham maior acesso a materiais e maior disponibilidade de tempo. As mulheres negras escravizadas teciam colchas como parte de seu trabalho na casa de pessoas brancas. O trabalho de Mahulda Mize, uma mulher negra escravizada, é discutido no livro *Kentucky Quilts 1800-1900* [Colchas de Kentucky 1800-1900]. Sua elaborada colcha "Penas de princesa com folhas de carvalho", feita de seda e outras fibras finas, foi concluída em 1850, quando ela tinha dezoito anos. Preservada pela família branca que possuía seu trabalho, a peça foi passada de geração em geração. Muitos textos contemporâneos sobre a prática de tecer colchas de retalhos não discutem essa forma de arte a partir de um ponto de vista que considere o impacto da raça e da classe. Desafiando pressupostos convencionais em seu ensaio "Quilting: Out of the Scrapbag of History" [Fazendo colchas de retalhos: a partir dos restos da história], Cynthia Redick sugere que no começo não se costumava tanto fazer *crazy quilts*,[23] com desenhos irregulares, afirmando: "Uma costureira experiente não desperdiçaria o próprio tempo juntando formas estranhas". Redick continua: "A moda das *crazy quilts* do final do século XIX surgiu como um passatempo de senhoras que não trabalhavam". Estudos acadêmicos feministas sobre a experiência das mulheres negras como tecedoras de colchas de retalhos mostraram a necessidade de rever as afirmações de Redick. Como as mulheres negras escravizadas faziam colchas para senhores brancos, e de vez em quando tinham autorização para ficar com alguns restos de tecido, ou, como aprendemos com as narrativas de escravos, de vez em quando os levavam consigo, elas tinham condições de criar apenas um tipo de peça para si — as *crazy quilts*.

---

[23]. Colcha feita com pedaços irregulares de diversos tipos de tecido, sem um padrão determinado. [N.T.]

O historiador da arte John Finley, um homem branco, ao tratar da sofisticada colcha de Mahulda Mize, fez referência a limitações impostas pela raça e pela classe: "A colcha foi sem dúvida feita para os senhores dela, pois uma garota escravizada não teria dinheiro para comprar aqueles tecidos. Também é improvável que ela tenha tido horas vagas e liberdade para criar algo assim para uso próprio". É claro que não há registros mostrando se ela foi ou não autorizada a ficar com os retalhos sofisticados para si mesma. No entanto, se fosse esse o caso, ela só poderia ter feito uma *crazy quilt* com eles. É possível que as mulheres negras escravizadas tenham estado entre os primeiros grupos de mulheres, se é que não foram de fato o primeiro, a fazer *crazy quilts*, e que mais tarde elas se tornaram moda entre mulheres brancas privilegiadas.

Baba passou a vida toda fazendo colchas, e a grande maioria de seus primeiros trabalhos foram *crazy quilts*. Quando eu era jovem, ela não trabalhava fora de casa, embora tivesse passado um tempo limpando a residência de pessoas brancas. Durante grande parte de sua vida como mulher negra do campo, teve controle sobre o próprio tempo, e fazer colchas de retalhos era parte de seu trabalho diário. Ela fazia colchas de retalhos com restos reaproveitados porque tinha acesso a esses materiais nos itens que as pessoas brancas lhe davam em vez de salários, ou com roupas usadas dos próprios filhos. Foi somente quando seus filhos entraram na vida adulta e passaram a ter melhores condições financeiras que ela começou a fazer colchas com padrões e tecidos que não eram reutilizados. Antes disso, inventava combinações com a própria imaginação. Minha mãe, Rosa Bell, lembra-se de quando pediu seus primeiros retalhos para fazer colchas. O papel que essas colchas tinham no cotidiano era decorativo. Colchas com fins utilitários, *crazy quilts* serviam para serem usadas constantemente no dia a dia. Eles serviam como roupa de cama e para forrar colchões de algodão macio cheios de penas. Durante os nossos longos e contínuos períodos de dificuldades financeiras, as colchas eram feitas com a sobra da costura de roupas e depois mais uma vez, quando as peças já tinham sido usadas. Baba costumava mostrar colchas e apontar para o mesmo tecido em uma cor mais clara para sinalizar o retalho ainda "novo" (uma sobra da costura inicial) em comparação a algum que estivesse sendo reutilizado depois de uma roupa não estar mais em condições de uso.

Quando os filhos de Baba partiram para servir em guerras, mandaram dinheiro para a mãe construir mais cômodos em casa. O fato de um dos primeiros cômodos que ela acrescentou à casa ser um espaço de trabalho para costurar e fazer colchas de retalhos mostra o quanto levava a sério essa atividade. Tenho lembranças nítidas desse quarto, porque ele era bem fora do comum. Estava repleto de cestos e sacolas com sobras de tecidos, caixas de chapéus, materiais costurados deixados sobres os encostos das cadeiras. Não tinha nem onde alguém sentar naquele quarto, a não ser que tirasse um pedaço de tecido do lugar antes. Era um ambiente de trabalho construído como qualquer ateliê de artista, mas eu não cheguei a perceber isso quando era jovem. Percebi a conexão apenas quando Baba já tinha morrido e pude entrar em um ateliê de artista "de verdade". Antes desse ambiente de trabalho ser construído, as molduras para fazer as colchas eram postas na espaçosa sala de estar, em frente à lareira. No quarto de trabalho de Baba, as colchas eram guardadas dentro de baús e embaixo de colchões. As colchas que não seriam utilizadas, colchas sofisticadas (aquelas que eram postas ao pé da cama quando uma visita chegava), eram guardadas dentro de baús à moda antiga, com belos pedaços retorcidos de folhas de tabaco que eram usadas para afastar os insetos. Baba passou a vida inteira em Kentucky — terra do tabaco. Lá não faltava tabaco, e ele podia ser usado de diversas formas.

Ainda que Baba não fizesse colchas de histórias, ela acreditava que cada colcha tinha uma narrativa própria — uma história que começava no momento em que ela tinha a ideia de fazer uma peça específica. A história estava enraizada na trajetória da colcha, no motivo pelo qual fora feita, no porquê de um padrão específico ter sido escolhido. Em sua coleção, havia colchas feitas para o casamento. Baba falava com frequência em fazer colchas como uma preparação para a vida conjugal. Depois do casamento, a maioria de suas colchas era feita para uso como roupa de cama, algo necessário. Foi apenas mais velha, já na era da modernidade, que ela passou a se concentrar em fazer colchas pelo prazer de criar. Começou fazendo colchas sofisticadas a partir das combinações de tecidos vistas nas casas das pessoas brancas para as quais trabalhava, depois de memorizá-las. Mais tarde, começou a comprar tecidos com diferentes estampas. Ao longo de gerações, as colchas de retalhos feitas por Baba refletiram tanto transformações nas condições econômicas vivenciadas pelas pessoas negras do campo quanto mudanças na indústria têxtil.

À medida que os tecidos foram se tornando mais acessíveis, à medida que crianças já crescidas passaram a se cansar de roupas ainda em condições de uso, Baba se deu conta de que estava diante de uma grande variedade de materiais com os quais trabalhar, fazendo colchas com motivos específicos. Havia "colchas de calças" feitas de calças compridas de lã, colchas pesadas para serem usadas em salas frias sem aquecimento. Havia colchas feitas de gravatas de seda. Mudanças no estilo das roupas também trouxeram novos materiais. Roupas que não se adequavam aos novos estilos passaram a ser usadas na confecção de colchas. Havia uma colcha feita com os ternos do nosso avô, que durou por muitos dos anos desse casamento de setenta anos. Era significativo ver Baba mostrando as colchas que fazia, contando a história de cada uma, conectando a história (o conceito por trás da colcha) e a relação dos tecidos escolhidos com a vida das pessoas. Embora não tenha chegado a terminá-la, ela começou a fazer uma colcha de pequenas estrelas com pedaços de vestidos de algodão usados por suas filhas. Juntas, examinávamos as peças e ela me contava sobre os detalhes, sobre o que minha mãe e as irmãs dela faziam quando usavam um vestido específico. Descrevia estilos de roupas e escolhas de cores particulares. Para ela, essas colchas eram mapas que traçavam o curso da nossa vida. Eram a própria história, assim como a vida sendo vivida.

Compartilhar a história de uma determinada colcha era fundamental para a autoexpressão criativa de Baba como historiadora da família e contadora de histórias, mostrando o trabalho que fazia com as mãos. Ela não era muito fã de *crazy quilts*, porque elas refletiam um trabalho motivado pela necessidade material. Ela gostava de padrões organizados e colchas sofisticadas. Para ela, essas características mostravam a seriedade da tecedora. As colchas estampadas "A Estrela de David" e "A Árvore da Vida", tecidas por Baba, foram feitas para fins decorativos, para serem expostas nas reuniões de família.

Revelavam que tecer colchas de retalhos era uma expressão de habilidade e arte. O propósito dessas colchas não era serem usadas, mas admiradas. Minhas colchas favoritas eram as de uso diário. Eu gostava especialmente das peças associadas à infância da minha mãe. Quando pude escolher uma colcha específica, optei por uma feita de vestidos de algodão em tons pastéis frios. Baba não conseguia entender por que escolhi um tecido de pequenas estrelinhas feito de vestidos de algodão da minha mãe e de suas irmãs em vez de colchas mais sofisticadas. No entanto, aqueles pedacinhos da vida da nossa mãe, preservados ali, continuam a ser preciosos para mim.

Faith Ringgold, ao comentar a prática de tecer colchas de retalhos, mostrou ter um fascínio por essa ligação entre a arte criativa das colchas e sua relação fundamental com a vida cotidiana. Para ela, a magia das colchas, como arte e artifício, reside no espaço de encontro entre a arte e a vida. Enfatizando a utilidade de uma colcha, ela nos lembra: "As colchas servem para cobrir as pessoas. Elas têm a possibilidade de fazer parte de alguém para sempre". Ao ler as palavras de Faith, pensei na colcha com a qual me cobria na infância e também mais tarde, quando jovem. Lembrei que nossa mãe não entendia minha necessidade de levar uma colcha de retalhos "horrorosa, esfarrapada" para a faculdade. No entanto, ela simbolizava minha conexão com a vida negra popular do campo — com o lar. É uma colcha feita de restos. Embora tenha sido originalmente feita à mão, foi "repassada" (como dizia Baba) na máquina de costura, para que pudesse suportar melhor o uso diário prolongado. Compartilhando essa colcha, a história que conto se concentra no legado de compromisso com a própria "arte" que Baba me ofereceu. Como meu trabalho criativo consiste em escrever, tenho orgulho em apontar para as manchas de tinta na colcha que marcam minha luta para me tornar uma autora disciplinada. Como cresci com cinco irmãs, tinha dificuldade de encontrar um espaço privado; a cama costumava ser meu local de trabalho. Essa colcha (que eu pretendo ter para o resto da vida) me lembra quem eu sou e de onde eu venho. Ao identificar simbolicamente uma tradição de arte negra feita por mulheres, ela põe em xeque a noção de que as mulheres negras criativas são raras exceções. Estamos profunda e apaixonadamente conectadas com mulheres negras cujo senso de estética, cujo compromisso com um trabalho criativo contínuo, inspira e sustenta. Reivindicamos a história e dizemos os nomes delas, falamos das particularidades de cada uma, de modo a congregar e lembrar, de modo a compartilhar nossa herança.

13.
entre uma cultura e outra: etnografia e estudos culturais como intervenção crítica

Através da história oral[24] e da narração de aforismos, Sarah Oldham, mãe da minha mãe, comunicava sua filosofia de existência e de vida. Um de seus ditados preferidos era "brinque com um cachorrinho e ele vai te lamber a boca". Normalmente, ela dizia isso logo antes de um longo "sermão" que começava com frases como: "Não sou cachorrinho, sou cachorro grande e não gosto de bagunça". O propósito desses "sermões" era enfatizar a importância da distância, de não permitir que as pessoas se aproximassem o suficiente para "vir com tudo para cima de você". Também tinha o objetivo de evitar o perigo de pressupor uma falsa familiaridade, ou seja, o conhecimento de assuntos que não haviam sido revelados. Às vezes, os "sermões" tinham a ver com se pôr no mesmo nível de alguém que era diferente e, em seguida, ficar surpreso por terem tomado certas liberdades, digamos, tratar você com desprezo. Muitas vezes esses sermões tratavam das ideias de "diferença" e "alteridade".

24. Do inglês *talk story* ("história falada", em tradução literal), que se refere a um modo de narrar em que um ou mais falantes relatam uma experiência pessoal como se fosse uma história. [N.T.]

Se acontecesse de os brancos serem o assunto da vez e a conversa ser sobre a viabilidade de nos relacionarmos com eles para além dos limites raciais, eles eram o cachorrinho do dito. Lembro que essas conversas muitas vezes aconteciam depois de os brancos virem nos visitar (geralmente quando queriam alguma coisa). É importante que as pessoas compreendam que, no sul racialmente segregado, era incomum pessoas brancas visitarem as negras. A maior parte das que vinham chamava minha avó de *aunt* Sarah [tia Sarah], uma versão mais digna da palavra *auntie* [titia], usada pelos brancos para se endereçar às mulheres negras na escravidão, na reconstrução e no período da segregação conhecido como Jim Crow. Baba nunca chamava esses visitantes pelo primeiro nome, independentemente de há quantos anos frequentassem sua casa. De todo modo, esses brancos costumavam se sentar na sala de estar dela e conversar por horas. Algumas dessas conversas levaram à criação de laços que duraram uma vida inteira. Embora esse contato parecesse íntimo, Baba nunca esqueceu a escravidão, a supremacia branca e a experiência do Jim Crow. Nunca existiu um vínculo forte o suficiente entre ela e uma pessoa branca para contrariar essa memória. Para ela, estar segura dependia de "manter distância".

Esses "sermões" me atravessam a memória enquanto leio novos trabalhos na área de estudos literários e culturais acerca da questão da raça, observando a frequência com que pesquisadores brancos contemporâneos que escrevem sobre negros assumem posições de familiaridade, como se o trabalho deles não viesse de um contexto cultural de supremacia branca, como se não fosse moldado e informado por esse contexto e, portanto, como se não houvesse necessidade de articular abertamente uma resposta a essa realidade política como parte de sua iniciativa crítica. Pesquisadores brancos podem escrever sobre a cultura negra ou as pessoas negras sem questionar devidamente o próprio trabalho para verificar se emprega as tradições intelectuais ocidentais brancas como forma de reinscrever a supremacia branca, de modo a perpetuar a dominação racista. Nos ambientes acadêmicos e intelectuais que estão se esforçando para responder à realidade do pluralismo cultural, deve haver espaço para discussões sobre racismo que promovam e encorajem questionamentos críticos. Os pesquisadores, especialmente os que são membros de grupos que dominam, exploram e oprimem os outros, deveriam poder explorar as implicações políticas de seu trabalho sem medo ou culpa.

Os estudos culturais surgiram como a área acadêmica contemporânea que mais convida e encoraja esse tipo de análise. Isso parece apropriado, já que grande parte dos novos trabalhos críticos de teóricos brancos e não brancos que abordam questões de "alteridade" e "diferença" é informada pela recente ênfase na cultura, bem como pela preocupação acadêmica com a questão da raça e do discurso pós-colonial. O movimento feminista desempenhou um papel importante de estímulo ao foco acadêmico nessas temáticas. Não por acaso, o foco acadêmico e/ou intelectual feminista na questão da raça teve início com uma contestação crítica em relação ao racismo, revitalizando discussões sobre raça como uma questão política no contexto acadêmico, de modo a associar assertivamente políticas radicais antirracistas ao trabalho acadêmico. Isso só aconteceu nos estudos feministas por causa da poderosa intervenção crítica de mulheres negras/não brancas. Deve-se lembrar que os programas de estudos negros, desde o momento de sua concepção, têm explorado questões de raça e cultura. Para os pesquisadores negros que estão investigando esses assuntos em programas acadêmicos que não estão envoltos na onda radical chique contemporânea, que definitivamente não são dirigidos por homens brancos, pode ser desanimador quando novos programas voltados para questões semelhantes recebem um prestígio e uma aclamação negados aos estudos negros. Os programas de estudos culturais definitivamente estão nessa categoria. Eles são sempre dirigidos por homens brancos e estão conquistando uma legitimidade há muito tempo negada aos estudos afro-americanos e do Terceiro Mundo. Em alguns campi, os programas de estudos culturais são vistos como possíveis substitutos para estudos negros e estudos sobre mulheres. Ao fazer essa observação, minha intenção não é diminuir a importância dos estudos culturais. É fantástico que exista uma nova arena de validação e proliferação de pesquisas interdisciplinares. Trabalhando e escrevendo, como eu, no cruzamento entre diferentes disciplinas — sendo que as letras, os estudos de mulheres e os estudos negros são os pontos de partida para trabalhos focados na cultura contemporânea —, sinto-me "em casa" nos estudos culturais, assim como nesses espaços mais familiares nos quais as questões de diferença e alteridade já fazem parte do discurso há bastante tempo.

    Os estudos culturais são uma novidade estimulante e instigante, pois abrem espaço para um diálogo entre intelectuais e pensadores críticos que no passado talvez tenham permanecido no âmbito de recortes disciplinares restritos. A área chama a atenção para questões raciais e similares, e renova a legitimidade acadêmica atribuída a elas. Além disso, está rapidamente se tornando um dos poucos espaços da academia onde existe a possibilidade de discussão inter-racial e transcultural. Pesquisadores acadêmicos geralmente resistem ao diálogo com grupos diversos, nos quais pode haver contestação crítica, interrogação e confronto. Os estudos culturais podem servir como uma intervenção, fazendo surgir um espaço para formas de discurso intelectual que não foram tradicionalmente bem-vindas na academia. A área não tem como alcançar este objetivo se permanecer apenas um domínio "chique" privilegiado no qual, como escreve Cornel West em seu ensaio "Black Culture and Postmodernism" [Cultura negra e pós-modernismo], acadêmicos se envolvem em debates que "dão destaque a noções de diferença, marginalidade e alteridade de um modo que marginaliza ainda mais pessoas que vivem concretamente a diferença e a alteridade". Quando isso acontece, os estudos culturais reinscrevem padrões de dominação colonial nos quais o "Outro" é sempre objeto, apropriado, interpretado, comandado pelos que estão no poder, por aqueles que dominam.

Quem participa das discussões contemporâneas sobre cultura com ênfase na diferença e na alteridade, mas não questiona as próprias perspectivas, o lugar do qual escreve em uma cultura de dominação, pode facilmente fazer dessa disciplina potencialmente radical um novo terreno etnográfico, um campo de estudo no qual antigas práticas sejam simultaneamente criticadas, reencenadas e mantidas. Em sua introdução à coletânea de ensaios *A escrita da cultura: poética e política da etnografia*,[25] os editores James Clifford e George Marcus apresentam um contexto crítico em relação ao qual podemos

---

25. No original, *Writing Culture: The Poetics and Politics of Ethnography*. [N.T.]

considerar trabalhos que rompam com o passado, trabalhos que, de certa forma, redefinam a etnografia:

> A etnografia situa-se ativamente *entre* poderosos sistemas de significado. Coloca suas questões entre civilizações, culturas, classes, raças e gêneros. A etnografia decodifica e recodifica, revelando as bases da ordem coletiva e da diversidade, da inclusão e da exclusão. Ela descreve processos de inovação e de estruturação e faz parte, ela mesma, desses processos.
>
> A etnografia é um fenômeno interdisciplinar emergente. Sua autoridade e sua retórica espalharam-se por muitas áreas em que a "cultura" é um objeto problemático recente de descrição e crítica.

Esse livro inclui muitos ensaios instigantes que abrem novos caminhos no campo da etnografia. Fiquei particularmente entusiasmada com o ensaio de Michael M. J. Fischer, "Ethnicity and the Post-Modern Arts of Memory" [A etnicidade e as artes pós-modernas da memória].

Apesar das novas e diferentes direções mapeadas nessa antologia, foi decepcionante ver que ainda se estava "falando sobre" nós, pessoas negras, e que permanecemos uma presença ausente, sem voz. Os organizadores afirmam no final da introdução que "o livro dá relativamente pouca atenção às novas possibilidades etnográficas que têm surgido a partir da experiência não ocidental e da teoria e da política feministas". Eles também não dão atenção, não "dão jogo" — como diríamos no discurso vernacular negro — aos antropólogos/ etnógrafos negros dos Estados Unidos, aos "etnógrafos nativos" ou que adentraram culturas nas quais se assemelham às pessoas que estudam e sobre as quais escrevem. Será que devemos acreditar que ninguém considerou e/ou explorou a possibilidade de as experiências desses pesquisadores não brancos terem sido sempre radicalmente diferentes das dos brancos, e de esses pesquisadores não brancos possivelmente terem tido experiências que desconstroem muitas das práticas etnográficas da "velha guarda", chegando talvez a conclusões semelhantes àquelas que foram "descobertas" por pesquisadores brancos contemporâneos que têm escrito essas novas etnografias? Não se pode ouvir as vozes desses pesquisadores não brancos nessa antologia, que não põe de modo algum em questão o pressuposto de que a imagem/identidade do etnógrafo é branca e masculina. A lacuna que é justificada e pela qual se pede desculpas nesse texto diz respeito à falta de participação feminista.

A construção da antologia, o modo como foi apresentada, me estimularam a escrever sobre raça, gênero e etnografia. A capa do livro me chamou a atenção. Ela reproduz uma fotografia (Stephen Tyler fazendo pesquisa de campo na Índia). Nela vemos um homem branco sentado a alguma distância de pessoas de pele mais escura, localizadas atrás dele; enquanto isso, ele escreve. A princípio, fiquei fascinada pela imagem como um todo. Depois passei a focar minha atenção em detalhes específicos. Por fim, concentrei minha atenção no pedaço de tecido que estava preso aos óculos do escritor, presumivelmente para bloquear o sol; ele também bloqueia um campo particular de visão. Esse "ponto cego", criado artificialmente, é uma poderosa metáfora visual do empreendimento etnográfico, assim como foi levado adiante no passado e como tem sido reescrito. Como roteiro, essa capa não introduz nenhum desafio radical em relação a construções passadas. Chama descaradamente a atenção para duas ideias que são bastante recentes na imaginação racista: a do homem branco como escritor/autoridade, que a fotografia apresenta como aquele que produz ativamente, e a ideia do homem pardo/negro passivo que não faz nada, só fica olhando.

Depois que terminei de redigir este texto, li uma crítica semelhante a essa fotografia feita por Deborah Gordon em seu ensaio "Writing Culture, Writing Feminism: The Poetics and Politics of Experimental Ethnography" [A escrita da cultura, a escrita do feminismo: a poética e a política da etnografia experimental]. Ela escreve que "a autoridade do homem branco está presente, mas não é explícita — agora ela é observada, e nós a observamos sendo observada". Ao contrário de Gordon, não vejo nada ativo ou crítico no observador; se dá para dizer qualquer coisa sobre ele, é que demonstra curiosidade, fascínio, possivelmente admiração. Ser um "observador", por si só, não implica um deslocamento ou subversão da "presença autoral" branca. O olhar do homem pardo pode ser lido como um olhar consensual de vínculo e desejo homoerótico, particularmente porque ele está visualmente separado da família, dos parentes, da comunidade, com o olhar afastado deles. A foto implica, no entanto, sutilmente, que esse homem pardo pode realmente ter desejo pelo autor, o "poder falocêntrico" do homem branco. Significativamente, não podemos discutir o olhar da mulher parda, porque o olhar dela é coberto pelo design da capa; uma linha preta foi traçada sobre seu rosto. Por que essa capa aniquila duplamente o valor do olhar dessa mulher parda, primeiro pela escolha de uma imagem em que ela está nas sombras e, em segundo lugar, por uma linha de demarcação? O ensaio "Representations are Social Fact: Modernity and Postmodernity in Anthropology" [As representações são fatos sociais: modernidade e pós-modernidade na antropologia], de Paul Rabinow, sugere que a política da cultura, e aqui ele se baseia no trabalho de Pierre Bourdieu, "nos ensinou a perguntar em qual campo de poder e de qual posição nesse campo um autor determinado escreve". Podemos acrescentar a isso a questão de quais políticas de representação são encenadas por imagens. Seria possível uma imagem, uma capa, comprometer uma escrita radical — reinscrever a antropologia/etnografia colonizadora que é vigilantemente criticada em *A escrita da cultura*? Descrevendo essa imagem na introdução, James Clifford afirma: "o etnógrafo está na borda do quadro — sem rosto, quase extraterrestre, uma mão que escreve". Como observadora, consciente da política da raça e do imperialismo, olhando esse frontispício, fico ainda mais consciente de quão concretas são a branquitude e a masculinidade. Para o meu olhar, isso pode ser tudo, menos extraterrestre.

Outro aspecto dessa capa me parece trazer em si um poderoso comentário. O design que informa aos leitores o título do livro e seus autores cobre o rosto da mulher parda/negra. Qualquer um que olhe para essa capa observa que o corpo e o rosto mais visíveis, aqueles que não precisam sequer ser procurados, são da imagem do homem branco. Para um observador formado em etnografia e antropologia, talvez essa capa documente uma história e uma visão muito diferentes daquelas que vejo. Olho para ela e vejo metáforas visuais do colonialismo, da dominação, do racismo. Certamente é importante, ao tentarmos repensar práticas culturais, reexaminar e refazer a etnografia, criar maneiras de olhar e falar ou estudar culturas e povos diferentes de maneiras que não perpetuem a exploração e a dominação. Partindo de tal perspectiva, seria preciso considerar a intencionalidade e o impacto visual quando se escolhe uma capa tal como a que estou discutindo aqui. Seria necessário considerar a possibilidade de que pessoas que talvez nunca leiam esse livro possam olhar para a capa e pensar que ela ilustra algo sobre as informações que ele contém. A capa, como representação, certamente tem um valor e um significado que não são subvertidos quando se lê o conteúdo. No interior do livro, pessoas negras/pardas continuam nas sombras. Quando olho essa capa, me interessa saber quem é o público desse livro.

Ligando essa questão ao desenvolvimento dos estudos culturais, devemos também perguntar: quem são os sujeitos aos quais essa disciplina direciona seu discurso e prática? Considerar que escrevemos sobre "cultura" apenas para aqueles de nós que somos intelectuais, pensadores críticos, consiste na continuidade de uma ideia hierárquica de conhecimento que falseia e mantém estruturas de dominação. Na introdução de *A escrita da cultura*, os autores explicam o motivo de terem excluído certas vozes, falando aqui sobre o feminismo:

> O feminismo contribuiu claramente com a teoria antropológica. E diversas etnógrafas [feministas], como Annette Weimer (1976), estão ativamente reescrevendo o cânone masculino. Mas a etnografia feminista tem se dedicado ou à correção do que se diz sobre as mulheres ou à revisão de categorias antropológicas

(por exemplo, a oposição natureza/cultura). A etnografia feminista não produziu formas não convencionais de escrita ou uma reflexão desenvolvida sobre a textualidade etnográfica em si.

Foram feitas declarações semelhantes sobre a produção acadêmica de pessoas negras de ambos os gêneros. Depois de fazer essa afirmação, os autores de *A escrita da cultura* enfatizam a relevância de explorar "a exclusão e inclusão de diferentes experiências nos arquivos antropológicos, a reescrita de tradições estabelecidas", declarando: "foi aqui que os escritos feministas e não ocidentais tiveram seu maior impacto". Para muitas feministas, especialmente mulheres não brancas, a atual tendência acadêmica a estimular que se repense radicalmente a ideia de "diferença" tem raízes nos esforços antirracistas de libertação negra e nas lutas de resistência em todo o mundo. Muitas novas tendências em estudos culturais e etnografia parecem estar pegando carona nesses esforços.

É particularmente perturbador ler um estudo informado e moldado pelo trabalho intelectual das mulheres não brancas, particularmente as mulheres negras, que apaga ou diminui a importância dessa contribuição. Muitas vezes padrões acadêmicos convencionais de julgamento que consideram menos importantes estudos que não são redigidos de uma determinada maneira são empregados para desvalorizar sutilmente o trabalho dessas mulheres não brancas. Na nota de rodapé que remete a uma afirmação citada no último parágrafo, Clifford diz:

> É possível que seja geralmente verdade que grupos há muito excluídos das posições de poder institucional, tais como as

mulheres ou as pessoas de cor, tenham menos liberdade de fato para empreender experimentações textuais. Para escrever de forma heterodoxa, sugere Paul Rabinow neste livro, é preciso primeiro alcançar a estabilidade. Em contextos específicos, a preocupação com a autorreflexividade e com o estilo pode ser um indício do esteticismo dos privilegiados. Porque, se uma pessoa não precisa se preocupar com a exclusão ou com a representação verdadeira de sua experiência, ela tem mais liberdade para questionar as formas de narrar, para privilegiar a forma em detrimento do conteúdo. Mas fico pouco à vontade com a noção geral de que um discurso privilegiado pode se conceder o prazer da reflexão sobre sutilezas estéticas ou epistemológicas, enquanto o discurso marginal "diria como as coisas são". Muitas vezes é o contrário.

Como Clifford, desconfio de qualquer sugestão de que os grupos marginalizados não têm liberdade e oportunidade para empreender experimentações textuais.

Grupos marginalizados talvez não tenham uma predisposição para certas formas de pensar e escrever pelo fato de aprendemos desde cedo que esse tipo de trabalho pode não ser reconhecido ou valorizado. Muitos de nós tentamos nos dedicar a elas, mas descobrimos que não recebem atenção alguma; ou ouvimos de autoridades seletivas, geralmente brancas, geralmente homens, que seria melhor escrevermos e pensarmos de maneira mais convencional. Uma distinção deve ser feita entre a nossa liberdade de pensar e escrever de maneiras diversas e a opção por escrever de formas aceitas, porque queremos recompensas específicas. Minha preocupação com a forma e o conteúdo é informada pelo desejo de transmitir conhecimento de modo a torná-lo acessível a uma ampla gama de leitores. Ela não é reflexo de um desejo de trabalhar de uma forma que me permita ter poder ou apoio institucional. Essa simplesmente não é a única forma de poder à disposição de escritores e pensadores. Quando alguém tem uma obra que não é particularmente acadêmica e tem um público mais amplo, isso é poderoso. Esse poder tem a ver com escrever de um jeito que possibilite que as pessoas pensem criticamente sobre a vida cotidiana. Quando escrevo de maneira experimental, abstrata, acho que a principal resistência a essa minha opção estilística vem de pessoas brancas que a consideram menos "autêntica". A necessidade que elas têm de controlar como eu e outras pessoas negras escrevemos parece estar ligada ao medo de que as pessoas negras que escrevem de formas que mostram uma preocupação com a autorreflexividade e o estilo sejam um sinal de que as pessoas brancas não "possuem" mais essa forma de poder. Claro que existem trabalhos de pessoas negras/não brancas que indicam uma preocupação com a textualidade e o estilo. Nesse sentido, penso no trabalho do pesquisador e escritor Nathaniel Mackey. Um trabalho como o dele pode ser um indício do esteticismo dos privilegiados e um reflexo de uma necessidade concreta de repensar e reescrever as formas convencionais de investigação da experiência negra, bem como o desejo de considerar a natureza da nossa luta de resistência de acordo com uma nova perspectiva. Talvez certos esforços de libertação dos negros tenham fracassado porque recorreram a estratégias que não deram espaço para formas diferentes de crítica autorreflexiva.

    Uma das dimensões animadoras dos estudos culturais é a crítica a noções essencialistas da diferença. No entanto, essa crítica não deve se tornar um meio para descartar diferenças ou uma desculpa para ignorar a autoridade da experiência. Ela é frequentemente evocada de um jeito que sugere que todas as maneiras pelas quais nós, pessoas negras, nos consideramos "diferentes" das brancas são realmente essencialistas e, portanto, desprovidas de base concreta. Esse modo de pensar ameaça os próprios fundamentos que possibilitam a resistência à dominação. A antologia *A escrita da cultura* revela precisamente o poder de representar e disponibilizar certos conhecimentos. Apesar dos vários aspectos em que essa obra é radicalmente nova e intelectualmente estimulante, é decepcionante que os autores não tenham se esforçado para ter uma perspectiva mais inclusiva ou abrir espaço para incluir outras vozes (mesmo que isso significasse conceituar o trabalho de outra maneira). As justificativas parciais que oferecem para as exclusões são inadequadas. Os estudiosos progressistas da área de estudos culturais estão dispostos a realizar trabalhos que não apenas sugiram novos rumos teóricos, mas que implementem mudanças. Certamente, aqueles que estão no poder estão mais bem posicionados para assumir certos riscos. O que teria acontecido se os organizadores e/ou autores da *A escrita da cultura*, ou aqueles entre nós que estão em posições similares, tivessem tomado as medidas necessárias para incluir perspectivas e vozes que eles nos dizem estar faltando, mesmo quando afirmam considerar isso uma lacuna? Muitos de nós suspeitamos de explicações que justifiquem exclusões, especialmente porque parecemos estar "no" momento histórico em que é possível mudar certos paradigmas. Se pesquisadores que são homens e brancos apoiam, encorajam e até dão início a intervenções teóricas sem abrir um espaço de questionamento que seja inclusivo, seus gestos de mudança parecem ser formas de manter posições de poder e autoridade de maneira a preservar estruturas de dominação baseadas na raça, no gênero e na classe.

A recente ênfase acadêmica na "cultura", sintetizada pela formação dos estudos culturais, levou muitos estudantes brancos a explorar temáticas nas quais precisam lidar com questões de raça e dominação. Os cursos que dou sobre escritoras negras e a literatura do Terceiro Mundo costumam lotar e ter longas listas de espera. Esses cursos sempre são recebidos com entusiasmo. Até certo ponto, o interesse dos alunos por áreas de estudo que permitem a discussão da alteridade e da diferença tem transformado as preocupações dos docentes. Professores que nunca se interessaram por esses assuntos no passado passaram a investigá-los, usando materiais em sala de aula que talvez tenham considerado inadequados anteriormente. Essas mudanças de direção só transformam a academia se forem informadas por uma perspectiva não racista, apenas se esses assuntos forem abordados a partir de um ponto de vista que problematize questões de dominação e poder. Se uma mulher branca estiver dando aula sobre um romance de uma escritora negra (*Sula*, de Toni Morrison) sem nunca reconhecer a "raça" das personagens, essa professora não está incluindo obras de escritores "diferentes" de uma maneira que desafie os modos como temos tradicionalmente ensinado graduandos da área de inglês a ver a literatura. O ponto de vista político de qualquer professor engajado no desenvolvimento dos estudos culturais determina se as questões de diferença e alteridade são discutidas de novas maneiras ou de maneiras que reforcem a dominação.

Esses programas de estudos culturais que enfatizam o

discurso pós-colonial trazem uma perspectiva global que muitas vezes está ausente em muitas disciplinas tradicionais. Na academia, a preocupação com perspectivas e questões globais tem se mostrado uma reação revitalizante à crise da civilização ocidental e do pensamento ocidental. É irônico e trágico quando políticas acadêmicas conservadoras levam à cooptação dessas preocupações, colocando pesquisadores do Terceiro Mundo e acadêmicos afro-americanos uns contra os outros. Nós competimos não apenas por empregos, mas por reconhecimento. Qualquer pessoa que tenha participado de uma conferência sobre estudos afro-americanos recentemente sabe que há cada vez mais cidadãos do Terceiro Mundo que, por diversas razões, se dedicam a estudos sobre a cultura afro-americana. Ainda que essas pessoas sejam não brancas, não necessariamente elas terão uma abordagem política radical ou estarão preocupadas em pôr em questão as hierarquias raciais. Elas podem, em vez disso, optar por tirar proveito da posição privilegiada que já lhes foi atribuída na estrutura existente. Em tais situações, há todos os elementos necessários para reencenar um paradigma de dominação colonial no qual as pessoas não ocidentais de pele parda e negra são postas em posições nas quais atuam como intermediárias entre a estrutura de poder branca e os povos nativos não brancos, geralmente pessoas negras.

Apenas ações políticas radicais de professores e seus aliados podem fazer frente a essas dimensões negativas. Quando forças conservadoras se combinam de modo a privilegiar apenas certos tipos de discurso e áreas particulares de estudo, a possibilidade ampla e convidativa de nos envolvermos em múltiplos discursos a partir de perspectivas diversas — conceito central dos estudos culturais — passa a estar sob ameaça. Hoje em dia, quando entro em uma sala para dar uma aula sobre pessoas não brancas e os alunos presentes são quase todos brancos, entendo que essa é uma situação de risco. Posso estar servindo como colaboradora em uma estrutura racista que gradualmente torna muito mais difícil para os estudantes não brancos, particularmente os estudantes negros, com históricos de pobreza e, em alguns casos, privilegiados, seguir estudos de graduação ou pós-graduação. A ausência desses estudantes pode ser facilmente ignorada quando os sujeitos estudados são principalmente não brancos, assim como sua ausência no papel da docência pode ser ignorada quando professores brancos tratam de questões de diferença. Em circunstâncias assim, devo pôr em questão meu papel como educadora. Será que estou ensinando estudantes brancos a se tornarem "intérpretes" contemporâneos da experiência negra? Será que estou educando membros da classe colonizadora/opressora para que possam exercer um melhor controle? Anu Needham, uma colega indiana, diz que só podemos reagir a essas circunstâncias assumindo um ponto de vista radical e radicalizando esses alunos para que aprendam a pensar criticamente, para que não perpetuem a dominação, para que não apoiem o colonialismo e o imperialismo, mas compreendam o significado da resistência. Esse desafio, assim, se põe diante de todos que fazem parte dos estudos culturais e de outros programas interdisciplinares como estudos de mulheres, estudos negros, antropologia etc. Se não questionarmos constantemente nossas motivações e a direção de nosso trabalho, corremos o risco de aprofundar um discurso sobre diferença e alteridade que não apenas marginaliza as pessoas não brancas, mas elimina ativamente a necessidade de nossa presença.

Da mesma forma, a menos que os acadêmicos progressistas que têm feito ativamente pressão por uma maior institucionalização dos estudos culturais continuem conscientes da maneira como as práticas discursivas e a produção de conhecimento são facilmente apropriadas pelos sistemas vigentes de dominação, os estudos culturais não poderão e não servirão como uma intervenção crítica capaz de perturbar o *status quo* acadêmico. Concomitantemente, como pensadores críticos, aqueles de nós cujo trabalho é marginalizado, bem como aqueles cujo trabalho é bem-sucedido em caminhar na corda bamba com um pé na radicalidade e outro fincado em um terreno acadêmico aceitável, devemos estar sempre vigilantes, resguardados diante da tecnologia social de controle que está sempre pronta para cooptar quaisquer visões e práticas transformadoras.

Se a recente conferência internacional "Os estudos culturais na atualidade e no futuro" é um sinal dos rumos que a disciplina tem tomado, é evidente que existem graves tensões entre aqueles que gostariam de tornar os estudos culturais uma disciplina que questiona radicalmente e transforma a academia e aqueles que gostariam de fazer dela (como disse um homem branco ligado à área) "a última onda do racismo descolado", na qual toda cultura e todo mundo sobre quem se fala é "não branco", mas quem fala e escreve é branco, com poucas exceções. Além disso, o mesmo homem branco observou que "as discussões mais extensas sobre cultura e política afro-americanas vieram de pessoas de fora dos Estados Unidos". Quando estudiosos negros fizeram abertamente críticas semelhantes, o que disseram foi menosprezado como se fosse um delírio. Dado o contexto da supremacia branca, devemos sempre questionar as estruturas institucionais que dão voz a pessoas não brancas de outros países, ao mesmo tempo que suprimem e/ou censuram sistematicamente a fala radical de povos nativos não brancos. Ainda que nós, negros estadunidenses, tenhamos todas as razões políticas para reconhecer nosso lugar na diáspora africana e nossa solidariedade e conexões culturais com pessoas de ascendência africana de todo o mundo, e ainda que apreciemos o intercâmbio cultural, não devemos abdicar da responsabilidade intelectual na promoção de estudos culturais que possam melhorar a nossa capacidade de falar especificamente sobre a nossa cultura e sermos ouvidos. Como intervenção crítica radical, os estudos culturais "na atualidade e no futuro" podem ser um espaço de contestação significativa e confronto construtivo. Para alcançar esse objetivo, a área deve estar comprometida com uma "política da diferença" que reconheça a importância de criar espaços nos quais possam acontecer diálogos críticos entre indivíduos que tradicionalmente não foram motivados pela prática intelectual politizada a conversar uns com os outros. É claro que devemos entrar nesse novo campo discursivo sabendo desde o início que nossa fala será "problemática", que não existe uma "linguagem compartilhada" pronta. Partindo de uma nova etnografia, somos desafiados a celebrar o caráter polifônico do discurso crítico, a — como acontece na experiência religiosa afro-americana tradicional — ouvir uns aos outros "falando em línguas", prestar testemunho e esperar pacientemente pela revelação.

14.
preservar a cultura popular negra: Zora Neale Hurston como antropóloga e escritora

A antropologia, no passado definida como o "estudo de seres exóticos", atraiu a imaginação de Zora Neale Hurston quando ela estava buscando um percurso acadêmico que fosse compatível com seu desejo de escrever. Como tantos escritores promissores, Hurston achou a estrutura da sala de aula um espaço confinado, ainda que tenha sentido também que o ambiente acadêmico alargava e expandia seus horizontes intelectuais. Ela tinha raízes na cultura popular negra do sul, de Eatonville, na Flórida. Como jovem escritora, recorria a essa experiência para criar histórias. Ao começar os estudos em antropologia, descobriu um percurso acadêmico no qual poderia expressar sua paixão pela cultura negra, no qual a cultura negra poderia ser reconhecida como uma área de estudos legítima, digna de mais pesquisas.

Ao contrário de muitos estudantes de pós-graduação negros da atualidade, Hurston encontrou rapidamente um orientador. O célebre antropólogo Franz Boas se tornou o espírito que a guiava. Atuante naquele momento histórico de tantas transformações significativas no campo da etnografia, Boas ajudou a institucionalizar o estudo da antropologia. Embora não seja de modo algum um radical segundo os padrões contemporâneos, ele trouxe uma perspectiva opositiva para a antropologia. Ele não via a cultura desconhecida a ser estudada como um mundo de "seres exóticos". Suas percepções sobre a natureza do trabalho antropológico haviam sido postas em xeque pela experiência prática que teve quando fez trabalho de campo entre os Inuit, e seus paradigmas mudaram. Conforme relatou Boas,

> Depois de uma relação longa e íntima com os esquimós, foi com tristeza e arrependimento que me despedi dos meus amigos do Ártico. Eu havia aprendido que eles gostam da vida, como nós, que também acham a natureza bonita, que também há sentimentos de amizade no coração dos esquimós; que, embora o esquimó tenha uma vida de caráter muito rudimentar em comparação com a civilizada, ele é um homem como nós, seus sentimentos, suas virtudes e suas deficiências são baseadas na natureza humana, como a nossa.

Esse relato indica o modo como a abordagem inicial de Boas ao estudo de outras culturas havia sido informada pelo colonialismo, o sentido de superioridade cultural que moldava o trabalho de campo de seus predecessores. Por mais tendencioso que esse parágrafo possa parecer agora, dizer que se viu espelhado no "Outro" foi uma mudança radical para Boas. Por fim, ele trabalhou para tornar a antropologia uma disciplina que não servisse ao interesse do imperialismo cultural branco, vendo-a, pelo contrário, como um potencial campo de resistência, tentando corrigir falsas alegações da superioridade de uma dada cultura, de um modo de vida, sobre outro.

Se Boas não tivesse começado a questionar criticamente sua própria abordagem da etnografia, talvez não estivesse preparado para seu encontro com Hurston. Sua predisposição para desafiar as teorias racistas possibilitou que fosse mais do que um orientador de Hurston; ele também era um aliado. Talvez trabalhar com Boas tenha sido o que inicialmente permitiu a Hurston abordar a antropologia sem criticar conscientemente o colonialismo, o imperialismo cultural, o racismo que faz parte da constituição da disciplina. A noção de "objetividade" e a ideia de que as culturas a serem estudadas estavam necessariamente desaparecendo, morrendo, eram perspectivas informadas pelo imperialismo cultural branco. Em vez de questionar esses pressupostos, Hurston os adotou, aceitando a ideia de que a "objetividade" era tanto uma perspectiva que poderia ser adquirida quanto um ponto de vista vantajoso necessário para o pesquisador. A antropologia permitiu que ela lidasse com seu receio de que a cultura popular negra do sul pudesse desaparecer. Afirmando estar "gravemente afetada por esse pensamento, por praticamente nada ter sido feito no âmbito do folclore negro, sendo que a maior riqueza cultural do continente estava desaparecendo sem que o mundo jamais percebesse que chegou a existir", Hurston imaginou exercer seu trabalho antropológico como um meio de preservação da cultura negra. No entanto, ela nunca declara diretamente para quem deseja preservar a cultura: se para as pessoas negras, para que possamos estar sempre atentos à riqueza e criatividade dos costumes que constituem nossa tradição e nosso legado, ou para as pessoas brancas, para que possam rir do dialeto singular e das histórias divertidas enquanto espiam voyeuristicamente o mundo privado dos pobres negros do sul.

Absorvendo de forma inocente a perspectiva da cultura branca dominante na pesquisa antropológica, Hurston (como antropóloga em formação pelo Barnard College) abordou o trabalho de campo com a "objetividade" que aprendeu ser um componente necessário do trabalho acadêmico. Em *Dust Tracks on a Road* [Trilhas de pó em uma estrada], ela diz aos leitores:

> Meus primeiros seis meses foram decepcionantes. Descobri mais tarde que não era porque não tinha talento para fazer pesquisa, mas porque não tinha a abordagem correta. O glamour do Barnard College ainda pairava sobre mim. Eu continuava a transitar por salões de mármore. Eu sabia bem onde o material estava. Mas perguntei, na linguagem típica de Barnard, com uma entonação cuidadosa: "Por obséquio, você tem conhecimento de algum conto popular ou alguma canção folclórica?". Os homens e mulheres que tinham um mundo de tesouros transbordando pelos poros olhavam para mim e balançavam a cabeça. Não, eles nunca tinham ouvido falar de nada assim por lá.

O fracasso em realizar o que ela esperava com essa tentativa de reunir materiais forçou Hurston a avaliar criticamente a metodologia que tinha aprendido na vida acadêmica. Embora ela sugira, na introdução a *Mules and Men* [Mulas e homens], que a formação universitária foi necessária por ter permitido que "se visse como outra pessoa e se pusesse em perspectiva e olhasse para os próprios trajes", sua abordagem do trabalho de campo mudou. Em vez de colocar uma distância entre si e as pessoas de quem esperava coletar informações, Hurston buscou estabelecer laços íntimos com elas. Ela seguiu um padrão de observação participante que informaria todo o seu trabalho antropológico.

Retrospectivamente, a introdução de *Mules and Men* pode ser vista como um testemunho da acadêmica/antropóloga "fictícia" que Hurston criou em prol de sua obra e de sua narrativa. Ela não conta aos leitores que suas primeiras tentativas de coletar material deram errado por ela ter abordado as pessoas como se seu treinamento a diferenciasse, talvez até a fizesse se sentir superior, e que, como consequência, teve que mudar essa abordagem. Em vez disso, a introdução de Hurston sugere que ela sempre se comportou como se fosse uma das pessoas da comunidade que voltavam para casa, em vez de ser uma pesquisadora que só vinha de passagem, explorando os recursos da comunidade para seus próprios fins acadêmicos. Ela emprega a mesma estratégia que usou no trabalho de campo para formular sua introdução. Ao se apresentar como "gente simples", permite que o leitor não acadêmico desinformado se sinta menos distanciado do processo do trabalho antropológico. Hurston queria que *Mules and Men*, sua coleção de folclore, vendesse. No entanto, a fim de desmistificar a antropologia como disciplina, de torná-la mais acessível, Hurston tem que projetar uma imagem de si mesma que não é totalmente precisa. Sua declaração de abertura, "Fiquei feliz quando alguém me disse que sim, que eu podia coletar histórias do folclore negro", é um bom exemplo da maneira como ela mascara o escopo de seu compromisso intelectual e de suas habilidades analíticas. É essa a estratégia que ela emprega em *Mules and Men*. Essa postura não mostra aos leitores o quanto Hurston exerceu um papel crucial de intervenção na academia, obrigando seus orientadores e colegas acadêmicos a apoiar o estudo do folclore afro-americano. A afirmação de Hurston implica que ela estava apenas seguindo ordens; na verdade, o que ela fez foi definir um terreno.

Essa declaração também pode ser lida como a tentativa de Hurston se pôr no centro da tradição afro-americana da contação de histórias, deixando que o leitor atento percebesse a ironia dessa afirmação — que alguém teria que pedir a ela que coletasse histórias do folclore negro. Hurston tinha um baú de tesouros de material folclórico armazenado no pensamento e no coração. Muitas das histórias que usou em *Mules and Men* já tinham aparecido em escritos anteriores. Ela não precisava de ninguém, muito menos de uma pessoa branca, para lhe dizer quais eram o valor e a importância desse material. No entanto, Hurston entendeu o colonizador e sabia que era melhor parecer que ela estava seguindo ordens, e não agindo a partir de um senso autônomo de agência e poder.

A postura aparentemente modesta que ela assume no início da introdução é reiterada na conclusão. Em homenagem à patrona branca que a ajudou a financiar seu trabalho de campo, Hurston diz:

> Antes de entrar no município, gostaria de agradecer a sra. R. Osgood Mason, da cidade de Nova York. Ela apoiou minha vocação de maneira afetuosa, de maneira espiritual e, além disso, financiou toda a expedição, bem ao modo da Grande Alma que é. A mulher mais corajosa do mundo.

Não há dúvidas de que a última frase desse parágrafo faz uso da linguagem hiperbólica que costumava caracterizar a tradição negra de contação de histórias, uma linguagem frequentemente usada quando a intenção é ridicularizar ou zombar, ou expressar desgosto sob a forma de uma bajulação que explicita sutilmente a verdade. É difícil acreditar que Hurston não se dava conta do imperialismo cultural, da supremacia branca de sua patrocinadora, a sra. Mason. Essa "mulher mais corajosa do mundo" havia forçado Hurston a assinar um acordo legal que especificava que todo material que ela reunisse seria de propriedade legal de sua patrona, e que Hurston só poderia usar esse material quando obtivesse permissão.

Segundo o biógrafo de Hurston, Robert Hemenway, estava evidente para todas as partes envolvidas que Mason financiou o trabalho de Hurston não por generosidade, mas por uma ganância colonizadora, especialmente manifesta em seus esforços para controlar tanto a natureza do trabalho quanto sua apresentação. Segundo Hemenway,

> Hurston viria a colecionar histórias do folclore afro-americano porque a sra. Mason era "incapaz, por causa da pressão de outros assuntos, de realizar a coleta dessas informações pessoalmente". Hurston era empregada como "uma agente independente" para "coletar todas as informações possíveis, tanto escritas quanto orais, sobre música, poesia, folclore, literatura, feitiços, invocações, manifestações de arte e assuntos afins que se relacionassem com e circulassem entre os negros norte-americanos.
>
> Hurston foi proibida de "dar a conhecer a qualquer outra pessoa, exceto aquela que fosse designada pela outorgante em questão [sra. Mason], qualquer dado ou informação".

Motivada a assinar tal acordo porque precisava de apoio financeiro, Hurston pode até ter se divertido com a ideia de que o folclore afro-americano, propriedade comum que não pertencia a nenhum indivíduo, pudesse ser comprado, e a disseminação dele controlada por um senhora branca rica que vivia em Nova York. Hurston pode ter sido ousada a ponto de acreditar que estava "trapaceando" (enganando a sra. Mason) da mesma forma que a figura folclórica High John se mostra mais esperto que o velho Massa.[26]

Ainda assim, deve ter ocorrido a Hurston, quando Mason se recusou a apoiar seu esforço para fazer doutorado em antropologia, que sua patrona não só não queria que ela fosse autossuficiente, mas que também não respeitava sua capacidade intelectual. É claro que ela não queria que Hurston recebesse todo o crédito por seu trabalho ou pudesse trabalhar de forma independente. Mesmo depois de encerrados todos os acordos financeiros com a sra. Mason, Hurston nunca criticou publicamente as motivações de sua patrona branca, nunca falou do seu paternalismo, do seu racismo. Qualquer leitura de Hurston que sugira que ela não se dava conta do ponto de vista supremacista branco de Mason ou que o endossava é muito simplista. Insisto que Hurston sempre pensou em si mesma como alguém que sabia "dar um jeito" nos brancos, ou seja, manipulá-los para seus próprios fins. Ela muitas vezes fazia isso desempenhando o papel da mulher negra fiel e carinhosa, sempre acreditando em seu poder de subverter uma situação sem ser descoberta. Daí o reconhecimento possivelmente irônico do final da introdução, o conto folclórico irônico contido no final do livro, que trata da inversão da dinâmica convencional de poder; e é a última oração declarativa da obra.

---

[26]. Referência a personagens do livro *High John de Conquer*, de Zora Neale Hurston. [N.T.]

Mason, embora parecesse liberal por se associar a pessoas negras, sintetizava o colonizador que mascara seu desejo de controlar assumindo o papel de cuidador. Embora acreditasse que se comportava de maneira não racista, trabalhando para apoiar escritores e artistas negros, ela usava o trabalho deles da mesma maneira que um mestre na *plantation*. O modo que abordava a antropologia era informado pelo colonialismo. Ela acreditava que o uso do folclore por Hurston na ficção e no teatro o desvalorizava e deslegitimava como trabalho com mérito científico, antropológico e acadêmico. Quando Hurston pegou o material que reuniu meticulosamente em seu trabalho de campo e optou por não transformá-lo em uma apresentação nos moldes acadêmicos (seus ensaios no *Journal of American Folklore* mostraram que era capaz de escrever de maneira acadêmica), ela foi contra as expectativas de sua patrona, fazendo com o material o que realmente queria.

Sem confrontar Mason de forma agressiva, evitando assim cortar uma possível via de apoio futuro, Hurston apresentou o material de uma maneira e em um estilo que não correspondiam às expectativas de Mason de modo algum. Embora tenha justificado suas atitudes em uma carta para Boas, na qual sugeriu que foi compelida pelas editoras a tornar seu trabalho mais acessível, essa foi uma linha de conduta compatível com seu amor pela cultura popular. Isso permitiu que Hurston desse forma a *Mules and Men* de maneira a introduzir o folclore afro-americano para um público mais amplo, chamando a atenção para sua genialidade e criatividade. Correspondendo-se com Boas sobre se ele escreveria ou não a introdução, Hurston disse que a editora, Lippincott, queria "um livro bem acessível, que o leitor médio possa entender, e que ao mesmo tempo tenha valor como livro de referência". Ela expressou a ele sua esperança de que a "linguagem não científica com que o livro deve ser escrito para o leitor comum não vá impedir que você escreva a introdução". Tenha sido ou não a editora — ou a própria Hurston — quem teve a iniciativa de que *Mules and Men* fosse acessível a um público de massa, foi essa abordagem que permitiu a Hurston, "a escritora", pôr seu trabalho antropológico em uma estrutura de contação de histórias. A escolha de publicar seu trabalho em um estilo que contrariava as ordens de Mason e a ênfase de Boas na apresentação científica de dados foi um gesto desafiador, que mostra que Hurston não se via como mero fantoche dos benfeitores brancos. No entanto, ela sabia que precisava da apresentação de Boas para dar uma aura de legitimidade à obra e tornar seu trabalho comercializável tanto para o público acadêmico quanto para o público leitor mais amplo. Nesse sentido, novamente, Hurston manipulou as circunstâncias para servir aos seus próprios fins.

Pôr os dados coletados no trabalho de campo em uma estrutura de contação de histórias fez o livro ser tanto uma apresentação do folclore e dos costumes negros do sul quanto uma narrativa das aventuras de Hurston. *Mules and Men* se tornou, então, uma documentação da pesquisa antropológica de Hurston e também um retrato autobiográfico de Hurston como antropóloga. De seu ponto de vista como escritora, Hurston examina a si própria como trabalhadora do campo. Assim como sua experiência universitária permitiu que ela observasse a cultura popular negra de um novo ponto de vista, seu retorno à comunidade de sua infância, Eatonville, permite que ela observe Hurston, a antropóloga em formação, de uma perspectiva diferente. Sua volta "para casa" para fazer trabalho de campo foi de certa forma uma tentativa de autor-recuperação; Hurston estava voltando para aquele "eu" que tinha sido forçada a abandonar a fim de sobreviver no mundo público de uma enorme cidade do norte. Lá, Hurston estava sempre desempenhando o papel de "neguinha" do interior. Em *Mules and Men*, ela não precisa se representar como exibicionista extravagante, sempre se esforçando para ser o centro das atenções.

Ao voltar para o sul, e em especial para Eatonville, Hurston não precisava mais ser o foco do olhar de todos para sentir sua presença reconhecida ou valorizada. A crítica contemporânea sobre Hurston enfatiza sua exuberância, considerando-a um sinal de seu estilo único e sensibilidade. Esse aspecto também era, no entanto, uma reação à alienação. Vindo de uma cultura comunitária de base rural, na qual sua existência era diariamente afirmada por outros, Hurston achava a vida da cidade incrível, desenvolvendo estratégias para garantir sua sobrevivência. De volta a Eatonville, ela podia experimentar a si mesma tanto como indivíduo autônomo quanto como alguém conectado de uma maneira profundamente emocional e espiritual à vida da comunidade. A volta para casa teve tanto impacto na psique de Hurston que ela não conseguia simplesmente transcrever o material descoberto lá como se consistisse apenas em dados científicos. A seu ver, ele estava claramente conectado a hábitos de existência e a um modo de vida.

A atitude de Hurston em relação ao trabalho antropológico se alterou profundamente à medida que ela procurou encontrar a melhor abordagem possível para reunir o material. Depois de sua experiência inicial no trabalho de campo, Hurston começou a fazer perguntas para Boas e outros colegas sobre se as publicações acadêmicas eram ou não o melhor lugar para compartilhar informações sobre a cultura popular afro-americana. A reflexão crítica de Hurston a levou à conclusão de que a maneira de garantir que a cultura popular negra não desaparecesse ou sumisse seria compartilhar essa cultura com um público de massa. Em vez de escrever sobre a cultura popular negra em um estilo acadêmico distanciado, ela escolheu o estilo do povo. Depois de completar sua pesquisa, Hurston disse o seguinte:

> Precisei da minha formação no Barnard College para me ajudar a ver meu povo como ele realmente é. Mas descobri que não daria certo me descolar demais quando me afastei para estudá-lo. Eu tive que voltar, me vestir como eles, falar como eles, viver a vida deles, para poder pôr nas minhas histórias os mundos que eu conheci quando criança.

A experiência universitária deu a Hurston uma estrutura acadêmica que lhe permitiu avaliar criticamente o passado; depois de fazer essa avaliação, era necessário que ela construísse a ponte que superaria a distância. Apesar de sua tentativa de apresentar a experiência no Barnard College como catalisadora de todos os seus esforços de pesquisa, ela já procurava usar o material antropológico para melhorar sua escrita antes de se tornar estudante.

Com *Mules and Men*, Hurston restabeleceu sua conexão com a cultura popular negra do sul, formando uma nova base para essa interação. Algo ainda mais importante do que isso é que o trabalho intelectual renovou seu espírito. Como narradora, como contadora de histórias que preparou o terreno para uma ampla disseminação de contos, aforismos e crenças populares, Hurston se pôs em pé de igualdade com seus informantes. Ela lembrava continuamente aos leitores que fazia essas coisas acadêmicas, mas que, no fim das contas, também era uma contadora de histórias. Usando um ponto de vista antropológico a partir do qual poderia reunir material e, em certa medida, processá-lo cientificamente, Hurston não teria como aceitar plenamente o papel de antropóloga se isso significasse negar sua identidade de escritora. Foi Zora, a escritora, uma das grandes contadoras de histórias de todos os tempos, que transformou *Mules and Men* em uma narrativa convincente, o relato autobiográfico de suas aventuras, a documentação dos costumes populares do sul negro.

Escrever *Mules and Men* permitiu a Hurston reconectar fragmentos de si mesma, juntar a escritora e a antropóloga, possibilitando que a identidade da escritora tivesse precedência sobre o ponto de vista antropológico. Hemenway sugere que "a intimidade é um dos efeitos de *Mules and Men*, um exemplo da habilidade narrativa de Hurston". No entanto, tal interpretação ignora a maneira como o texto transmite — e até mesmo revela — o envolvimento íntimo de Hurston na vida da comunidade. Essa intimidade não era meramente uma pose; o vínculo pessoal de Hurston foi restaurado por esse contato. Entre as pessoas negras com quem compartilhava histórias, ela não era um objeto, um Outro exótico, um "novo negro". Ela não estava desempenhando o papel de "neguinha" feliz — de fiel adoradora no altar da branquitude. Ela fora objetificada de todas essas formas por sua experiência na cidade, nos relacionamentos pessoais e em sua formação acadêmica. Em Eatonville, Hurston era um sujeito da comunidade que falava com outros sujeitos com prazer e troca mútuos.

A desconstrução da relação sujeito/objeto que caracterizava o trabalho antropológico que ela havia estudado estava implícita nessa abordagem. Depois de reunir materiais com sucesso, Hurston pôde escrever sobre sua pesquisa: "Eu gostei de coletar os contos populares e acredito que as pessoas de quem eu os coletei gostaram de contá-los tanto quanto eu de ouvi-los". Essa relação recíproca entre contar e ouvir está presente em *Mules and Men*. Ao longo da obra, Hurston transmite seu prazer e o prazer de seus companheiros, que encontram poder e beleza no ato e na arte de contar histórias.

As tentativas de Hurston de tirar a ênfase da formação acadêmica no campo da antropologia foram bem-sucedidas. Apesar da importante retomada de interesse literário em seu trabalho, promovida e estimulada pelo movimento feminista e por leitoras feministas, se deu pouca atenção a seu trabalho como pesquisadora. Talvez isso seja reflexo do fato de que ela nunca concluiu uma pós-graduação. Seja como for, *Mules and Men* continua a ser uma obra poderosa, transmitindo muito mais sobre o meio em que o folclore afro-americano se manifesta do que trabalhos acadêmicos posteriores. O livro é um recurso inestimável para estudantes de história afro-americana e folclore. Escritos contemporâneos sobre etnografia e antropologia que procuram falar sobre a disciplina e sua história nunca mencionam Zora Neale Hurston. No entanto, ela conquistou o direito de ser mencionada nesses trabalhos. Por exemplo, um ensaio sobre Hurston teria sido um valioso acréscimo à coletânea *A escrita da cultura*, organizada por James Clifford e George Marcus, que afirma ser uma nova discussão crítica sobre a "poética e a política da etnografia". De muitas maneiras, Hurston estava na vanguarda do novo movimento da etnografia e da antropologia, que se concretizou apenas recentemente. Quando Hurston estava viva, não havia um termo como "crítica cultural" para encorajar e validar seu trabalho, nem nenhuma nova abordagem da etnografia que se afastasse das concepções depreciativas do "etnógrafo nativo". Parece ainda mais necessário, então, que haja alguma reavaliação e discussão contemporânea da importância de seu trabalho, de como ela abriu novos caminhos ao fazer o trabalho antropológico cruzar fronteiras, dando-lhe um lugar na cultura de massa, levando-o de volta ao mesmo espaço no qual o folclore afro-americano havia surgido.

15.
a margem como um espaço de abertura radical

Como ponto de vista, perspectiva ou posição radical, "as políticas da localização" convocam necessariamente aqueles de nós que poderiam participar da formação de práticas culturais contra-hegemônicas a identificar os espaços nos quais damos início ao processo de revisão. Quando me foi perguntado, "o que significa gostar de ler *Amada* [de Toni Morrison], admirar *Lute pela coisa certa* [filme de Spike Lee] e ter um interesse teórico pela teoria pós-estruturalista?" — uma das questões "ousadas" formuladas pelo Fórum Focus de Cinema do Terceiro do Mundo —, o lugar concreto em que situei minha resposta foi o domínio da luta política opositiva. Uma pessoa pode experimentar e até mesmo curtir prazeres tão diversos assim porque transgride, porque se desloca "para fora de seu lugar". Para muitos de nós, esse movimento requer fazer pressão contra limites opressivos impostos por raça, sexo e dominação de classe. Inicialmente, então, é um gesto político desafiador. Quando nos movimentamos, confrontamos as realidades da escolha e da localização. Dentro dos domínios complexos e sempre mutáveis das relações de poder, será que nos posicionamos do lado da mentalidade colonizadora? Ou será que continuamos ao lado da resistência política, junto aos oprimidos, prontos para contribuir com nossos modos de ver e teorizar, de fazer cultura, para esse esforço revolucionário que busca criar espaço onde quer que haja acesso ilimitado ao prazer ao e poder de saber, onde quer que a transformação seja possível? Essa escolha é crucial. Ela molda e determina nossa resposta às práticas culturais vigentes, bem como a nossa capacidade de vislumbrar novos atos estéticos alternativos e de resistência. Ela informa a maneira como falamos sobre esses problemas, a linguagem que escolhemos. A linguagem também é um lugar de luta.

Para mim, o esforço para falar sobre questões de "espaço e localização" foi dolorido. As questões que surgiram me obrigaram a investigar "silêncios" — lugares que ainda não tinha considerado na minha evolução política e artística pessoal —, o que foi bem difícil. Antes que eu pudesse considerar as possíveis respostas, tive que encarar as maneiras pelas quais essas questões estavam intimamente ligadas a uma intensa agitação emocional pessoal em relação às ideias de lugar, identidade, desejo. Em uma conversa intensa com Eddie George (membro do Coletivo de Cinema Black Audio) ao longo de uma noite inteira, durante a qual falamos sobre a luta de pessoas oprimidas para desenvolver uma voz, ele fez o comentário pessimista de que "a nossa voz é uma voz ferida". A resposta foi simplesmente que, quando ouvimos uma voz ferida, também ouvimos a dor contida nesse corte: uma fala de sofrimento — muitas vezes esse é o som que ninguém quer ouvir. Stuart Hall fala sobre a necessidade de uma "política de articulação". Ele e Eddie dialogaram comigo de uma forma profundamente comovente, ouvindo minha luta em busca de palavras. Esse diálogo entre camaradas é um gesto de amor; eu me sinto grata.

Tenho tentado mudar a maneira como falo e escrevo, imprimir um sentido de localização na minha maneira de falar, não apenas de quem eu sou no presente, mas de onde eu venho, das múltiplas vozes que existem dentro de mim. Enfrentei o silêncio, a dificuldade de articulação. Quando digo, então, que essas palavras vêm do sofrimento, refiro-me à luta pessoal para dar nome àquele local a partir do qual minha voz se desenvolve — o espaço da minha teorização.

Muitas vezes, quando uma voz radical fala de dominação, estamos falando com aqueles que dominam. A presença dos dominadores muda a natureza e direção das nossas palavras. A linguagem também é um lugar de luta. Eu ainda era uma jovem garota, entrando devagar na vida adulta, quando li as palavras de Adrienne Rich: "Esta é a linguagem do opressor, mas preciso dela para falar com você". Essa linguagem que me permitiu cursar pós-graduação, escrever uma tese, me comunicar em entrevistas de emprego, carrega em si o cheiro da opressão. A linguagem também é um lugar de luta. Os aborígines australianos dizem que "aquele cheiro do homem branco está nos matando". Eu me lembro dos cheiros da minha infância, broa de milho na água quente, nabiça, torta frita. Eu me lembro da maneira como conversávamos uns com os outros, nossas palavras com o sotaque forte da fala do sul negro. A linguagem também é um lugar de luta. Estamos entrelaçados com a linguagem, o nosso ser reside nas palavras. A linguagem também é um lugar de luta. Será que me atrevo a falar com oprimidos e opressores na mesma voz? Será que me atrevo a falar com você em uma linguagem que vai além dos limites da dominação — uma linguagem que não vai prender, deter nem colocar cercas ao seu redor? A linguagem também é um lugar de luta. Na linguagem vive uma luta, ainda que oprimida, para que nos recuperemos, para reconciliar, reunir, renovar. Nossas palavras não são sem sentido, elas são uma ação, uma resistência. A linguagem também é um lugar de luta.

Não é tarefa fácil encontrar maneiras de incluir nossas múltiplas vozes nos vários textos que criamos — no cinema, na poesia, na teoria feminista. Essas múltiplas vozes são sons e imagens que os consumidores comuns acham difícil de entender. Os sons e as cenas que não podem ser apropriadas são, muitas vezes, aqueles sinais que todo mundo questiona, que todo mundo quer apagar, "extirpar". Sinto isso nesse exato momento, escrevendo este texto, quando o leio em voz alta, falando espontaneamente, usando um discurso acadêmico familiar de vez em quando, "falando como a gente fala" — usando a fala vernacular negra, os sons e gestos íntimos que normalmente reservo para interações com a família e entes queridos. O discurso privado no discurso público, uma intervenção íntima, fazer um outro texto, um espaço que me permite recuperar tudo o que sou na forma de linguagem — encontro tantas lacunas, ausências nesse texto escrito. Falar dessas lacunas, pelo menos, possibilita que o leitor saiba que algo foi esquecido, ou que permanece ali, insinuado pelas palavras, na estrutura profunda.

Uma afirmação é constantemente repetida ao longo de toda a *Carta da liberdade*, uma obra que traça aspectos do movimento contra o *apartheid* racial na África do Sul: nossa luta também é a luta da memória contra o esquecimento. Em grande parte das práticas culturais e textos culturais novos e instigantes — no cinema, na literatura negra, na teoria crítica — existe um esforço de rememoração que expressa a necessidade de criar espaços nos quais seja possível resgatar e recuperar o passado, legados de dor, sofrimento e triunfo de modos que transformem a realidade presente. Os fragmentos de memória não são simplesmente representados como um documentário uniforme, mas construídos para dar uma "nova visão" sobre o antigo, construídos para nos levar a um modo diferente de articulação. Vemos isso em filmes como *Dreaming Rivers* [de Martina Attille] e *Ilusões* [de Julie Dash], e em livros como *Mama Day*, de Gloria Naylor. Voltando a refletir sobre espaço e localização, ouvi a afirmação "nossa luta é também uma luta da memória contra o esquecimento"; uma politização da memória que faz uma distinção entre nostalgia — aquele anseio de que algo seja como antes, uma espécie de ato inútil —, daquele modo de lembrar que serve para iluminar e transformar o presente.

Precisei lembrar, como parte de um processo autocrítico em que a pessoa faz uma pausa para reconsiderar as próprias escolhas e o local onde se encontra, traçando minha jornada de vida de cidade pequena no sul negro, das tradições folclóricas, da experiência na igreja, até a cidade, a universidade, os bairros não segregados por raça, os lugares onde assisti a filmes independentes pela primeira vez, onde leio teoria crítica, onde escrevo teoria. Tenho lembranças nítidas, ao longo dessa trajetória, das tentativas de silenciar o desenvolvimento da minha voz. Em minha apresentação pública, pude contar histórias, compartilhar memórias. Aqui também faço alusão a elas. O ensaio de abertura do meu livro *Erguer a voz* trata do esforço para me tornar uma pensadora, artista e escritora crítica em um contexto repressor. Falo de punição, sobre minha mãe e meu pai me silenciando de forma agressiva, sobre a censura de comunidades negras. Eu não tinha escolha. Eu tive que lutar e resistir para me desenvolver nesse contexto, e depois em outros lugares, com o pensamento intacto, com o coração aberto. Eu tive que deixar aquele espaço que chamei de lar para ir além das fronteiras, mas também precisava voltar lá. Na tradição das igrejas negras, cantamos uma canção que diz: "Estou subindo a encosta acidentada da montanha a caminho de casa". De fato, o próprio significado de "casa" se transforma com a experiência da descolonização, da radicalização. A casa às vezes é lugar nenhum. Às vezes, a pessoa só chega a conhecer estranhamentos e alienações extremos. Quando é assim, a casa não é mais um único lugar. São localizações. O lar é aquele local que possibilita e promove perspectivas variadas e mutáveis, um lugar onde se descobre novas formas de ver a realidade, fronteiras da diferença. A pessoa enfrenta e aceita a dispersão e a fragmentação como parte da construção de uma nova ordem mundial que revele mais plenamente onde estamos, quem podemos nos tornar, uma ordem que não exija que esqueçamos. "Nossa luta é também uma luta da memória contra o esquecimento."

Essa experiência de espaço e localização não é a mesma para os negros que sempre foram privilegiados, ou para os negros que desejam apenas ascender de uma classe mais baixa para uma situação de privilégio; não é a mesma para aqueles de nós que têm origem pobre e tiveram que se engajar continuamente na luta política concreta dentro e fora das comunidades negras para afirmar uma presença estética e crítica. Nós, negros vindos de comunidades pobres, das classes mais baixas, que entramos na universidade ou em ambientes culturais privilegiados, que não queremos renunciar às características de quem éramos antes de estarmos lá, todos "sinais" da nossa "diferença" cultural e de classe, que não queremos desempenhar o papel do "Outro exótico", devemos criar espaços dentro dessa cultura de dominação se quisermos sobreviver inteiros, com a alma intacta. Nossa presença em si já é uma interferência. Somos muitas vezes um "Outro", uma ameaça para pessoas negras oriundas de classes privilegiadas que não entendem nem compartilham nossas perspectivas, assim como para pessoas brancas desinformadas. Onde quer que a gente vá, sofremos pressão para silenciar a nossa voz, para cooptá-la e enfraquecê-la. Na maioria das situações, claro, não estamos lá. Ou nunca "chegamos" ou "não podemos ficar". De volta àqueles espaços de onde viemos, caímos em desespero, nos afogamos no niilismo, presos na pobreza, no vício, todos os jeitos pós-modernos de morrer que possam ser listados. No entanto, os poucos de nós que permanecemos nesse espaço "outro" muitas vezes ficamos isolados demais, sozinhos demais. Nós também morremos nesse espaço. Aqueles de nós que continuam a viver, que são "bem-sucedidos", apegando-nos apaixonadamente a aspectos dessa vida "simples" que não pretendemos perder, ao mesmo tempo que buscamos novos conhecimentos e experiências, inventamos espaços de abertura radical. Sem esses espaços, não sobreviveríamos. Nosso viver depende da capacidade de conceituar alternativas, muitas vezes improvisadas. Teorizar sobre essa experiência esteticamente, criticamente, faz parte de um conjunto de ações para uma prática cultural radical.

Para mim, esse espaço de abertura radical é uma margem — um abismo profundo. Ocupar esse lugar é difícil, mas necessário. Não é um lugar "seguro". A pessoa fica sempre em risco. Uma comunidade de resistência se faz necessária.

No prefácio de *Feminist Theory: From Margin to Center*, expressei os seguintes pensamentos sobre a questão da marginalidade:

> Estar na margem é fazer parte do todo, mas fora do corpo principal. Para nós, estadunidenses negros morando em uma pequena cidade do Kentucky, os trilhos da ferrovia eram um lembrete diário de nossa marginalidade. Do outro lado desses trilhos havia ruas pavimentadas, lojas nas quais não podíamos entrar, restaurantes nos quais não podíamos comer e pessoas que não conseguíamos olhar nos olhos. Do outro lado desses trilhos havia um mundo em que podíamos trabalhar como empregadas domésticas, zeladores, prostitutas, contanto que estivéssemos prestando serviços. Podíamos entrar nesse mundo, mas não viver nele. Devíamos sempre voltar para a margem, atravessar os trilhos até os barracos e as casas abandonadas nas periferias da cidade.
>
> Havia leis para garantir que voltássemos. Não voltar era arriscar ser punido. Vivendo como vivíamos — nas bordas —, desenvolvemos uma maneira particular de enxergar a realidade. Passamos a ver tanto de fora para dentro quanto de dentro para fora. Direcionamos nossa atenção para o centro e para a margem. Entendemos os dois. Esse modo de ver nos lembra que existe todo um universo, um corpo principal composto de margem e centro. Nossa sobrevivência dependia de uma conscientização pública contínua sobre a separação entre margem e centro, e de um reconhecimento privado contínuo de que éramos uma parte vital e necessária desse todo.

Essa sensação de integridade, impressa em nossa consciência pela estrutura da nossa vida cotidiana, nos proporcionou uma visão de mundo ancorada na resistência — um modo de ver desconhecido da maioria de nossos opressores, que nos sustentou, nos ajudou na nossa luta para superar a pobreza e o desespero, fortaleceu nosso senso de identidade e a solidariedade entre nós.

Embora incompletas, essas declarações consideram a marginalidade como muito mais do que um espaço de privação; na verdade, o que eu estava dizendo é exatamente o oposto, ou seja, que a marginalidade é também um espaço de possibilidade radical, um espaço de resistência. Foi essa marginalidade que considerei como um lugar central para a produção de um discurso contra-hegemônico que não se encontra apenas nas palavras, mas nos hábitos de existência e de vida. Assim, eu não estava falando de uma marginalidade que alguém quisesse perder — da qual quisesse se livrar ou se afastar à medida que se aproximasse do centro —, mas sim de um lugar onde se fica, e até mesmo ao qual se apega, por alimentar a sua capacidade de resistência. Essa marginalidade oferece a uma pessoa a possibilidade de ter uma perspectiva radical a partir da qual possa ver e criar, imaginar alternativas, novos mundos.

Essa não é uma noção mítica de marginalidade. Ela vem da experiência vivida. Mas quero falar sobre o que significa lutar para manter essa marginalidade mesmo quando alguém trabalha, produz e vive, por assim dizer, no centro. Eu não moro mais nesse mundo segregado do outro lado dos trilhos. A consciência constante da necessidade de resistência era central na vida daquele mundo. Quando Bob Marley canta "Nós nos recusamos a ser o que você quer que sejamos, nós somos o que somos, e é assim que vai ser",[27] esse espaço de recusa, onde se pode dizer não ao colonizador, não ao *downpressor*,[28] está situado nas margens. E só se pode dizer não, falar a voz da resistência, porque existe uma contralinguagem. Embora se pareça com a língua do colonizador, essa contralinguagem sofreu uma transformação, foi irrevogavelmente alterada.

Quando fui embora e deixei esse espaço concreto das margens, mantive vivas em meu coração formas de conhecer a realidade que afirmam constantemente não apenas a primazia da resistência, mas a necessidade de uma resistência que seja sustentada pela rememoração do passado, que inclua lembranças de línguas feridas, nos trazendo maneiras de falar que descolonizem nosso pensamento, nosso próprio ser. Uma vez, quando eu estava prestes a ir novamente para a universidade predominantemente branca onde estudei, minha mãe me disse: "Você pode aproveitar o que as pessoas brancas têm a oferecer, mas não precisa amá-las". Agora, entendendo os códigos culturais da minha mãe, sei que ela não estava me dizendo que eu não devia amar pessoas de outras raças. Ela estava falando da colonização e da realidade do que significa ser formada em uma cultura de dominação, por aqueles que dominam. Ela insistia que eu tinha poder para separar

---

[27]. No original, "We refuse to be what you wanted us to be, we are what we are, that's the way it's going to be". Letra de "Babylon System", música do álbum *Survival* (1979), de Bob Marley & The Wailers. [N.T.]

[28]. *Downpressor* é a versão rastafári de "opressor" e enfatiza que este coloca as pessoas para baixo (*down*). A expressão aparece na música "Downpressor Man", de Peter Tosh, parte do álbum *Equal Rights* (1977). [N.T.]

o conhecimento útil que poderia adquirir do grupo dominante ao ter acesso a formas de conhecimento que levariam ao estranhamento, à alienação e, o que é pior, à assimilação e à cooptação. Ela estava dizendo que não é necessário se entregar totalmente a eles para aprender. Mesmo não tendo estado naquelas instituições, ela sabia que eu poderia me ver repetidamente em situações em que seria "testada", que me fariam sentir que um requisito central para ser aceita era participar desse sistema de trocas para ter sucesso, para "vencer na vida". Ela estava me lembrando da necessidade de resistir e, ao mesmo tempo, me incentivando a não perder aquela perspectiva radical moldada e formada pela marginalidade.

Compreender a marginalidade como posição e lugar de resistência é crucial para as pessoas oprimidas, exploradas e colonizadas. Se vemos a margem apenas como sinal de desesperança, um niilismo profundo penetra de forma destrutiva a própria base do nosso ser. É nesse espaço de desesperança coletiva que a criatividade de alguém, a imaginação, passa a correr risco; é nele que a mente da pessoa é totalmente colonizada, é nele que a liberdade pela qual a pessoa anseia se perde. Um pensamento que resiste à colonização luta verdadeiramente pela liberdade pela qual anseia como se ela tivesse sido perdida. Um pensamento que resiste à colonização luta verdadeiramente pela liberdade de expressão. Pode ser que a luta nem comece com o colonizador; pode ser que ela comece dentro da comunidade e da família segregada e colonizada. Assim, quero chamar atenção para o fato de que não estou tentando reinscrever de modo romântico a ideia de um espaço de marginalidade onde os oprimidos estão separados de seus opressores, como se fossem "puros". O que quero dizer é que essas margens têm sido tanto lugares de repressão quanto lugares de resistência. E como somos capazes de dar nome à natureza dessa repressão, conhecemos mais a margem como lugar de privação. É mais comum ficarmos silenciosos quando se trata de falar da margem como espaço de resistência. É mais comum sermos silenciados quando se trata de falar da margem como espaço de resistência.

Silenciados. Durante os anos em que fiz pós-graduação, muitas vezes me ouvi me expressando com a voz da resistência. Não tenho como dizer que minha fala foi bem-vinda. Não tenho como dizer que minha fala foi ouvida de maneira a alterar as relações entre colonizador e colonizado. No entanto, o que tenho notado é que esses acadêmicos, especialmente os que se autodenominam pensadores críticos radicais, dentre os quais as pensadoras feministas, agora participam plenamente da construção de um discurso sobre o "Outro". Fui transformada em um "Outro" naquele espaço com eles. Naquele espaço nas margens, naquele mundo segregado vivido no meu passado e no meu presente. Eles não me conheceram naquele espaço. Me conheceram no centro. Eles me receberam como colonizadores. Espero aprender com eles o caminho de sua resistência, de como conseguiram abrir mão do poder de agir como colonizadores. Estou esperando para ouvir o testemunho deles. Eles dizem que o discurso sobre marginalidade, sobre diferença, ultrapassou uma discussão sobre quem somos "nós" e quem são "eles". Não falam de como esse movimento ocorreu. A resposta que dou vem do espaço radical da minha marginalidade. É um espaço de resistência. É um espaço que eu escolho.

Estou esperando que parem de falar sobre o "Outro", que parem até de apontar para a importância de falar sobre a diferença. É importante não apenas o que falamos, mas como e por que falamos. Muitas vezes esse discurso sobre o "Outro" também é uma máscara, uma conversa opressora que esconde lacunas, ausências, aquele espaço onde nossas palavras estariam se estivéssemos falando, se houvesse silêncio, se estivéssemos ali. Esse "nós" é aquele "nós" que existe nas margens, aquele "nós" que habita o espaço marginal que é lugar de resistência, não de dominação. Entre nesse espaço. Muitas vezes esse discurso sobre o "Outro" aniquila, apaga: "Não há necessidade de ouvir sua voz se posso falar sobre você melhor do que você pode falar sobre si mesmo. Não há necessidade de ouvir sua voz. Me conte apenas sobre a sua dor. Quero conhecer sua história. E depois vou recontá-la para você de um novo jeito. Recontá-la de tal maneira que se torne minha, minha própria história. Ao reescrever você, eu me reescrevo. Eu ainda sou autor, autoridade. Eu ainda sou o colonizador, o sujeito falante, e agora você está no centro da minha fala". Chega. Nós os recebemos como libertadores. Esse "nós" é aquele "nós" que existe nas margens, aquele "nós" que habita o espaço marginal que é lugar de resistência, não de dominação. Entre nesse espaço. Isso é uma intervenção. Estou escrevendo para você. Estou falando de um lugar nas margens no qual sou diferente, no qual vejo as coisas de forma diferente. Estou falando do que vejo.

Falar desde as margens. Falar como resistência. Abro um livro. A contracapa diz *Never in the Shadows Again* [Nunca mais ficar nas sombras]. Um livro que sugere a possibilidade de falar como libertadora. Apenas quem fala e alguém que está em silêncio. Apenas quem está nas sombras — a sombra de uma porta, o espaço onde imagens de mulheres negras são representadas sem voz, o espaço onde nossas palavras são invocadas para servir e apoiar, o espaço da nossa ausência. Apenas pequenos ecos de protesto. Nós somos reescritos. Somos "outros". Somos a margem. Quem fala e para quem. Onde nós e nossos companheiros nos situamos.

Silenciados. Tememos aqueles que falam sobre nós, que não falam conosco e junto conosco. Sabemos o que é ser silenciado. Sabemos que as forças que nos silenciam, porque não querem nunca que falemos, diferem das forças que dizem: Vamos, conte sua história. Só não fale em uma voz de resistência. Fale apenas desde aquele espaço da margem que é sinal de privação, uma ferida, um desejo não realizado. Fale apenas da sua dor.

Isso é uma intervenção. Uma mensagem desde esse espaço da margem que é um local de criatividade e poder, esse espaço inclusivo onde nos recuperamos, onde nos movimentamos em solidariedade para apagar as categorias de colonizado/colonizador. A marginalidade como local de resistência. Entre nesse espaço. Vamos nos encontrar nele. Entre nesse espaço. Nós os recebemos como libertadores.

Os espaços podem ser reais e imaginários. Os espaços podem contar histórias e desvendar histórias. Os espaços podem ser descontinuados, apropriados e transformados através da prática artística e literária.

Como observa Pratibha Parmar, "a apropriação e o uso do espaço são atos políticos".

Para falar sobre esse lugar em que o trabalho se desenvolve, escolho uma linguagem politizada familiar, códigos antigos, palavras como "luta, marginalidade, resistência". Escolho essas palavras sabendo que deixaram de ser populares ou "legais" — eu me apego a elas e aos legados políticos que evocam e afirmam, mesmo me esforçando para mudar o que dizem, para dar a elas um significado renovado e diferente.

Eu me situo na margem. Parto de uma distinção definida entre a marginalidade que é imposta pelas estruturas opressivas e a marginalidade pela qual se opta como espaço de resistência — como lugar de abertura e de possibilidade radicais. Esse local de resistência é formado constantemente naquela cultura segregada de oposição que representa nossa resposta crítica à dominação. Chegamos a esse espaço passando por sofrimento e dor, passando por luta. Sabemos que a luta alegra, encanta e satisfaz o desejo. Somos transformados, individualmente, coletivamente, à medida que criamos um espaço criativo radical que afirma e sustenta nossa subjetividade, que nos dá um novo lugar a partir do qual podemos articular nosso sentido de mundo.

16.
niilismo elegante: raça, sexo e classe no cinema

A colonização nos tornou colonizados — participantes de rituais cotidianos de poder nos quais, de modo estritamente sadomasoquista, nos comprazemos com maneiras de pensar e ser, maneiras de ver o mundo que reforçam e mantêm nossa posição de dominados. Qualquer tomada de consciência crítica simplesmente realça a realidade das contradições. Muitas vezes ficamos em silêncio sobre como lidamos com essas contradições. Prestar atenção nelas é expor nossa cumplicidade, expor a realidade de que mesmo os mais politicamente conscientes entre nós são muitas vezes constrangidos a nos submeter, a pactuar, por circunstâncias que não controlamos. É certo que no espaço da cultura midiática popular nós, pessoas negras dos Estados Unidos e pessoas negras do mundo inteiro, muitas vezes olhamos para nós mesmos por meio das imagens, por meio de olhos que não são capazes de nos reconhecer verdadeiramente, de modo que não somos representados como nós mesmos, mas vistos pelas lentes do opressor, ou do rebelde radicalizado que rompeu ideologicamente com o grupo opressor, mas vislumbra o colonizado com preconceitos e estereótipos ainda não compreendidos ou deixados de lado. Isso fica mais evidente na produção cinematográfica contemporânea do que em qualquer outro lugar. Mais do que nunca, os diretores de cinema brancos têm buscado incluir imagens e histórias de pessoas negras em seu trabalho. Nesse sentido em particular, a versão para o cinema de *A cor púrpura*, de Alice Walker, foi um divisor de águas, e particularmente ameaçadora e perigosa. Ainda assim, não deixa de ser uma expressão da disposição liberal do realizador para explorar a cultura da negritude como pudesse tratar de qualquer temática. Essa atitude foi culturalmente hegemônica e mostrou que a política radical a respeito da raça mudou muito pouco a maneira como nós, pessoas negras, somos vistas pelas pessoas brancas, e as formas de apropriação do nosso trabalho. Também torna menos precisa nossa capacidade de conhecer e definir o opressor com clareza.

O patriarca branco racista e supremacista que se destaca como agente da opressão racial não faz filmes sobre nós. No entanto, isso não significa que o cineasta branco liberal que usa imagens de pessoas negras em filmes não esteja, consciente ou inconscientemente, criando uma perspectiva cinematográfica que reforce e perpetue a dominação racial. Para falar sobre esses filmes, precisamos expandir nosso discurso crítico, de modo que não estejamos simplesmente chamando um filme ou um cineasta de racistas, mas entendendo a complexidade do que está acontecendo. Estou particularmente interessada em filmes contemporâneos como *O irmão que veio de outro planeta*, *Corações solitários*, *Mona Lisa* e *A pequena loja dos horrores*, nos quais as imagens de pessoas negras operam de várias maneiras — às vezes de modo a reforçar a dominação por meio do uso extensivo de estereótipos negativos, em outras radicalizando e desafiando noções pré-concebidas.

Vi recentemente um filme que põe em xeque esse tipo de abordagem: *Sammy e Rosie*, produção de Stephen Frears/Hanif Kureishi. Ponho esses nomes em pé de igualdade porque os dois filmes que mais tornaram Stephen Frears conhecido nos Estados Unidos, inclusive dentre espectadores não brancos, foram feitos com roteiros de Hanif Kureishi. Juntos, fizeram *Minha adorável lavanderia*. Eles formam um par formidável; o homem branco que tem poder de produzir e dirigir, e o homem não branco que traz uma perspectiva fascinante, que tem consciência da etnicidade, das relações raciais, da política da diferença e da diversidade que são tão importantes no conteúdo desses filmes. No caso de *Sammy e Rosie*, nós, como pessoas pardas e negras, nos espelhamos inicialmente no pensamento de alguém que é como nós, mas não plenamente, porque é filho de mãe inglesa e de pai do sul da Ásia (de alguma forma essa mistura parece ditar seu desejo de entender os dois lados, encontrar o meio-termo). Em sua autobiografia, *The Rainbow Sign* [O sinal do arco-íris], Kureishi expressa preocupação com a política do separatismo racial, defendendo o que considera um modelo mais realista de engajamento construtivo. O que encantou muitos espectadores nos dois filmes que Frears e Kureishi produziram juntos foi a centralidade das pessoas não brancas, bem como as tensões ligadas à raça e ao racismo, particularmente em intersecção com o sexo e a sexualidade, assim como com a luta de classes, retratada de formas que transmitem a complexidade das nossas preocupações, as contradições, os esforços para resistir, para viver em resistência, para que respondamos de forma crítica, ativa e não passiva ao mundo que nos rodeia.

Sammy e Rosie, como representação cultural do nosso fascínio contemporâneo pela diferença — especialmente porque este se torna cada vez mais o assunto "da vez" na arte e no discurso teórico —, é um texto útil para qualquer discussão sobre os perigos, os riscos implicados quando se produz uma arte que pretende desafiar e subverter a política de dominação, uma arte que pretende resistir. Quando falo desses perigos, penso nas políticas de inclusão e apropriação: ambas me parecem ser atos territoriais que ocorrem nesse filme. A inclusão é apresentada como um esforço para criar representações culturais que reflitam a vida em uma cultura plural, a diversidade racial, as nossas várias experiências. Parte de uma nova geração de artistas e críticos culturais que não são capturados pelo racismo e machismo conservadores da cultura dominante, alguns de nós — e Kureishi é um bom exemplo de alguém assim — queremos expressar a vida conforme a temos vivido, chamando a atenção para nossa participação em um contexto social no qual o branco nem sempre é o que está no centro, onde a preocupação central pode ser a subversão do *status quo* — onde possamos nos ver engajados ativamente na resistência contínua a políticas de dominação. Em suas peças e escritos autobiográficos, Kureishi se dedica a expor aspectos opressores da cultura dominante heterossexista branca, assim como as formas pelas quais as culturas dos pardos e negros se transformam à medida que internalizamos uma mentalidade colonizadora, agindo em cumplicidade com forças que oprimem e exploram, e traçando, por fim, o terreno da nossa resistência. A ousadia de Kureishi é revigorante e instigante, uma vez que a autocensura, a relutância em falar sobre aspectos de nossa realidade que não reforçam a assimilação ou a promoção da condição das pessoas com as suas características raciais e/ou étnicas, tem sido uma das expressões mais profundas do modo que internalizamos a mentalidade do colonizador. Em sua obra autobiográfica, ele expressa estar comprometido e determinado a ser aberto e franco quanto à sua visão da realidade, o que significa que nos mostra não apenas as áreas pouco politicamente corretas de sua perspectiva, mas também lugares pantanosos, sombrios e confusos; eles estão presentes no filme. A política de Kureishi é inclusiva, e ele não ignora o modo pelo qual os brancos liberais e radicais se engajam no processo de apropriação, particularmente no que se refere à atual produção cultural de trabalhos artísticos que enfocam diferenças de raça, sexo e classe. Ele também se apropria. A questão problemática é: com que propósito?

Em *Sammy e Rosie* e outros filmes contemporâneos de diretores brancos que se concentram em personagens negras ou pessoas não brancas, as experiências dos negros oprimidos, especificamente de pessoas negras de pele escura, são apropriadas como pano de fundo pitoresco e envolvente, incluídas de uma maneira que estimula o interesse (só o fato de vermos tantos negros diferentes na tela é definitivamente algo novo), mas a realidade delas muitas vezes fica submersa, obscurecida, distanciada, para que possamos focar nossa atenção ainda mais intensamente nas personagens cuja realidade realmente importa. Kureishi baseou a primeira cena de *Sammy e Rosie* em um incidente real no qual Cherry Groce, uma mulher negra, ficou paralítica ao ser acidentalmente baleada em uma batida policial. Embora a intenção de Kureishi possa ter sido expor os espectadores à crueldade e indiferença da polícia branca, que invade o prédio habitado em sua maioria por negros, a cena é filmada de tal forma que não favorece esse propósito. A cena de abertura mostra uma mulher negra jogando o óleo quente no qual cozinha batatas fritas nos policiais brancos. Isso sabota a ideia de que ela está sendo alvejada acidentalmente, sugerindo que, por mais violentos que sejam os policiais, eles reagem ao que acreditam ser uma ameaça. Esse momento do filme é tão sutil, passa tão rapidamente, que é fácil não reparar nele. A cena foi filmada como se o cineasta não pudesse simplesmente retratar os policiais brancos atirando na mulher em seu fogão sem terem sido provocados. Assistimos a essa morte bastante violenta de uma mulher negra, que desencadeia uma série de rebeliões raciais, e tudo isso se transforma em pano de fundo para o drama de Sammy e Rosie. Se havia alguma intenção de retratar a dor sofrida pela opressão e violência sistemática na vida das pessoas negras de classe mais baixa da Grã-Bretanha, ela é minada não apenas pelo movimento "espetacular", eletrizante e ágil das cenas, mas também pela forma como são retratadas como mera farsa. O realismo embutido nessa imaginação se perde, e o que permanece é apenas a qualidade do espetáculo recreativo e violento.

O que mais chama a atenção são as ações e as reações dos brancos (bem, do ponto de vista cinematográfico, isso certamente não é novidade). A indiferença dos brancos que não são oprimidos, embora se considerem politicamente corretos, que testemunham a dor dos oprimidos, que simpatizam com eles e depois os ignoram, é espelhada pelas pessoas pardas, de pele mais clara, quase brancas. Essa é a mensagem satírica profunda do filme, quando aparece como sátira, sua crítica social — pois diz que as pessoas brancas e bacanas, e talvez até os não brancos legais, que supostamente "entendem" o que acontece com os oprimidos, na verdade não se importam de uma forma relevante, especialmente quando se importar significa renunciar ao centro do palco ou privilégio. Isso aparece bem em duas cenas maravilhosas, uma na qual Sammy se masturba, come cheesebúrguer, ouve música e cheira um pouco de cocaína enquanto a rebelião continua, e a cena em que Rosie caminha em meio à ação violenta, parando por um momento para tirar fotos. Em vez de se apropriar do trabalho dos servos negros para construir impérios, essas pessoas brancas "legais" se apropriam da dor e da paixão dos oprimidos para construir imagens de si mesmas como politicamente corretas, como sendo diferentes dos brancos opressores que não levam uma vida mais diversa, mais variada e intensa, que não "põem as mãos à obra". Ainda que as plateias tenham rido dessas contradições, ficou óbvio nos comentários dos alunos brancos de Yale durante essas cenas que eles riam porque se identificavam com a indiferença de Sammy, com seu narcisismo, não de maneira crítica ou subversiva. O pai de Sammy, Rafi, como adulto patriarcal não branco, expõe repetidamente as respostas superficiais de seus "filhos" à opressão real. No entanto, ele também sucumbe ao narcisismo e, o que é pior, ao desespero.

Dados os elementos farsescos do filme, nunca se sabe exatamente quando uma cena deve ser levada a sério. Ao escrever sobre as filmagens de *Minha adorável lavanderia*, Kureishi comenta:

> Decidimos que o filme teria um quê de gângster e de suspense, já que os filmes de gângster são a forma que mais se aproxima da cidade, com as gangues e a violência que lhe são próprias. Além disso, decidimos que o filme seria divertido, mesmo com referências ao racismo, ao desemprego e ao thatcherismo. A ironia

é o modo moderno, uma maneira de se falar da desolação e da crueldade sem cair na rabugice e no didatismo.

Esses comentários se aplicam também à estratégia de *Sammy e Rosie*, que, ainda mais que o primeiro filme, "diverte" ao justapor a vida das pessoas da periferia que se opõem à dominação com aquelas que não sabem bem onde se situam. A ironia de Kureishi nem sempre se faz entender. Às vezes, ele parece sugerir no filme que a resistência ao racismo, ao machismo e a outras formas de dominação assume a característica de espetáculo e farsa, porque as forças a serem superadas são poderosas demais, uma abordagem bastante desesperadora. Não é de surpreender que algumas plateias não reparem na ironia e pensem que a mensagem é que a pessoa deve focar no prazer pessoal para ter alguma satisfação na vida, já que não há como dar um basta à opressão.

Conversei com um homem negro de vinte e poucos anos, nascido na Grã-Bretanha, que assistiu a *Sammy e Rosie* duas vezes com companheiros brancos que simplesmente "amaram" o filme. Ele sentia ser impossível expressar o motivo pelo qual não tinha gostado. "Nunca vi um filme que me fizesse sentir tão impotente", contou. "Enquanto assistia, fiquei zangado com a maneira como os negros eram usados." Conversamos sobre as imagens de mulheres negras e pardas no filme; elas foram retratadas de maneira muito negativa e, às vezes, estereotipada. Em seu diário de filmes, Kureishi fala sobre uma mulher branca que lê o roteiro e pergunta a ele: "Por que você desenvolveu as personagens das mulheres negras, Vinia e Rani?". Ele não conta se respondeu; apenas registra o aborrecimento com a pergunta. Se eu estivesse lá, teria sentido vontade de saber por quê, assim como em *Minha adorável lavanderia*, a personagem mulher do sul da Ásia que tem perspectivas políticas radicais é retratada como "histérica" ou até, poderíamos dizer, monstruosa. Ela e a mulher negra com quem tem um caso estão "a fim" de confronto; elas querem que Rafi se responsabilize pelas próprias atitudes. Elas são retratadas como rígidas e sem graça, como na cena em que Sammy diz que ela é uma idiota. Não existe o menor indício de ligação entre Sammy, Vinia e Rani, mulheres negras aparecem constantemente na tela e são descartadas, como adereços que são retirados depois de cumprir sua função. A "mãe" negra assassinada no início do filme e a mãe negra ausente do menino negro que Danny (homem negro que tem um caso com Rosie) costuma levar consigo são dois exemplos disso. Em uma das cenas, Rafi encontra Danny andando com uma mulher negra e uma criança, e o convida para uma festa. A mulher negra não é incluída. Ele entrega a criança para ela e sai com Rafi.

A identificação com o personagem de Danny reforça a sensação de impotência sentida pelo homem negro mencionado anteriormente. Danny, também conhecido como Victoria — um nome que sugere que pode ser tanto homem quanto mulher, masculino e feminino —, diz a Rosie que a mulher negra assassinada cuidou dele quando era criança, mas ele não sabe como reagir à morte dela. Não participa do protesto, mas também não se aflige. Em vez disso, parece estar totalmente distraído pelo desejo sexual que sente por Rosie. Danny entra em cena como um *outsider* fantástico, o rebelde que observa e elabora antes de agir. No entanto, tem dificuldades constantes para responder a situações políticas, encontrando consolo no domínio do desejo. O desejo de Danny por Rosie o impede de se envolver em um reação política efetiva. Quando chega à cena do crime, só tem olhos para Rosie. O filme como um todo retrata mulheres brancas sendo cobiçadas por homens não brancos. Alice, com quem Rafi tem um caso, diz a ele: "O que salva você é o pênis", criticando tanto o machismo de Rafi quanto o modo que ele molda e informa seu desejo sexual. Ainda assim, ela não o dispensa. Como Sammy, Rafi e Danny usam a sexualidade como maneira de escapar de sua incapacidade de reagir politicamente. É como se a impotência sentida por esses homens do Terceiro Mundo — a impotência que sentem para impedir a dominação, não passando de colaboradores e perpetradores, seja por passividade, seja por ação direta — os tornasse incapazes de encarar a realidade. Rafi internaliza os valores dos colonizadores brancos e chama agressivamente a atenção de Rosie para o fato de que foi com os imperialistas brancos que o Terceiro Mundo melhor aprendeu a arte da opressão como meio de controle social. As mulheres brancas aparecem no filme como prêmio de consolação que os homens não brancos recebem como recompensa por sua traição. Os corpos femininos brancos se tornam o local no qual o homem não branco encontra consolo para a dor que sente.

Rosie é a "feminista" branca por excelência. Quando não está transando, ela se junta a mulheres brancas e não brancas para criticar a masculinidade. Convenientemente, a competição sexual por homens não afeta esses vínculos, já que as duas mulheres negras mais visíveis são lésbicas. A mãe de Sammy é uma presença ausente não branca que foi descartada por Rafi porque ele a considerava "feia". A mãe de Danny está ausente. O menino negro que ele muitas vezes leva consigo não tem uma mãe negra visível, de modo que Danny parece ser a principal pessoa a cuidar da criança. Depois que Rosie faz sexo com Danny, ela é retratada acariciando o menino negro, como se assim passasse a ser um símbolo de cuidado e maternidade. Bem, nada disso deveria surpreender. Vamos aos fatos: já na primeira cena, a mulher negra como mãe é varrida do planeta. Se as mulheres negras são o lixo a ser descartado, e os homens negros e pardos não têm uma resposta relevante para essa agressão e violação (não temos ideia de como o filho da mulher negra reage à sua morte; afinal, ele também é descartado como pano de fundo), então o genocídio se completa; a cultura e as pessoas são efetivamente "apropriadas", destruídas, "eliminadas".

Em um determinado momento do filme, Danny e Rosie transam, Sammy e Annie transam, Rafi e Alice transam, ao ritmo de homens rastafáris negros cantando "My Girl" [Minha menina]. Trata-se de uma farsa e de um espetáculo em sua melhor forma, o que é enfatizado pelo fato de que os caras sabem cantar bem. Como mulher negra, assistir a essa cena me impressionou pelo uso de uma música que veio da cultura afro-americana segregada, como uma expressão de amor possessivo entre homens negros e mulheres negras, evocada aqui para celebrar esse espetáculo inter-racial de homens não brancos com mulheres brancas. Achei essa cena muito divertida. Ela expõe as contradições em jogo de forma contundente. No entanto, quando parei de rir, senti que sua mensagem poderia ser assustadora e mesmo ameaçadora, porque não promovia abertamente uma reflexão crítica sobre a ausência de mulheres negras, e poderia facilmente ser vista como não se desse importância a essa questão, à violência sexual e racial contra mulheres não brancas por mulheres e homens brancos (é visível que Rosie fica sexualmente excitada quando Danny compartilha com ela que a mulher negra que foi assassinada cuidou dele quando criança). Essa cena, se vista como comentário irônico, é muito poderosa e se torna bastante trágica; a gente começa rindo e termina aos prantos. Conversando a respeito com vários espectadores brancos, não me surpreendeu ouvir que não percebiam a ironia, que viam essas cenas como uma celebração do sexo e do desejo, como um ponto de encontro entre raça e etnia. O modo que responderam chama novamente a atenção para a questão de saber se a ironia, por si só, pode ser usada para promover a consciência crítica. Parece pressupor um espectador politicamente consciente, que consegue ver o que está e o que não está sendo mostrado.

Só pensei no aspecto trágico dessas cenas depois de tê-las apreciado como espetáculo. Antes que eu pudesse me dar plenamente conta da tragédia, antes que a cena pudesse se assentar em mim e me sugerir uma nova perspectiva, ela mudou. A harmonia é reestabelecida na diversidade; a máquina imperialista eliminou as casas das pessoas que vivem na periferia, que são multirraciais. Cadê o luto por essas pessoas que foram desalojadas, pessoas cujos mundos são constantemente destruídos? Será que devemos lamentar quando Danny grita alegremente: "Tô saindo"? Será que nos damos conta da tragédia que existe por trás dessa fachada de tranquilidade? Claro, a saída de Danny possibilita que Sammy e Rosie fiquem juntos. Possibilita que Sammy aja como se finalmente quisesse se esforçar para ter um relacionamento significativo com seu pai. Mas é tarde demais — Rafi se enforca. Essa expressão profundamente trágica da incapacidade das pessoas pardas para agir de forma colaborativa em um contexto de perpetuação da dominação, ou da nossa incapacidade de tornar a revolução possível, não consegue proporcionar um momento comovente.

Nosso olhar se distancia de Rafi e se volta novamente para Sammy e Rosie, que vemos na cena final juntos, no chão, em sua unidade heterossexual, balançando para a frente e para trás, chorando e se beijando, como se mais uma vez o desejo mediasse a dor do luto e da tragédia. Sammy, como filho do Terceiro Mundo, busca conforto junto à Madre Rosie, que considera abdicar de seu papel materno por um breve momento, mas depois é atraída de volta para o núcleo familiar. Esse final sugere que a mulher branca "feminista" legal, politicamente correta (será que me atrevo a dizer?), que se identifica tanto com negros quanto com lésbicas, quer estabelecer um relacionamento com o Terceiro Mundo no qual tenha um papel dominante como a mãe que cuida, replicando de uma forma ligeiramente invertida a posição paternal dos homens imperialistas brancos. A princípio, o filme pareceu criticar sutilmente Rosie, expondo o modo como ela se apropria da dor da população do Terceiro Mundo, nossos problemas e nossa sexualidade, mas o final tradicionalmente romântico reafirma a sua posição. Desde o início, Sammy é cúmplice dessa apropriação, tanto a acolhendo quanto a incitando, ainda que Rosie, como figura dominante, suporte o peso e lide com a tensão decorrente disso. Isso me fez lembrar do filme *Destino insólito*, de Lina Wertmüller, no qual a mulher branca também é símbolo de dominação. É curioso como o homem branco está ausente de ambos os filmes, de forma mais nítida nas primeiras cenas, e depois como um opressor distante, nas sombras.

Quando saí do filme, apertando com força meu ingresso, me senti machucada, revirada por dentro, perturbada. Percebi que o ingresso dizia simplesmente "Rosie". E pensei, enfim, que o filme tratava sobretudo de Rosie, da natureza de sua política e de seu desejo. Mesmo a primazia dada à presença de Rafi, a natureza convincente da história, ficam em um plano menor por causa do foco atribuído a Rosie. Em seu diário de filmes, Kureishi afirma que a personagem de Rosie é baseada em Sarah, uma amiga branca, revelando de forma lúdica e autocrítica ter passado a chamar o filme de "Hanif é remunerado, Sarah é explorada", um título que chama a atenção com muita clareza para o poder masculino branco invisível que produz, dirige e faz os pagamentos nos bastidores.

Dois homens (um pardo, um branco) criam outro texto patriarcal, no qual uma mulher, no caso uma mulher branca, e todas as pessoas pardas e negras que agem como pano de fundo "não branco" são estrelas impotentes — um texto no qual os dois homens chamam a atenção de forma lúdica para o fracasso daqueles que são dominados, e daqueles radicais que agem em solidariedade, engajando-se em uma resistência significativa. Rosie é um símbolo do radicalismo moderno fracassado. E ela não é a única. Ela personifica o desamparo, a impotência, que recai sobre muitas pessoas legais e conscientes politicamente. Ela é elegantemente niilista! Quando Rosie fala com Danny sobre seu passado, ela se diz vítima de violência e abuso paterno. Sua tentativa de tratar Sammy de forma materna e o débil esforço que despende para deixar de agir como mãe mascaram o fato de que ela também não consegue crescer, não consegue encarar a realidade. Esse é o comentário profundamente desolador do filme, uma mensagem que não subverte nem liberta. O título original, *Sammy and Rosie Get Laid* [Sammy e Rosie transam], pode ser lido, por fim, como uma declaração não sobre o que eles fazem com o próprio corpo, não sobre o desejo, mas sobre o que é feito com Sammy e Rosie. Ambos são constantemente fodidos por sistemas políticos que não confrontam nem alteram efetivamente. Eles se escondem no desejo, no espaço narcisista de anseio em que a diferença — em vez de ser um novo lugar de resistência e revolução, de combate à dominação — vira cenário de um grande espetáculo, um *playground* alternativo.

17.
representando a branquitude: *Asas do desejo*

O filme *Asas do desejo*, de Wim Wenders, lançado em 1988, foi muito bem recebido pela crítica e adorado por frequentadores de cinema de toda parte. Eu, porém, achei o filme muito estilizado, tão empenhado em imprimir seriedade diante do público que havia momentos em que eu só queria rir, e havia momentos monótonos em que me sentia simplesmente entediada. Como cheguei cedo no cinema, sentei em um lugar que me permitiu observar as pessoas que vinham assistir a esse filme tão badalado. Ao meu redor estavam espectadores que tinham visto o filme muitas vezes. Mastigando pipoca e procurando onde sentar, eles elogiavam Wenders. Como muitas vezes acontece em exibições desse tipo de filme de arte, havia poucos espectadores negros (três de nós). Fiquei curiosa para saber de que maneira as duas mulheres negras tinham visto o filme, mas não me atrevi a perguntar (afinal, elas talvez não se "vissem" como negras).

Assisti a *Asas do desejo* com uma amiga feminista branca politicamente consciente que adorou o filme e o estava vendo pela segunda vez. Não resisti a provocá-la, dizendo: "Como você pode gostar tanto desse filme se todas as estrelas homens são anjos e a estrela mulher é trapezista? Essa não é a fantasia de todo homem hétero?". Ela não entendeu. Então eu disse: "Aquelas mulheres que conseguem curvar o corpo em qualquer posição, sabe? Como nos quadros do Modigliani". Mais tarde eu disse: "Então, por que você não me disse que o filme era sobre a angústia branca alemã?". Ela não entendeu. "Você sabe", eu declarei, "é mais um daqueles filmes em que a cultura branca pós-moderna olha para si mesma de maneira um tanto crítica, fazendo mudanças aqui e ali, e depois se apaixona por si mesma novamente." Ela continuou sem entender. Desisti e comecei a falar inglês, isto é, a falar uma língua que ela pudesse entender (sem códigos negros subalternos).

Sério, esse filme me fez pensar profundamente sobre a cultura branca, mas não apenas em termos de cor de pele — e sim da branquitude como conceito subjacente ao racismo, à colonização e ao imperialismo cultural. O primeiro filme de Wenders, *Paris, Texas* (uma obra que considero interessante e problemática), não abordava a branquitude como uma questão. *Asas do desejo* evoca imagens daquela branquitude colonizadora imperialista que dominou grande parte do planeta. Essa imagem é reforçada pelo uso de pessoas não brancas como pano de fundo "colorido", um gesto que não foi de forma alguma subversivo e prejudicial, já que grande parte do filme é uma tentativa de representar a cultura branca sob uma nova luz. Ao falar a respeito com amigos brancos que estavam encantados com a magia desse filme, reagi dizendo que ele era apenas "branco demais". Eles me olhavam daquele jeito frustrado que é tão popular hoje em dia, como quem dizia "sem essa de racismo de novo, por favor", e me explicaram, afinal, que Berlim é uma cidade branca. É claro que eu tive que lembrá-los da presença dessas pessoas negras e pardas ao fundo — nenhuma das quais eram anjos ou trapezistas. E de que, não, Berlim não é exclusivamente uma "cidade branca".

Conversando com pessoas negras que são frequentadoras assíduas de cinema e, como eu, não conseguiram curtir esse filme, fiquei aliviada. Houve uma exceção, uma mulher negra, também "terrorista cultural" (um nome pelo qual nos chamamos de brincadeira) que gostou do foco do filme na questão da história e da memória. Eu não consegui entender como não percebeu a ligação entre essas questões e a cultura branca. Fiquei surpresa por ela não ter refletido sobre a questão básica do motivo pelo qual todos os anjos eram brancos. A reação dela foi me perguntar se eu "realmente conseguia imaginar anjos negros". Pensei imediatamente nos anjos negros (bonecos feitos à mão) pendurados na minha cozinha. Fiquei surpresa por ela nunca ter visto os anjos de rosto pardo na arte talismânica etíope, trabalho muito mais antigo que desenhos figurativos.

"Como assim?", exclamei. "Tenho um daqueles anjos pintados em um pergaminho na minha sala de estar! Vejo anjos negros todos os dias." Continuamos a falar sobre o filme, sobre como a etnia molda ou não nossa sensibilidade para ver. Até tentamos investigar se eu tinha tido algum trauma racista no dia em que vi o filme, o que poderia ter me tornado mais consciente do problema. Minha insistência era no fato de que a questão aparecia na obra em si.

O cineasta Wim Wenders situa essa obra em um contexto europeu decididamente branco, com um foco subjacente na civilização ocidental e na história. Em uma entrevista publicada na revista *Cineaste*, Wenders discute a importância de não esquecer a história, relacionando-a ao filme: "Se há alguma resposta à geração dos meus pais ou à anterior à deles, é o modo como tratam a história depois de 1945. Eles tendem a fazer com que todos se esqueçam dela, o que torna impossível lidar com o assunto".

Com a inserção de imagens da Berlim devastada pela guerra e pelo nazismo, Wenders incita o público a rememorar. Se, como ele sugere, os anjos são "uma metáfora da história, uma memória particular", todos teríamos visto esses anjos de maneira diferente se não fossem predominantemente homens e brancos. De muitas maneiras, o filme tenta criar um espaço de alteridade no qual seja possível reconceitualizar a masculinidade branca e criticar a história imperialista patriarcal branca. O projeto levanta perguntas sobre se a narrativa alternativa que Wenders constrói realmente subverte ou desafia perspectivas antigas. O trabalho de Wenders representa uma tendência a reexaminar velhas narrativas de resistência, presentes nos círculos estéticos de vanguarda branca. *Asas do desejo* não cumpre essa promessa. O filme não conta uma nova história.

Homero, o velho escritor/contador de histórias, afirma seu anseio por outra narrativa, mesmo quando testemunhamos sua nostalgia por aspectos sentimentais de outra época. Ele se recupera através da memória, através do ato de contar histórias. Em entrevista ao *Film Quarterly*, Wenders fala do seu fascínio e de como seu interesse em contar histórias se renovou:

> É uma das coisas mais reconfortantes que existem. Parece que isso se fundamenta em assegurar que existe um sentido para as coisas. Como o fato de que crianças querem ouvir histórias quando vão dormir. Não estou dizendo tanto que querem saber disso ou daquilo, mas que querem ouvir histórias porque elas lhes transmitem segurança. A forma criada pela história conforta as

crianças de tal forma que podemos contar quase qualquer história para elas — o que realmente é possível. Portanto, há algo muito poderoso nas histórias, algo que traz segurança e uma sensação de identidade e significado.

Para muitos dos espectadores que assistem a *Asas do desejo*, uma história reconfortante pode ser uma narrativa que traga a promessa de uma possibilidade de mudança radical na história europeia, na cultura branca. É importante, então, que o principal significante dessa mudança seja a rejeição pelos homens brancos (os velhos contadores de histórias, os anjos principais, Damiel e Cassiel) da violência destrutiva simbolizada pela guerra e pelo holocausto genocida. A masculinidade imperialista é negada, e a nova visão evocada pelo estilo angelical é de um mundo no qual os homens brancos visionários exalam presença divina e consideram a vida sagrada. É isso que eles fazem como anjos. É isso que fazem como homens. Peter Falk (interpretando a si mesmo), em passagem por Berlim para fazer um filme de detetive, se une a Damiel, compartilhando que havia sido um anjo. Como Peter preserva a capacidade de reconhecer a presença divina, é capaz de conectar a percepção dos anjos à dos mortais. Durante grande parte do filme, os anjos masculinos usam o corpo de forma que subvertem a fisicalidade masculina tradicional; seus movimentos sugerem ternura e gentileza, nunca agressividade ou brutalidade. No entanto, a crítica implícita do filme à masculinidade de caráter opressor é minada pela reinscrição da ligação masculina machista em relação ao desejo sexual.

Apenas os anjos masculinos repudiam essa forma de ligação. Capazes de sentir uma empatia compassiva e uma generosidade abundante, Damiel e Cassiel se deslocam pela cidade fazendo conexões com mortais sensíveis, com indivíduos feridos que precisam de cura. Testemunhamos seus gestos carinhosos, a maneira como parecem compreender os anseios um do outro, expressando o vínculo que têm com olhares profundos e penetrantes. Às vezes Damiel e Cassiel se olham de forma sensual, evocando uma aura de ligação homoerótica angelical. No entanto, a amizade entre eles se transforma quando Damiel se sente atraído por Marion, a desejada mulher "mortal". Perto do fim de *Asas do desejo*, Damiel encontra Marion pela primeira vez em um show de rock. Cassiel parece estar angustiado com a iminente separação de seu amigo. Há um momento poderoso em que ele se volta para a parede, com as mãos cobrindo o rosto como se estivesse profundamente ferido. Do outro lado da parede, o vínculo erótico entre Marion e Damiel toma forma. A perda de conexão significativa entre os anjos sugere que a ligação homossocial, por mais inocente que seja, deve se tornar secundária à realização do desejo heterossexual.

A relação entre Damiel e Marion é basicamente uma reafirmação romântica da primazia do amor heterossexual. Ironicamente, apesar de seu passado angelical, Damiel aborda o desejo heterossexual de modo muito familiar. Seu desejo por Marion se manifesta pela primeira vez por meio de um olhar objetificador; ela é o objeto de seu olhar. Ao observá-lo contemplando Marion, me lembrei da declaração de John Berger em *Modos de ver*, citada frequentemente:

> Os homens agem, as mulheres aparecem. Os homens olham para as mulheres. As mulheres olham para si mesmas como alguém

a ser visto. Isso determina não só a maioria das relações entre homens e mulheres como também as relações das mulheres consigo próprias. O vigilante da mulher dentro de si própria é masculino; a vigiada, feminina. Assim, a mulher transforma-se a si própria em objeto — e muito especialmente num objeto visual: uma visão.

Wenders certamente não reescreve esse roteiro. Ele o dramatiza de forma visual. O público primeiro vê Marion trabalhando como trapezista, com cada movimento do corpo sendo assistido por homens. Seus olhares voyeuristas se voltam para Marion, assim como o nosso. Ela está pouco vestida; eles estão totalmente vestidos. Nós, espectadores, estamos totalmente vestidos. Como os movimentos de Marion no trapézio são de difícil execução, dependendo de habilidade física, ficamos ainda mais hipnotizados. O traje da trapezista e os homens que a observam desviam a atenção do esforço físico empregado por ela, e seus movimentos corporais são sexualizados.

Os comentários de Berger sobre a presença masculina sugerem que ela é definida pelo poder, pelo que ele "pode fazer por nós ou para nós". Ao longo de grande parte do filme, ficamos impressionados com o modo de Damiel se comportar, com o que ele faz. Observamos as atitudes que ele toma. A maneira como toca os corpos repetidamente não é sexualizada. Por outro lado, cada movimento de Marion no palco ou fora dele é sexualizado. Como sugere Berger, a presença feminina da trapezista é determinada por sua atitude: "Uma mulher tem de tomar conta de si própria permanentemente. Está quase sempre acompanhada pela imagem que tem de si. [...] Desde a mais tenra infância, ela foi educada e persuadida a 'ver o que faz'".

Quando Marion para de trabalhar e volta para seu trailer, nós a observamos examinando a si mesma, inspecionando o próprio rosto no espelho. Somos postos na posição de *voyeurs*, assim como o angelical Damiel. O modo que observa Marion em seu espaço privado (não identificado e invisível) pode ser visto como benevolente, já que ele é um anjo. Na cena em questão, Damiel pode ser visto como guardião, como protetor. É uma interpretação possível. Outra seria observar que há uma mensagem implícita: a de que o manto angelical é um disfarce que marca a realidade potencial do olhar de Damiel, especialmente quando mais tarde testemunhamos esse olhar adquirir um caráter intenso de luxúria. Construir um anjo masculino que tanto protege quanto deseja a mulher incauta e inocente é um gesto mais fundamentalmente ligado à valorização patriarcal da dissimulação do que a um repensar radical da masculinidade coercitiva.

Colocar homens como anjos sem asas não é um gesto isento de ambiguidade. Nós os observamos sabendo que devem ser vistos como figuras de inocência, embora reconheçamos simultaneamente que são personificados como homens. Toda vez que posicionavam as mãos sobre o corpo das pessoas, eu contrastava aquele toque atencioso com a realidade do homem branco que desrespeita e viola o espaço corporal de outras pessoas. Ao longo do filme, os espectadores devem acreditar que a condição angelical distribui o poder, de modo que não é prejudicial. No entanto, é difícil enxergar um conteúdo subversivo nessas imagens quando agências de homens brancos, como o FBI e a CIA, assim como seus equivalentes em Berlim, querem que acreditemos que o modo que vigiam o planeta serve para nosso próprio bem. Como podemos confiar nessas imagens se o olhar masculino que começa benevolente termina penetrante, movido pelos próprios interesses, expresso como desejoso de uma possessão sexual? Quando os amantes em potencial finalmente se encontram no bar, Marion quer conversar e Damiel quer consumi-la fisicamente (ele está bem próximo). O fato de que concorda com as exigências dela não chega a transformar o posicionamento dominante de seu desejo. Grande parte do filme gira em torno da fascinação de Damiel por Marion, tão intensa que ele abre mão de ser anjo para fazer contato com ela.

Wenders, no entanto, pode afirmar à revista *Film Quarterly* que acredita que "seria fatal para o filme se ela tivesse sido o objeto de seu desejo". É preocupante que o diretor esteja convencido de que o filme representa uma mudança no modo que trata a subjetividade feminina, que ele possa afirmar que Marion é "a personagem principal". Mesmo o título *Asas do desejo* enfatiza a primazia da personagem de Damiel. O desejo dele é central. A sexualidade de Marion nunca é plenamente contemplada. Ao contrário do que dizem os críticos que interpretam a voz em *off* na qual ela expressa seu ponto de vista como uma manifestação de subjetividade, trata-se apenas de uma expressão das ideias dela sobre o amor, distinto do desejo sexual. Novamente, reescreve-se um roteiro antigo — as mulheres querem amor, os homens querem sexo.

Tanto *Asas do desejo* quanto o primeiro filme de Wenders, *Paris, Texas*, tratam da fantasia erótica masculina, retratando a incapacidade masculina de reconhecer a subjetividade das mulheres. Apesar de haver cenas em *Paris, Texas* que me emocionam profundamente, o filme é problemático em uma perspectiva feminista. A produção foi inovadora na medida em que retratou um personagem masculino passando a entender como o apego à dominação masculina e ao controle coercitivo prejudica uma relação amorosa tão importante para ele. No entanto, esse entendimento é solapado quando expresso no contexto de uma cena que reinscreve estruturas de dominação. Durante a sequência do *peep show*, ponto mais alto do filme, o personagem masculino conta a história de como abusou e explorou de forma machista sua jovem esposa, falando com ela. Ela trabalha na cabine enquanto ele a observa; ela não pode vê-lo. Ele conhece a identidade dela; ela só consegue reconhecê-lo quando ele se identifica (parece familiar? — poderíamos estar falando de Damiel e Marion). Ainda que considere destrutivo o controle masculino coercitivo, ele não abdica do controle, apenas do elemento coercitivo. Não importa quanto essa confissão e seu reconhecimento final sejam comoventes, a cena não tem como mote o empoderamento feminino; assim como a cena em que Marion fala com Damiel não altera o poder dominador da sua presença. *Asas do desejo* termina com uma performance de Marion. Ela aparece como objeto do olhar de Damiel. Apesar de antes ter insistido nos aspectos da vontade própria, do conhecimento e da escolha, a maneira como eles são fisicamente dispostos no filme permanece a mesma. A imagem visual que resta é de uma mulher se apresentando para o prazer masculino. Presumivelmente, seu desejo não erótico foi satisfeito, seu desejo de ser tocada por "uma onda de amor que a perturbe".

O fato de que essa "história de amor", como *Cinderela*, *Bela Adormecida* e muitas outras, possa satisfazer e reconfortar, não é motivo para comemorações. Talvez seja perigoso que Wenders e o homem branco que o entrevistou para a *Film Quarterly* tenham sido tão complacentes e confiantes quanto ao filme passar uma mensagem "feminista", embora não usem essa palavra. Há nisso algo ainda mais perigoso: eles não questionam seu próprio ponto de vista privilegiado. Será que estão tão bem informados quanto ao pensamento feminista ao ponto de serem capazes de dizer se Marion é retratada como sujeito ou objeto? É como se acreditassem já ter passado pela etapa de compreender o ponto de vista feminista, que seria a base para construir imagens diferentes de mulheres e examinar criticamente essa construção, embora não a mencionem; o mesmo pode ser dito da raça. As representações de gênero e raça presentes no filme sugerem o contrário. Há problemas éticos e políticos nas tendências atuais da produção cultural de vanguarda de pessoas brancas que pretendem desafiar o *status quo* em relação a raça e gênero. Embora seja estimulante testemunhar um pluralismo que permite que todos tenham acesso ao uso de certas imagens, não devemos ignorar as consequências quando imagens que reforçam estereótipos e estruturas opressoras de dominação são manipuladas para parecerem "diferentes".

Em *Asas do desejo*, a biblioteca como depósito de conhecimento é o ponto de encontro dos visionários angelicais. Há apenas anjos brancos, apenas homens brancos que dialogam entre si, apenas homens brancos que interpretam e revisam antigos roteiros (lendo a mente das pessoas com benevolência, tocando-as no espaço íntimo do corpo). A maneira imaginativa como Wenders apresenta uma alternativa à masculinidade branca destrutiva é atraente, mas ele não cumpre a promessa anunciada por suas próprias afirmações criativas.

Os artistas brancos de vanguarda devem estar dispostos a questionar abertamente o trabalho que eles ou os críticos consideram libertador ou de resistência. Isso significa que devem considerar o papel que a branquitude desempenha na construção de sua identidade e das suas visões estéticas, assim como a forma em que ela determina a recepção de sua obra. Coco Fusco explica a importância dessa consciência em seu ensaio "Fantasies of Oppositionality" [Fantasias de resistência], publicado na revista *Afterimage*:

> As identidades raciais não são apenas negras, latinas, asiáticas, nativas americanas e assim por diante; elas também são brancas. Ignorar a etnia branca é naturalizá-la, reforçando sua hegemonia. Sem que se aborde especificamente a etnia branca, não há como existir avaliação crítica da construção do outro.

Se o atual fascínio pela alteridade é uma expressão autêntica do nosso desejo de ver o mundo de uma nova forma, então devemos estar dispostos a investigar a cegueira cultural das muitas pessoas que assistiram a *Asas do desejo* e não viram a branquitude nele representada como um signo e um símbolo.

18.
arte contra-
-hegemônica:
Faça a coisa certa

Ao falar das possíveis reações do público branco ao seu último filme, *Faça a coisa certa*, Spike Lee afirma de uma maneira arrogante: "Olha, se a América branca tiver que se contorcer por duas horas, se ficar realmente desconfortável assistindo a esse filme, foda-se. Porque é assim o tempo todo para os negros". A bravata do diretor choca e entretém. Ao apresentar uma dicotomia entre "nós e eles", esse comentário exclui a possibilidade de que os negros possam achar o filme difícil de assistir, de que a forma como retrata o racismo possa nos ferir e abalar nosso ânimo. Ao ler o comentário de Lee, pensei em todos os brancos presunçosos que estão indo assistir a *Faça a coisa certa* no cinema sem se contorcer, apenas se divertindo diante de um espetáculo familiar (embora exagerado), deixando seus preconceitos pairarem sobre erupções de violência racializada que culminam na morte de um jovem negro. O que tem de novidade nisso, então? Poderíamos nos deparar com esse mesmo drama ao assistir a um programa policial qualquer na televisão, ou dando uma olhada no noticiário noturno de qualquer lugar. A mídia de massa dos Estados Unidos explora essa representação da raça e do contato racializado de várias maneiras no cotidiano, mostrando pessoas negras furiosas agindo com violência, alguém — geralmente um homem negro jovem — morrendo. Isso acontece com tanta frequência nas telas de televisão que os espectadores quase não percebem; estão ocupados demais esperando para ver o que o herói (na maioria das vezes um homem branco) fará em seguida.

Homens negros geralmente são retratados como vilões na televisão e nos filmes. Os filmes de Spike Lee não chegam a romper com essa tradição de forma radical. Mesmo que ele tente subverter o papel de "vilão" para que os jovens negros não sejam vistos como "o inimigo" e os espectadores entendam que esse é um rótulo equivocado, a estratégia de Lee não funciona, pois se baseia na noção de que testemunhar injustiças deixa claro quem está certo ou errado. Dada a essência conservadora dessa sociedade, muitos espectadores não veem a morte de Radio Raheem como um assassinato brutal. Isso raramente é mencionado quando se discute o filme. Não se trata de um personagem simpático. Certamente muitos negros de classe mais baixa que viram o filme, especialmente homens jovens, ficaram profundamente comovidos por testemunhar o que acontece com Raheem, já que na vida real aquilo poderia acontecer com eles. No entanto, isso não é um sinal de que o filme é poderoso, mas apenas de que as pessoas se identificam com personagens que se parecem com elas.

Os radicais e liberais brancos podiam se identificar e realmente se identificaram com Mookie, o individualista de pensamento crítico do filme, preocupado antes de tudo com o próprio conforto (tentando se dar bem com as mulheres e no trabalho, curtindo o máximo possível sem se comprometer tanto emocionalmente). Mookie é o herói da história. Articulado, consciente, perspicaz, ele tem a liberdade e o poder de fazer escolhas. Mesmo quando joga uma lata de lixo na janela da pizzaria, ato que desencadeia a violência, isso não vem de uma raiva espontânea, mas sim de uma reação cuidadosamente pesada. Ele age; não reage. Esse gesto o distingue dos outros negros da vizinhança. Mookie é um deles, mas é "diferente". Pouco antes de entrar no conflito, ele se senta e fica olhando de longe para a multidão, contemplativo, junto com a irmã, que também é uma espectadora. Eles sentam separados, conectados como família. É nesse momento do filme que Mookie deixa de fazer a mediação entre a classe negra e Sal, o empreendedor branco.

O personagem de Mookie exerce um fascínio especial nos espectadores, que percebem que ele é tanto um personagem do filme quanto o cineasta. Integrante da nova onda de jovens cineastas e artistas de vanguarda educados em universidades negras, que constituem um grupo de elite (apesar de muitos deles terem origens em classes menos favorecidas ou terem sido criados em bairros negros pobres), Lee traz para o filme uma estética conscientemente afrocêntrica. Ele revela os meandros da vida de uma vizinhança negra urbana de classe mais baixa. Habilmente, não deixa em momento algum que o público se esqueça de que se trata apenas disso — uma interpretação, e não um documentário, embora ele faça documentários com frequência. Pequenos detalhes nos fazem lembrar que *Faça a coisa certa* é uma ficção (as roupas de grife sempre limpas usadas em todo o filme pela maioria dos personagens, independentemente do papel, e a ausência de drogas, notada com frequência, por exemplo). Uma aura de artificialidade e representação estudada permeia o filme. Ao invés de convidar o público a escapar, ela o instiga a manter distância, como

Mookie, a observar, a não ser participativo. A cinematografia brilhante e a ótima trilha sonora criam uma intimidade que a narrativa não possibilita. Sugerir que o público mantenha distância faz com que haja uma separação entre os acontecimentos que aparecem na tela e a vida cotidiana do espectador.

Faça a coisa certa não desperta uma reação visceral. Parece ridículo que alguém que tenha visto o filme possa pensar que ele tem o potencial de incitar a violência por parte de pessoas negras. Os críticos brancos que acham que essa pode vir a ser a reação do público negro claramente não compreendem a experiência negra. É altamente improvável que as pessoas negras dessa sociedade, submetidas a uma lavagem cerebral colonizadora — desenvolvida de modo a nos manter no nosso lugar e nos ensinar a nos submetermos a todo tipo de agressão racista e injustiça —, pudessem assistir a um filme que meramente sugere a intensidade e a dor dessa experiência e se sentirem levadas a reagir com raiva. Pessoas de todas as etnias, depois de assistir ao filme, falam do quanto gostaram dele, como se fosse apenas mais uma história de aventura.

O que agrada tanto em um filme que culmina com o assassinato brutal de um jovem negro? Quem são os espectadores que vão ao cinema e sentem medo e dor ao assistirem à violência que assola um bairro negro? Quem lamentou e derramou lágrimas quando o corpo de Radio Raheem foi levado? Onde estão as vozes dessas pessoas? Por que a maioria das pessoas que falam e escrevem a respeito desse filme dão pouca atenção à morte de Raheem, se é que a levam em conta?

O público branco talvez goste de *Faça a coisa certa* porque o vê do mesmo modo que assiste a muitos programas de televisão com personagens negras, buscando garantias de que não precisa temer que os negros atentem contra seu território. O dono branco da pizzaria sofre porque está fora do lugar ao qual pertence, tentando entrar no território de outra pessoa. Uma ideia assustadora e conservadora que aparece repetidas vezes no filme é a de que todas as pessoas estão mais seguras na sua própria vizinhança, e de que é melhor ficarmos com pessoas que se pareçam conosco.

Existem inúmeras pessoas que acreditam nisso, que vivem de modo a sustentar os valores do separatismo racial, mesmo que não explicitem publicamente essa posição. Muitas vezes vemos brancos dizendo que uma das principais razões pelas quais não querem negros nos bairros em que residem é o medo de que a nossa presença cause violência. Em um ensaio fascinante intitulado "Deride and Conquer" [Caçoar e conquistar], Mark Miller afirma que as pessoas brancas são reconfortadas quando assistem a programas de televisão que "negam a possibilidade da violência negra com fantasias lunáticas de contenção". Bairros separados são vistos como uma maneira de conter indesejáveis. O filme de Spike Lee traz uma versão diferente do mesmo tema. A contenção ocorre quando as fronteiras são reforçadas. *Faça a coisa certa* reconforta os telespectadores brancos sobre a violência "lunática" que se manifesta nas comunidades negras "segregadas" atingir os negros mais do que ninguém, no fim das contas. Apesar do incêndio da pizzaria, o que é atingido e destroçado são uma comunidade negra e as relações entre pessoas negras.

Quando uma enorme multidão de negros fica assistindo a alguns "poucos" policiais assassinarem brutalmente um jovem negro, o que se encena é um ritual niilista angustiante de impotência. A cena transmite uma mensagem poderosa em uma sociedade supremacista branca. A mensagem não diz respeito à brutalidade policial e a quão indignados os cidadãos deveriam se sentir diante do fato de que a lei não protege os negros considerados perigosos; pelo contrário, mostra que o sistema de policiamento e controle supremacista branco permanece intacto, e que os negros são impotentes para demonstrar qualquer resistência significativa. A multidão reencena simbolicamente as aglomerações de linchadores, com a diferença de que os espectadores são as vítimas negras. É difícil imaginar os muitos brancos que elogiaram o filme celebrando esse trabalho de forma acrítica se quem tivesse morrido fosse Sal, ou um de seus filhos. O "pai" branco vive; apenas a loja dele é queimada. O que ele perde pode ser recuperado. Quando a morte de Raheem sufoca o espírito de rebelião e resistência negra, que é suprimido e silenciado, o questionamento da dominação branca que precedeu essa tragédia parece tolo e equivocado. Ver Smiley pendurar retratos de Martin Luther King e Malcolm X nas paredes carbonizadas e queimadas da pizzaria oferece apenas uma falsa sensação de vitória. Esse gesto implica que os negros não têm uma compreensão substantiva de uma luta por libertação revolucionária que vá além da questão da representação.

Poucos críticos consideraram *Faça a coisa certa* um retrato sério da luta negra contemporânea por libertação. No entanto, os homens negros do filme mais alinhados ao nacionalismo negro carecem de um programa convincente de luta. Eles são ou inarticulados ou, ainda que sejam bons rappers, incapazes de exercer a liderança necessária quando as coisas vão mal. Houve pouca discussão sobre as implicações políticas dessas imagens. Dada a contínua ênfase crítica na questão da representação negra, uma discussão que tem focado a questão das boas e más imagens de homens negros, seja em filmes como *A cor púrpura* ou nas obras de escritoras negras contemporâneas, a maneira como Spike Lee retrata a masculinidade negra não suscitou nenhum debate de fôlego. Parece haver uma suposição tácita de que, porque Lee é negro, suas imagens são "mais puras" e, portanto, não estão sujeitas à mesma crítica rigorosa que merece, digamos, um Spielberg, ou qualquer outro diretor branco que explore assuntos negros.

Lee usa várias figuras estereotipadas e arquetípicas convencionais (o "bêbado", a mulher negra "matriarcal" sábia, o "garanhão" obcecado com a sexualidade). Ainda que apresente muitas personagens, elas não têm complexidade. Todos os personagens homens negros parecem "simplificados", tragicamente fracassados de maneiras que os impedem de assumir responsabilidade plena pela própria vida. Essa dimensão do filme é ofuscada pelo foco intenso na questão do preconceito racial. A narrativa sugere que a impotência que circunscreve e determina o destino dos homens negros se deve apenas à opressão racista. Não há referência ao gênero e à classe como forças que dão forma à construção da identidade racial. Isso parece altamente irônico, uma vez que os diários de filmagem de Spike Lee revelam que ele está ciente das políticas de classe e gênero. Estrategicamente, o filme nega a natureza problemática da identidade e traz uma visão simplista e totalizante da questão da cor da pele. Tal narrativa não desafia maneiras convencionais de pensar sobre o "significado" da raça e sua relação com a formação da identidade. Debates progressistas contemporâneos sobre raça nos estudos literários e na teoria crítica vão contra essa análise simplista, tentando mapear direções radicais e subversivas que possam situar diálogos sobre raça e estratégias de resistência. Analisado dessa perspectiva, o filme é retrógrado e carente de visão crítica.

É significativo que estratégias dinâmicas de produção e marketing tenham promovido esse filme como "radical", o que teve impacto sobre a reação do público. Na verdade, é o flagrante "conservadorismo" (no modo que o racismo é apresentado) o que faz com que o filme tenha um amplo apelo, cruzando fronteiras de classe e de afiliação política. Como todos os bons produtos capitalistas, ele oferece algo para todos.

Os brancos de elite privilegiados são reconfortados quanto a não serem "racistas", já que não defendem o racismo grosseiro expresso por Sal e seus filhos. No entanto, o filme (por meio desses mesmos homens brancos) também pode dar legitimidade a pessoas racistas ao proporcionar um espaço público no qual é possível expressar e ouvir insultos racistas e ataques verbais normalmente reprimidos. Ninguém parecia se preocupar com a possibilidade de o filme dar aos brancos permissão para verbalizar agressões racistas.

Os negros burgueses podem assistir a *Faça a coisa certa* e se sentirem reconfortados por terem vencido na vida, porque possuem uma condição de vida diferente das retratadas na tela. Ainda assim, podem se sentir conectados às suas "raízes", porque curtem as mesmas músicas que as pessoas negras de classes mais baixas ou têm o mesmo "estilo". O filme também exibe roupas de grife, enfatizando o estilo e a representação pessoal. Às vezes, *Faça a coisa certa* parece um desfile de duas horas no qual as tendências atuais da moda-étnica são expostas (o uso de tecidos kente africanos em roupas esportivas caras). Quem tem grana pode dar uma olhada nas peças e se apropriar do estilo, comprando as roupas, o visual, a experiência. (Observe a longa lista de designers e nomes de marcas no final do filme.) As pessoas pobres podem olhar e ficar só na vontade.

As pessoas negras das periferias urbanas que assistem ao filme podem se sentir momentaneamente empoderadas porque a sua experiência é considerada um assunto digno de ser tratado, é representada e, portanto, afirmada — uma reação que pode apagar a forma como essa experiência é apropriada e usada.

Tradicionalmente, a classe média negra ou uma elite intelectual privilegiada tem se aproveitado da experiência de vida dos negros de classe mais baixa para elaborar produtos estéticos que não põem em xeque o sistema racista de dominação que cria circunstâncias econômicas opressivas, explorando noções essencialistas de uma experiência negra autêntica caracterizada como pitoresca, sensual, vívida, imagens que obscureçem a realidade da dor e da privação. O fato de um artista negro evocar uma estética nacionalista não necessariamente significa que seu trabalho realmente serve ao interesse coletivo das pessoas negras.

O neonacionalismo dá a base ideológica para a mistura entre estética, política e economia trazida por Spike Lee. Ao contrário do capitalismo negro limitado que informou o movimento *black power* dos anos 1960, as estratégias de produção e marketing de Lee trazem uma abordagem em que a pessoa pode "ficar em seu lugar", ou seja, se relacionar com quem se parece com ela, celebrando a velha dicotomia entre "nós e eles", mas dando a seu produto uma roupagem que alcance um público misto. Infelizmente, esse público talvez precise reconhecer estereótipos e arquétipos familiares para se sentir confortável. Praticamente todos os personagens de *Faça a coisa certa* já foram "vistos" antes, traduzidos, interpretados em algum lugar, seja em seriados televisivos ou noticiários noturnos. Até o nacionalismo expresso no filme ou nas entrevistas de Spike Lee se esvaziou de sua relevância política, ganhando um caráter de modismo, como mera preferência cultural.

Em uma discussão poderosa sobre as alusões ao nacionalismo no novo filme de Spike Lee, Michael Dyson (na revista *Tikkun*) chama a atenção para as limitações de uma estética negra que se baseia tão fortemente na reconstrução de arquétipos:

> Lee é incapaz de satisfazer suas duas ambições — apresentar a amplitude da humanidade negra ao mesmo tempo que proclama uma estética neonacionalista negra. A tentativa de apresentar um universo negro é admirável, mas nesse universo as pessoas devem agir genuinamente, e não reagir como meras construções arquetípicas. Como as personagens trazem um significado simbólico pesado (por mais que reverbere na vida real), elas devem agir como símbolos, não como seres humanos. Como resultado, a história delas parece predeterminada, e a agência lhes é negada em uma configuração complicada de escolhas sociais, pessoais e políticas.

A negação da agência é mais aparente nas caracterizações de homens negros. É amargamente irônico que os dois líderes negros cujas imagens são vendidas na comunidade, Martin Luther King e Malcolm X, fossem altamente educados, pensadores críticos eloquentes, enquanto a pessoa que tenta manter viva a memória de ambos, Smiley, não fala bem, sendo incapaz de transmitir verbalmente o poder da mensagem que traziam.

Sem dúvida, se Alice Walker tivesse criado esse elenco de personagens, os críticos teriam sugerido que o fizera de maneira a retirar simbolicamente agência dos homens negros. Os homens negros eloquentes do filme, os sábios mais velhos, são todos viciados (bêbados). O trio de homens de meia-idade — Sweet Dick Willie, ML e Coconut Sid — dialoga entre si com as costas literalmente viradas contra a parede. Não se trata de um discurso de resistência. Um elaborado discurso circular, por mais divertido e pitoresco que seja, serve para indicar repetidas vezes a impotência e a incapacidade de afirmar a agência desses homens. Além deles, há Da Mayor, sábio por excelência, pensador isolado e ineficaz, cujo bom ânimo constante disfarça a tragédia das circunstâncias em que se encontra. Serão essas as imagens "positivas" da masculinidade negra que os negros vêm pedindo, imagens que não conseguem transmitir a verdadeira situação dos homens negros em um patriarcado capitalista supremacista branco?

Embora nenhum dos personagens masculinos de Lee seja retratado como um brutamontes violento (com a possível exceção de Raheem, que também tem um lado gentil), por outro lado, são representados exclusivamente como vítimas. A capacidade que têm de rir, brincar e ficar juntos diante da dura realidade é admirável, mas não é uma postura de resistência. Mais uma vez, os retratos dos homens negros estão de acordo com estereótipos populares na imaginação racista branca. Em vez de fazer o público branco se sentir ameaçado, amenizam seu medo.

Ao apresentar um jovem negro — Radio Raheem — instigando a violência, Spike Lee usa a mesma imagem para representar simbolicamente aquilo que "ameaça" a manutenção da lei e da ordem que a Nova Direita e outros conservadores usam. Esse filme não faz com que os conservadores desconstruam ou questionem a ideia de que os jovens negros são um perigo e uma ameaça. Em um momento da história em que tanta violência racial é perpetrada por homens brancos jovens, é preocupante ver mais uma construção da mídia sugerir que os jovens negros são "o problema". Observe que enquanto as pessoas negras do filme, principalmente os homens negros, são aquelas que perturbam a paz, sendo violentas, os dois homens brancos jovens que se mostraram igualmente "violentos" são repentinamente apresentados como passivos. O modo que Spike Lee tenta questionar a construção de jovens negros como ameaça violenta, retratando a brutalidade policial como mais letal, não funciona. Como a morte de Raheem é previsível, o páthos em torno do assassinato perde muito de sua força.

O neonacionalismo, conforme projetado no filme, é acoplado a uma aceitação acrítica de ideias machistas de masculinidade associadas a um verniz estoico e *cool*.[29] Esse projeto não permite uma investigação plena da dor do homem negro. No ensaio "Cool Pose: The Proud Signature of Black Survival" [Pose *cool*: a assinatura orgulhosa da sobrevivência negra], Richard Majors sugere que a postura *cool* é uma forma de autoexpressão que os homens negros usam para suprimir e mascarar sentimentos:

---

29. Na forma como é empregado aqui, *cool* congrega tanto o sentido de antenado, arrojado, moderno, bem informado, quanto de despreocupado, impassível. [N.E.]

A pose *cool*, manifesta em um estilo de vida enérgico, é também uma afirmação agressiva da masculinidade. Ela diz enfaticamente: "Homem branco, aqui é meu território, aqui você não está à minha altura". Ainda que possa ser impotente no mundo político e corporativo, o homem negro demonstra sua potência nas competições atléticas, no entretenimento e no púlpito com um entusiasmo quase espetacular. Por meio do virtuosismo de uma performance, ele faz com que as balanças socialmente equilibradas pendam a seu favor. "Homem branco, você pode me ver, me tocar, me ouvir, mas não me copiar." É essa a mensagem subliminar que os homens negros transmitem em suas performances muitas vezes extravagantes. A pose *cool* se torna, então, a assinatura cultural desses homens negros.

Os homens negros de *Faça a coisa certa* são *cool*. Buggin 'Out personifica esse estilo enérgico, competindo apenas com Mookie, que tem um jeito *cool* bem próprio. De fato, Spike Lee, como figura carismática autoconstruída tanto dentro quanto fora do filme, reverbera essa assinatura cultural; ele é *cool* "demais", fazendo "pose" por onde quer que passe. Preste atenção no emprego de "poses" no filme. Uma vez que muitos de nós, negros, e todos os outros, apreciamos manifestações do *cool* como estilo estético e reação subversiva às adversidades, é fácil acabarmos ignorando o perigo do *cool* quando ele está ligado a ideias destrutivas de masculinidade. Segundo Majors:

> Em muitas situações, um homem negro não se permite expressar ou mostrar qualquer forma de fraqueza ou medo ou outros sentimentos e emoções. Ele assume uma fachada de força, sustentada a todo custo, em vez de "perder a linha" e, portanto, sua pose *cool*.

Talvez os homens negros tenham se tornado tão condicionados a manter a guarda alta contra a opressão da sociedade branca dominante que essa atitude e esse comportamento específicos representam para eles sua melhor salvaguarda contra novos abusos mentais ou físicos. No entanto, esse mesmo comportamento faz com que seja muito difícil para esses homens baixar a guarda e demonstrar afeto, mesmo quando estão com pessoas com quem realmente se importam, ou com pessoas que realmente se importam com eles.

Essa dimensão negativa do *cool* aparece no filme como um todo. Envolto pela aura de um nacionalismo negro renovado, ligado ao capitalismo negro, *Faça a coisa certa* e o *hype* em torno dele conseguem, sem sofrer duras críticas, recorrer a construções machistas antiquadas da masculinidade negra que estavam no centro da dinâmica do movimento *black power* na década de 1960. Talvez espectadores simpáticos ao filme — especialmente aqueles que conseguem escrever a respeito sem chamar a atenção para aspectos como a construção de gênero, o machismo ou a misoginia — "negligenciem" esses elementos porque querem continuar promovendo o juízo errôneo de que a perpetuação do racismo não está ligada à perpetuação do machismo, ou a noção ainda mais perigosa de que a ênfase no machismo ou no gênero mina a capacidade de combater a opressão racista.

Faça a certa coisa ecoa essa vertente do nacionalismo negro que promove a exclusão das mulheres negras e a rejeição do papel que exercem na luta pela libertação. Durante um protesto contra o racismo realizado recentemente em uma faculdade em Connecticut, mulheres negras preocupadas com questões de gênero e racismo foram informadas do seguinte pelo líder negro neonacionalista: "O assunto aqui é raça, não mulheres". O filme de Spike Lee passa uma mensagem parecida. A longa sequência inicial (raramente mencionada pelos críticos), que mostra uma mulher negra não identificada dançando de uma maneira em geral associada a uma performance masculina, é um comentário sobre gênero e interpretação de papéis. De uma forma positiva, ela "domina" uma forma de arte associada principalmente a uma performance masculina. No entanto, para fazer isso, tem que esticar e distorcer o corpo de modos que a fazem parecer grotesca, feia e, às vezes, monstruosa. O fato de que está tentando se apropriar de um estilo masculino (podemos ver a versão "feminina" dessa dança no clipe da música "Kisses on the Wind" [Beijos ao vento], de Neneh Cherry) é enfatizado pelo uso de um uniforme de boxe, um esporte mais comumente associado apenas a homens, apesar de haver algumas boxeadoras negras. Evocando a metáfora do boxe, essa cena remete ao livro de ensaios de Ishmael Reed, *Writin' Is Fightin*, que enfoca exclusivamente homens negros, associando a dor do racismo sobretudo ao impacto que ela tem sobre esse grupo. Sozinha, isolada e fazendo algo tipicamente masculino, essa dançarina solitária sugere simbolicamente que a mulher negra se torna "feia" ou "distorcida" quando assume um papel designado para homens. Ao mesmo tempo, no entanto, ao espectador, posto em uma posição voyeurista, cabe apenas ficar impressionado com o quão bem ela assume esse papel, com sua fisicalidade assertiva.

Essa imagem não é mediada pela descoberta, à medida que o filme avança, de que a dançarina é uma porto-riquenha negra que teve um filho com Mookie e que deseja continuar o envolvimento romântico com ele. Ela é retratada no filme como alguém que tem potência verbal, uma "mulher negra que zoa e fala mal na cara, não leva desaforo para casa e faz barraco", alguém que "saca" Mookie e o põe em seu lugar constantemente. Ela é tão boa nisso, assim como na dança, que pode facilmente convencer os telespectadores de que é empoderada, mesmo que seja impotente. Completamente objetificada e vitimada por Mookie (enganada para se apresentar como objeto sexual, encarnando as fantasias dele), ela é seduzida de uma maneira que lembra as cenas de sexo sadomasoquista do filme *9 ½ semanas de amor*. Tina é incapaz de negociar seu relacionamento com Mookie. Ao tentar manipulá-lo para satisfazer seus desejos, ela tem seu tapete consistentemente puxado por ele. A criança sonolenta que se deita entre os dois (parecendo uma campanha publicitária sobre desnutrição) tem de fato carências emocionais, um símbolo da frivolidade do vínculo entre eles.

Muitas das cenas do filme que destacam a presença de mulheres negras parecem remendadas no drama central (que inclui vários conflitos entre homens) como se fossem comerciais. Elas substituem uma abordagem crítica por brincadeiras eróticas. Todas as relações entre mulheres e homens negros no filme têm uma dimensão sexualizada. Todas as mulheres negras do filme, sejam elas mãe, filha ou irmã, são construídas em algum momento como objeto sexual. O exemplo mais flagrante dessa manipulação da imagem feminina e do corpo feminino se dá quando a dança solitária termina e a câmera focaliza Mookie deitado na cama com a irmã, Jade. Inicialmente, o espectador não tem ideia de que o casal é formado por um irmão e uma irmã, já que eles parecem estar acordando juntos. Mookie toca o corpo de Jade de uma maneira familiar, transmitindo uma intimidade que poderia facilmente ter uma dimensão erótica. Intrigados com essa possibilidade, muitos espectadores deixaram passar batido, como se fosse um recurso de Lee. No entanto, esse é um comentário crucial e indica o modo como os corpos femininos negros serão tratados no filme; a privacidade das mulheres é invadida, elas são manipuladas por homens negros. São retratadas como se precisassem (como no caso de Jade) de homens negros para "ensiná-las" que os homens brancos as objetificam sexualmente de uma maneira degradante. Dá um tempo, né? O tratamento casual de uma cena de incesto simbólico (que pode ser lida como um exemplo de *signifying* em relação a todos os trabalhos de mulheres negras que procuram expor o horror e a dor do incesto) dá o tom do tipo de sexualidade destrutiva que é apresentada em *Faça a coisa certa*. Poucos críticos consideraram esse assunto um tópico relevante para reações críticas.

Spike Lee pode acreditar que está simplesmente mostrando as coisas como são, mas está fazendo muito mais do que isso. Ao retratar a sutil e não tão sutil humilhação machista de mulheres negras por homens negros como se fosse algo bonitinho, moderno ou pesado, ele reforça esses paradigmas. A única jovem negra que "anda" com os meninos no filme é apresentada em uma cena em que é enganada, manipulada e humilhada. A aceitação passiva desse papel parece ser o rito de iniciação que permite que ela esteja no grupo. Quando a violência irrompe, de repente a vemos em um papel feminino tradicionalmente definido de forma machista, chorando histericamente em uma esquina e, em uma cena posterior, implorando aos "homens" que parem. Talvez a desvalorização da condição da mulher negra em *Faça a coisa certa* passe despercebida porque se encaixa muito facilmente no machismo tão arraigado na cultura. Se a relevante crítica ao racismo que aparece em alguns momentos do filme pode alienar os espectadores, o machismo os seduz de volta, proporcionando a satisfação que é negada na outra narrativa. Tina, a amiga de Mookie, parece durona no início de *Faça a coisa certa*; mas, quando o filme termina, ela está presa naquele velho esquema cinematográfico no qual a mulher é "seduzida e abandonada", sofrendo repetidos abusos psicológicos.

Apesar da exploração machista da imagem do feminino no filme, da alusão velada a situações pornográficas (aquela pose do corpo feminino nu, de pé, pairando sobre o macho prostrado), é uma mulher negra que transmite uma das mensagens mais poderosas, ainda que esta seja minada pelo fato de que ninguém, especialmente o homem heroico, esteja escutando a sua voz. Jade declara, com mais autonomia do que demonstrara ao longo do filme, que podem contar com ela "para algo positivo na comunidade". Esse "algo positivo", que pode ser traduzido como uma resistência significativa ao racismo e outras forças de dominação, não se concretiza. Algumas pessoas que assistiram, mas não "apreciaram" o filme, sentadas no cinema deprimidas com o que tinham acabado de ver, sentiram-se um tanto impotentes e derrotadas ao lembrar das palavras de Jade, atordoadas pela incapacidade de o filme articular esse "algo positivo".

Apesar de Spike Lee ser corajoso em sua tentativa de misturar política e arte, usando o filme e um gênero cinematográfico popular como veículo para investigar o racismo, *Faça a coisa certa* retrata de forma contundente o racismo que conhecemos sem sugerir o que pode ser feito em prol de mudanças. O filme não põe em questão o entendimento convencional do racismo; ele reitera ideias antigas. O racismo não é simplesmente um preconceito. Ele nem sempre assume a forma de uma discriminação evidente. Muitas vezes, formas sutis e veladas de dominação racista determinam o destino das pessoas negras contemporâneas. Para compreender e fazer frente à nossa situação atual, não podemos pensar o racismo por um prisma neonacionalista estreito, que o transforme em uma questão que possa ser resumida à separação entre "nós e eles". Como afirma Dyson, aqueles que "lutam para resistir ao novo estilo de racismo devem se dedicar a identificar as atitudes escorregadias e ações ambíguas que sinalizam a presença do racismo sem parecer que o fazem".

Combater o racismo e outras formas de dominação exigirá que nós, pessoas negras, desenvolvamos solidariedade em relação a quem é diferente de nós e compartilha compromissos políticos semelhantes. O racismo não deixa de existir quando as pessoas brancas saem dos bairros negros. Ele não é apagado quando controlamos a produção de bens e serviços em várias comunidades negras, ou criamos nossa arte com uma perspectiva afrocêntrica. O fato de sentirmos falta de expressões do estilo negro que se tornam cada vez menos acessíveis às pessoas negras que não residem mais em comunidades predominantemente negras pode afetar nossa reação crítica a *Faça a coisa certa*.

O poder de Spike Lee como artista e cineasta ciente do que está fazendo reside em sua disposição para reconhecer que arte é política, que ela de fato expressa perspectivas políticas, que pode ser um meio para traçar novas pautas políticas sem comprometer o aspecto estético. Ao gerar uma série de debates,

Faça a coisa certa mostra que a arte pode servir como força capaz de moldar e transformar o clima político. A recepção marcadamente positiva que o filme recebeu revela a necessidade urgente de uma discussão pública mais intensa e poderosa sobre o racismo, a necessidade de uma luta revigorada e visionária pela libertação negra. Estética e politicamente, o filme de Spike Lee abriu um novo espaço cultural de diálogo, o que não quer dizer que seja um espaço inerentemente contra-hegemônico. Apenas uma prática política radical e progressista poderá fazer desse espaço um local de resistência cultural.

19.
um apelo à resistência militante

Em 1988, fui convidada pela coalizão Biko-Malcolm-Rodney, de Toronto, para ir até lá e fazer uma fala no dia 9 de agosto, em um evento que comemoraria o dia em que mulheres sul-africanas negras se reuniram em massa em Pretória para protestar contra as leis do passe, para protestar contra o *apartheid*. Ainda que eu tenha ficado honrada com o convite (foi uma das raras vezes em que homens negros radicais de esquerda organizaram uma palestra feminista e pediram às mulheres negras que falassem), expressei incerteza quanto a ser a pessoa certa para a ocasião. Eu tinha a sensação de que não sabia o suficiente sobre a história do *apartheid* na África do Sul nem sobre as circunstâncias específicas das mulheres negras de lá. Mesmo depois de confessar minhas limitações, eles me pediram: "Companheira, venha e fale, precisamos de suas palavras". Concordei em ir, dizendo que o que eu tinha para oferecer era uma mensagem de coração, em solidariedade na luta, das mulheres negras afro-americanas para as mulheres negras sul-africanas. Depois de ler intensamente sobre a situação das mulheres negras na África do Sul, optei por falar sobre como o machismo informa o sistema do *apartheid*, a natureza generificada do ataque às pessoas negras, particularmente sobre como isso interfere na vida familiar, sobre mulheres negras que trabalham como domésticas em casas de brancos. O título da minha fala foi "Nós sabemos como nossas irmãs sofrem". Não comecei falando da África do Sul, mas das lembranças que trago por ter crescido no *apartheid* do sul negro estadunidense, lembranças de mulheres negras que saíam dos espaços racialmente segregados da nossa comunidade para trabalhar nas casas de pessoas brancas. As mulheres negras sul-africanas iam reagindo à medida que eu contava essas memórias, repetindo várias vezes um trecho da *Carta da liberdade*, documento que registra aspectos do movimento pela libertação negra na África do Sul — "nossa luta também é a luta da memória contra o esquecimento". Elas conheciam por experiência própria o que eu estava descrevendo ali. Nas minhas palavras, ouviram experiências semelhantes às delas — um elo entre o passado afro-americano e o combate contemporâneo à supremacia branca que nos une.

Um artigo sobre supremacia branca que escrevi para a *Z Magazine* em janeiro de 1988 começa com uma declaração de solidariedade entre negros estadunidenses e negros sul-africanos, afirmando que compartilhamos uma luta comum, com raízes na resistência — a luta para acabar com o racismo e a dominação supremacista branca dos negros em todo o mundo. Depois que meu artigo foi publicado, vários colegas acadêmicos brancos me disseram que ele estava equivocado — que não concordavam com a ideia de que os Estados Unidos são uma sociedade supremacista branca. Esses colegas conquistaram fama acadêmica escrevendo sobre raça — interpretando as pessoas negras, nossa história, nossa cultura. Eles deixaram de apoiar meu trabalho intelectual depois da publicação desse artigo. Para mim, se tratava de um texto militante que expressava ideias que muitos negros têm, mas que não ousam expressar para não aterrorizar e hostilizar os brancos que encontramos diariamente. Tanto pessoas brancas quanto negras me disseram que o artigo era "radical demais". A militância negra, independentemente da forma que adquira, é sempre "radical demais" no contexto da supremacia branca, fora de ordem demais, perigosa demais. Pensando em retrospectiva sobre a história da luta pela libertação negra nos Estados Unidos, podemos observar que muitos momentos gloriosos, quando as dificuldades que atravessamos foram mais reconhecidas e transformadas, quando indivíduos negros e brancos se sacrificaram — puseram a própria vida em risco na busca por liberdade e justiça —, aconteceram porque as pessoas ousaram ser militantes, ousaram resistir se comprometendo com paixão. Costumo sugerir aos estudantes que não têm lembranças daquela época que vejam imagens da luta pelos direitos civis, fotografias antigas (lembram dos jovens e das jovens negras e brancas sentados no balcão da lanchonete Woolworth's?), para que possam ter uma ideia do sacrifício e do sofrimento que aquelas pessoas suportaram.

Ao confrontar o niilismo profundo e ameaçador que põe em risco a vida de massas de pessoas negras atualmente, estrangulando-nos para que não possamos nos engajar em protestos e resistências eficazes, penso não tanto em onde foi parar esse espírito de militância, mas em como ele sustentou e alimentou nossa capacidade de lutar. Algumas pessoas podem ter sentido uma espécie de resignação naquele sermão profético em que Martin Luther King declarou que esteve no topo da montanha e recebeu uma visão — para muitos de nós, foi uma mensagem de militância. Nós o ouvimos testemunhar sobre como encontrou a reconciliação no topo daquela montanha, a compreensão de que a luta pela libertação negra valia o sacrifício, que ele estava pronto para dar a própria vida. A dramaturga Lorraine Hansberry, embora não tenha sido ouvida por tantas pessoas, ecoou essa militância em 1962, quando escreveu: "A condição de nosso povo determina o que só pode ser chamado de atitudes revolucionárias". Combatendo críticas brancas ao "poder negro" e à oposição militante ao racismo, Hansberry declarou: "Os negros devem se interessar por todos os meios de luta: legais, ilegais, passivos, ativos, violentos e não violentos. Devem importunar, debater, fazer petições, dar dinheiro para disputas judiciais, fazer protestos sentados, fazer protestos deitados, gritar, boicotar, cantar hinos, rezar nos degraus — e atirar da janela quando os racistas atravessarem suas comunidades".

A declaração de Hansberry que mais me instigou nos momentos em que me senti cansada demais para lutar foi o alerta militante de que: "a aceitação de nossa condição atual é a única forma de extremismo que nos desonra diante de nossos filhos". Hansberry era uma entre os muitos artistas, escritores, pensadores e intelectuais negros de sua época que não tinham vergonha de relacionar a arte à política revolucionária, que não tinham medo de falar publicamente contra o imperialismo branco na África.

O filme *Assassinato sob custódia*, de Euzan Palcy, mostra uma militância similar. É uma obra que explora o surgimento da consciência crítica do ponto de vista dos negros engajados na resistência militante ao *apartheid* e de um pai e um filho brancos e liberais que se radicalizam na luta em favor dos oprimidos. O fato de o filme ter se concentrado em uma família branca incomodou muitos espectadores progressistas que não queriam ver outro filme sobre um homem branco se radicalizando, particularmente um filme feito por uma cineasta negra. Por mais clichê e chata que essa representação possa ser para algumas pessoas, ela é certamente uma representação da branquitude que perturba esse *status quo*, desafiando o espectador branco a questionar o racismo e o liberalismo de uma maneira muito mais progressista do que normalmente se vê no cinema convencional. Quantos filmes mostram homens brancos agindo em solidariedade com os oprimidos para resistir à dominação racista branca? Por que tantas análises consideraram essa representação desinteressante, como se fosse uma visão comum? Ao falar do "liberalismo da Guerra Fria" em um fórum sobre "A revolução negra e o contragolpe branco" nos anos 1960, Hansberry enfatizou:

> O radicalismo, seja ele negro ou branco, não é novidade neste país. Temos uma importante tradição de radicalismo branco nos Estados Unidos — e nunca ouvi negros vaiarem o nome de John Brown. Algumas das primeiras pessoas que morreram até o momento nessa luta foram homens brancos [...]. Eu não acho que podemos decidir, em última análise, com base na cor. Eu penso que a paixão que expressamos deve ser entendida nesse contexto. Queremos uma identificação total. Não é uma questão de ler ninguém; é uma fusão [...], mas tem que ser uma fusão com base em uma igualdade verdadeira e genuína. E se acharmos que isso não vai ser doloroso, estamos enganados.

O filme de Palcy é a investigação cinematográfica do que é exigido para uma solidariedade autêntica por parte de um liberal branco para com um oprimido, mas essa poderosa dimensão do filme recebeu pouca atenção. O fato de que o racismo contínuo de Hollywood e a cultura da supremacia branca determinam que massas de pessoas tenham uma maior probabilidade de assistir a um filme sobre a África do Sul que possui uma linha de história convincente, focada nos brancos, não diminui o elemento subversivo radical que faz parte da obra. E uma dessas características é a representação complexa da "branquitude". A história de um liberal branco que adquire uma consciência radical é uma representação necessária para muitos brancos indiferentes ou incertos que não sabem que têm um papel a exercer na luta para acabar com o racismo.

Os liberais, no entanto, não são todos iguais nesse filme. Como o advogado cínico que presumivelmente passou pelo que Ben du Toit está passando, Marlon Brando nos traz outra perspectiva, e a jornalista branca radical, bem como seu solidário pai, nos dão mais uma visão. Concomitantemente, que filme contemporâneo descreveu a cumplicidade feminina branca na perpetuação da supremacia branca de forma tão clara quanto o filme de Palcy? A supremacia branca é um assunto de família, não um mero espetáculo do patriarcado.

Apesar de Palcy ter enfrentado restrições que, sem dúvida, a forçaram a desradicalizar sua visão, *Assassinato sob custódia* tem muitos momentos cinematográficos subversivos. A branquitude é repetidamente questionada, exposta, problematizada de maneiras inovadoras. Um desses momentos acontece quando Ben desobedece às fronteiras da supremacia branca com o gesto aparentemente sem importância de apoiar publicamente

Emily, a esposa negra do jardineiro assassinado Gordon. Nesse momento, o filme apresenta questões fundamentais sobre a intersecção entre raça e gênero, sobre sexualidade e poder, que raramente são abordadas no cinema.

Palcy investiga se a opção de um homem branco por abrir mão de seu privilégio e se mobilizar em favor dos oprimidos que lutam contra o racismo não põe em xeque, por consequência, o sistema de poder masculino patriarcal. Ben du Toit deve virar as costas para a herança patriarcal que era legado do marido, oferecido a ele como rito de iniciação necessário. É esse gesto que prova que é digno da solidariedade negra. Para lançarmos mão da expressão de Adrienne Rich, ele deve ser "desleal à civilização"; assim, Palcy, consciente ou inconscientemente, conecta a luta para dar um basta ao racismo com a luta feminista, sugerindo que qualquer oposição masculina branca genuína à supremacia branca ameaça a estrutura do patriarcado branco. Poucas feministas brancas reconheceram que a luta para acabar com o racismo confronta e perturba o patriarcado supremacista branco, embora atualmente seja comum vermos feministas que reconhecem a importância da questão da raça. No filme de Palcy, mulheres brancas falocêntricas privilegiadas desejam manter intactos seus estilos de vida luxuosos, e apoiam ativamente o patriarcado supremacista branco. O modo que a condição das mulheres brancas é representada no filme não permite que espectadores ignorem aspectos ligados à raça e à classe e vejam esses personagens "simplesmente como mulheres".

Por repetidas vezes em *Assassinato sob custódia*, Palcy sugere que o que determina se uma pessoa terá ou não um ponto de vista político radical não é a raça, gênero, classe ou as circunstâncias nas quais alguém se encontra. As pessoas negras em situação de exploração relutam tanto em participar da luta pela resistência quanto os brancos paralisados, como Ben du Toit. Como ele, elas devem se comprometer politicamente de forma radical, e o poder dessa escolha será indicado pelos sacrifícios e riscos assumidos para dar conta desses compromissos.

Embora as pessoas negras do filme compartilhem de uma mesma situação de opressão, elas não a interpretam da mesma forma. Nem todos se engajam de forma radical. Palcy mostra que a consciência crítica radical é um ponto de vista que se aprende, que vem da experiência que confirma a consciência da natureza do poder e da dominação. É por isso que as crianças negras assumem um papel primordial, questionando os pais, resistindo ao *status quo*. O fato de muitos espectadores estarem insatisfeitos com o foco nas pessoas brancas impediu que atentassem para as poderosas representações da militância negra. Quando um filme de Hollywood mostrou personagens negras resistindo aguerridamente à supremacia branca? Que filmes recentes de cineastas negros, produções de Hollywood ou independentes, investigam uma resistência negra significativa à supremacia branca? Talvez esse ponto de vista cinematográfico tenha sido o que causou a recepção morna do público a *Assassinato sob custódia*. Depois de uma sessão em um cinema no meio-oeste dos Estados Unidos, ouvi pessoas brancas dizendo a outras pessoas que estavam na fila para não verem o filme, porque era "violento demais". "Violento demais" queria dizer que o herói branco bom morre e o herói negro revolucionário sobrevive?

Não são apenas as personagens principais que são militantes em *Assassinato sob custódia*. A dramatização mais poderosa da militância negra envolve personagens secundárias que raramente são mencionadas nas críticas do filme. No entanto, as atitudes que elas tomam põem em questão a ideia de que a luta de libertação negra só pode acontecer se houver um único líder messiânico (de preferência homem). Duas cenas memoráveis contestam essa noção. Uma delas se dá com a dramatização da manifestação de Soweto, na qual crianças negras foram brutalmente assassinadas pela polícia. A jornalista negra Sophie Tema ofereceu ao mundo o primeiro relato como testemunha ocular desses acontecimentos. Palcy volta a encenar esse gesto ao recontá-lo. O público vê duas garotas negras fugindo da polícia. A menor é brutalmente baleada, e sua irmã mais velha fica de frente para os seus opressores, dizendo: "Você matou minha irmã, me mate também!". É uma cena extremamente subversiva, uma das mais radicais representações cinematográficas da militância negra. O modo direto como ela olha para a câmera e para aqueles que a oprimem nos mostra que não é uma vítima. Ainda que esteja em meio à matança, ela não se cala; é capaz de dar testemunho, de responder. Ao assistir a essa cena, que jovem negra não ficaria impressionada e inspirada pela coragem expressa no rosto da irmã mais velha? Mesmo que a irmã menor tenha sido assassinada em sacrifício, a irmã mais velha sobrevive para contar o que testemunhou e seguir em frente na luta. Ela se lembra. Essa cena pode ter tido pouco impacto sobre os espectadores dessa sociedade que não prestam atenção no que pequenas garotas negras passam, mas eu queria que todas as garotas negras que lutam para resistir ao racismo pudessem assisti-la — guardá-la no pensamento, junto com todos os retratos passivamente machistas/racistas da infância negra que se proliferam nos meios de comunicação de massa.

Outra cena subversiva e imprevisível é a que se passa no tribunal. No caso, não é a atuação de Marlon Brando que chama a atenção da plateia, mas a do mensageiro negro que assume o posto de testemunha aparentemente para prestar um depoimento que negaria os males da supremacia branca, a tortura e a violência contra os negros. Quando ele se rebela, o público não apenas fica surpreso, mas é arrebatado. São cenas como essa que fazem de *Assassinato sob custódia* um suspense de sucesso. Mas fiquei emocionada com o modo que a resistência é retratada. Mais uma vez, foi uma resistência que exigiu sacrifício. A rebeldia militante tem seu preço. A cena não perde poder por ser utópica. Talvez, nesses tempos menos militantes, precisemos voltar a imaginar a possibilidade de resistência; porque aquilo que não pudermos imaginar nunca irá acontecer. As atitudes do mensageiro são um apelo à resistência militante.

Esse espírito de resistência militante é personificado sobretudo no personagem de Stanley, interpretado pelo sul-africano Zakes Mokae. Vi Zakes pela primeira vez em uma peça de Fugard. Ao conversar com ele sobre sua atuação, sobre a situação na África do Sul, fiquei impressionada com a calma que emanava. É essa calma diante da luta que a personagem de Stanley transmite consistentemente. Ao longo do filme, ele se mostra o estrategista revolucionário racional. Apenas notamos nele alguma vulnerabilidade emocional quando Emily morre, uma cena que sugere que até mesmo os espíritos mais militantes podem ser abalados. Stanley só consegue atingir seus objetivos revolucionários com apoio coletivo. É o apoio de Ben que o sustenta durante esse momento difícil. Quem poderia se opor à mensagem do filme, segundo a qual os brancos devem assumir um papel importante na luta contra o racismo e contra a supremacia branca, e as pessoas negras devem resistir militantemente?

Palcy levou cinco anos para fazer *Assassinato sob custódia*. Com o filme, ela incita os espectadores a confrontarem a situação atual da África do Sul. É assim que o filme cumpre a sua promessa radical: despertar e renovar o interesse na luta contra o *apartheid*, que nos faz lembrar — "nossa luta também é a luta da memória contra o esquecimento". Qualquer pessoa que fique indiferente ao apelo ao engajamento militante na luta pela libertação negra transmitido pelo filme não captou sua mensagem mais importante.

Depois da minha palestra em Toronto, me encontrei com sul-africanos negros para comer e dialogar. Sentado perto de mim estava Mangi, um jovem negro. Fiquei impressionada com o conhecimento que ele tinha sobre as lutas de libertação negra em todo o mundo, e com o modo sofisticado como compreendia a política feminista. Vi refletida nele a esperança de um pensamento negro liberto e descolonizado. Naquela noite, ele contou sobre a vida que levava no exílio, longe da mãe e da irmã. No exílio, está seguro, vivo, bem, com uma consciência crítica. No entanto, ouço na voz dele o anseio por uma intimidade, uma família e uma comunidade que se perderam. A família e a comunidade negra se encontram despedaçadas em *Assassinato sob custódia*. Essa é a realidade da maioria das famílias negras na África do Sul. Os afro-americanos passam por uma situação semelhante. Nossas famílias e comunidades estão em crise. Poderemos enfrentar essa crise de forma militante, com determinação e empenho para resistir e nos comprometer com a luta que levará à transformação em nossas vidas e na sociedade? Doente, já no fim da vida, Lorraine Hansberry ainda se questionava sobre seu compromisso político, se perguntando: "Será que continuo sendo uma revolucionária? Intelectualmente, sem dúvida. Mas será que estou preparada para doar o meu corpo — ou até mesmo o meu conforto — para a luta?". O filme de Palcy também faz essa pergunta. Quem se dispõe a respondê-la?

20.
sexualidades sedutoras: a repressão da negritude na poesia e nas telas

Escrito em tom jocoso e familiar, o poema "Old Walt" [Velho Walt], de Langston Hughes, conta ao leitor que Walt Whitman era um homem que "encontrava e procurava, encontrava menos do que procurava, procurava mais do que encontrava". Esses versos são misteriosos. O leitor nunca fica sabendo ao certo o que Whitman procura nem a natureza de seu anseio. Lembrando que ele foi um dos primeiros poetas gays não assumidos dos Estados Unidos a falar abertamente sobre temas homoeróticos, é possível ouvir no aceno de Hughes a Whitman uma ode à sua capacidade de explorar o desejo transgressor. A obra de Hughes demonstra admiração, reconhecimento e uma sensibilidade compartilhada. O poema sugere intimidade, familiaridade, como se Whitman e o eu lírico fossem colegas. Os versos de que mais gosto são os que dizem ao leitor que Whitman "sentia tanto prazer em procurar quanto em encontrar". Essa evocação do prazer é sedutora e sugere que o poema trata de sexualidade e desejo.

Sou uma leitora dedicada dos poemas de Langston Hughes há mais de duas décadas (aprendi a recitá-los desde a infância e continuo a ensiná-los e lê-los para mim mesma, nas sombras das noites solitárias), e sempre imagino que estou lendo o Hughes que a maioria das pessoas prefere ignorar: o poeta sensual obcecado pelo desejo. Boa parte de sua obra fala sobre o anseio erótico, a falta de satisfação, o abandono romântico, os relacionamentos entre homens negros e mulheres negras que não dão certo, que acabam em sofrimento, amargor, que deixam as pessoas tomadas pela tristeza, por um desespero profundo e pelo anseio de morrer. Não, esse não é o Langston Hughes que a maioria das pessoas lê e de quem se lembram. Elas não ouvem o poeta que diz em "Lamento sobre o amor": "Espero que minha filha nunca se apaixone por um homem. Espero que minha filha nunca se apaixone por um homem, eu disse. Nada machuca mais do que o amor".

Na obra de Hughes, o desejo romântico é uma paixão enlouquecedora, atormentadora. Em seus poemas, com frequência o eu lírico é uma mulher negra angustiada pelo amor. Confortável em seu travestismo literário, Hughes se apropria de vozes femininas, tornando-as sinônimo de vulnerabilidade sexual. Quem é essa mulher negra que anseia, que se abre ao amor e é traída, sempre machucada e nunca satisfeita? Os poemas de Hughes pintam retratos da vulnerabilidade sexual, do sadomasoquismo sexual. O erotismo do qual ele sempre fala em seus poemas é limitado, confinado em uma litania de perdas, abandono e promessas quebradas: o desejo é uma ferida.

Para mim, esse é o Langston Hughes apaixonadamente representado no filme *Looking for Langston* [Em Busca de Langston], de Isaac Julien. Ao contrário dos críticos que saíram da sessão pensando que "não se trata de um filme sobre Langston Hughes", quando assisti fiquei impressionada com a capacidade do filme de evocar de maneira brilhante e vívida uma dimensão íntima da realidade poética de Hughes, assim como suas atitudes em relação ao anseio sexual e ao desespero erótico expressado em seus poemas. Na revista *Artforum*, o crítico Greg Tate diz que "o que Julien afirma ser uma meditação cinematográfica sobre o poeta e escritor Langston Hughes na verdade é mais uma colagem a respeito das condições históricas de ser negro, gay, silenciado e incompreensível". Sem dúvida, *Looking for Langston* representa uma das afirmações mais contundentes a respeito desses temas. O filme também desafia o espectador a reconhecer essa realidade mais ampla, sem ofuscar o foco meditativo em Hughes. Boa parte da tensão dramática do filme surge quando Julien busca (conforme descreveu em uma entrevista concedida a Essex Hemphill para a revista *Black Film Review*) "expor a existência do desejo na construção das imagens, permitindo a construção de uma estrutura narrativa que permita que o público medite e reflita, em vez de apenas ser informado". Alguns espectadores podem ver o filme só como uma forma de documentar a realidade negra gay. Podem sair da sessão acreditando que seu confronto com imagens que nunca tinham visto não os conecta de modo algum a Langston Hughes, à exploração meditativa multidimensional do que aparece na tela.

Quando assisti a *Looking for Langston*, senti um nervosismo, uma tensão, um aperto no corpo que geralmente só sinto quando assisto a um filme de suspense, sem saber o que vai acontecer. Essas sensações foram despertadas porque o filme trata da transgressão, um movimento em direção a um território indefinido, misterioso e desconhecido. O filme retrata o desejo transgressor e é, ele próprio, a encenação de uma transgressão à qual testemunhamos e assistimos. Ele declara aquilo que — nesse gênero visual — nunca foi dito. E até mesmo sua produção e construção são informadas pelas forças da repressão e da negação, pelos esforços que os herdeiros de Hughes fizeram para controlar sua representação, estabelecendo limites. Testemunhamos essa tensão ao longo do filme. Queremos ouvir mais das palavras de Hughes, de seus poemas, mas aceitamos ficar com menos, já que devemos encarar essa ausência, assim como as forças que silenciam e que criam essa falta.

Looking for Langston cruza fronteiras e flerta com a transgressão. Os espectadores são surpreendidos pela revelação dramática da identidade negra gay, os retratos diretos e desavergonhados de artistas negros, a homossexualidade assumida de James Baldwin, Bruce Nugent e outros, não porque suas preferências fossem desconhecidas, mas porque não são representados como figuras isoladas e solitárias. O poder dessas imagens reside em sua presença coletiva. Contra esse pano de fundo de abertura se destaca a sombra da prática sexual não assumida de Hughes. Desde o próprio nome, o filme afirma procurar através da câmera a sexualidade reprimida e oculta que é insinuada, mas nunca diretamente afirmada, tanto na obra de Hughes como em boa parte da fortuna crítica a respeito de sua obra. Uma vez que todas as tentativas de reconstruir essa sexualidade são um lembrete do que foi perdido, faz todo sentido que o filme comece com uma cena de luto.

Morte e desejo estão ligados em *Looking for Langston*. Os enlutados estão organizados de maneira bela — sedutora até. Sua postura sugere que não participar do luto dessa morte seria perder algo precioso, ficar de fora da coletividade da experiência negra. Mulheres e homens negros estão lado a lado nessa cena, vivenciando uma dor compartilhada pela perda de um ente certamente querido. Mas essa pessoa não é nomeada, e quando a imagem do cineasta aparece como se estivesse morto, o filme passa a documentar a presença, a ressurreição e o retorno do que foi perdido; ele identifica e nomeia. A cena inicial do velório é incrivelmente romântica e nostálgica. A perda existe ao lado da beleza que, embora afirme a vida, não consegue eliminar o poder da morte.

A morte ganha os holofotes no começo de *Looking for Langston*. Construindo criativamente um universo estético no qual a beleza se funde com a morte e a decadência, onde esses traços são inseparáveis, a obra de Julien — como os romances do escritor japonês Yukio Mishima, que era obcecado por desejos homoeróticos — sugere que esse é um laço irrevogável. Ao invés de diminuir o desejo, a possibilidade da morte apenas o torna mais intenso. Em sua biografia de Mishima, Peter Wolfe afirma corretamente que, na visão de mundo de Mishima, "tudo que tem valor se aproxima da morte". O velório como ritual de lembrança no início de *Looking for Langston*, com sua pompa e elegância serena, nos informa sem palavras que essa morte é importante e não pode ser esquecida. Em um mundo aterrorizado pela proliferação de doenças incuráveis, onde a ameaça da aids liga sexualidade e morte, todas as formas transgressoras de sexualidade são representadas como algo horrível e mortal. Nesse contexto cultural, o desejo homossexual é muitas vezes exibido de maneira abjeta, indesejável e sem romance. Criticamente, o filme de Julien rompe e subverte essa representação. Nele, o homoerótico — o desejo homossexual que, como todas as paixões sexuais, culmina no reconhecimento da possibilidade da perda, da morte — é ao mesmo tempo trágico e maravilhoso. A morte não é mais um pesadelo, mas um elegante ritual de transformação, uma ocasião que exige o reconhecimento e a memória. A cena de abertura em *Looking for Langston* dá as boas-vindas, representa um retorno. Nós do público testemunhamos a morte e a ressurreição. Do túmulo se levanta a imagem mutilada de Langston Hughes, a representação distorcida, a prática sexual oculta. Ela é ressuscitada como símbolo do ser e do corpo desejado ou desejável do homem negro, como tema homoerótico, homossexual, sexualmente radical e transgressor.

A antologia *Hidden From History: Reclaiming the Gay and Lesbian Past* [Suprimidos da história: recuperando o passado gay e lésbico], editada por Martin Bauml Duberman, Martha Vicinus e George Chauncey Jr., inclui o ensaio "A Spectacle in Color: The Lesbian and Gay Subculture of Jazz Age Harlem" [Um espetáculo a cores: a subcultura lésbica e gay no Harlem da era do jazz], de Eric Garber, documentando que "a homossexualidade fazia claramente parte desse mundo", mas também que a expressão declarada desse desejo era parte de um conjunto de práticas sexuais diversas e transgressoras. A atmosfera daquele tempo determinava que a sexualidade não fosse expressa apenas por meio da oposição binária entre gays e héteros, mas se apresentasse por meio de práticas sexuais variadas. Era uma época em que os homens negros ousavam "sair do armário", além de ter sido uma época de fluidez sexual. Por isso, o cantor de "Sissy Man Blues" [Blues da bicha] podia exigir: "Se você não puder me trazer uma mulher, por favor, me traga uma bicha". A sexualidade que essa letra evoca de forma jocosa é complexa. Ela não sugere uma sexualidade estruturada sobre a base de um acordo consensual entre dois adultos, mas uma sexualidade multifacetada e multidimensional, informada por hierarquias preexistentes e estruturas de poder. Quando a sexualidade de Langston Hughes é examinada sob esse contexto, existem muitas maneiras de interpretar e compreender sua prática sexual. Garber afirma que "a exata natureza da sexualidade de Hughes continua incerta". Essa intrigante lacuna entre fato e possibilidade sujeitou a um potencial apagamento as tentativas de documentar os atos sexuais de Hughes de forma categórica. A biografia de Hughes sugere que ele gostava de manter algum mistério. A prática sexual transgressora tem suas raízes no mistério, no flerte entre o segredo e a revelação. A repressão e o controle, mesmo que causem dor, também podem intensificar o desejo. Talvez ainda não exista um contexto cultural que nos permita compreender o desejo que não quer ser nomeado — não por medo (a franca exploração da sexualidade na obra de Hughes indica que ele não tinha medo de abordar questões sexuais), mas em decorrência de um olhar perverso. Mishima acreditava que a paixão mais significativa nunca é declarada, mesmo que seja posta em prática. Talvez Hughes tivesse um éthos erótico similar. O filme de Julien liga Hughes à prática homossexual, mas sem abrir mão desse elemento de mistério. O filme brinca com isso, exibindo uma busca e uma intriga sexual excitante.

Looking for Langston reconstrói e inventa uma história da sexualidade gay negra, ao mesmo tempo que problematiza as ideias de segredo e repressão. Representando um "lugar" escondido dentro do armário para o desejo sexual gay negro durante a era do jazz, o Renascimento do Harlem é mostrado como um espaço de contenção, mesmo quando é o lugar de expressão de uma subcultura especial. Há até mesmo uma aura de mistério no filme. O desejo é sempre obscuro e a possibilidade de concretização é incerta. O anseio pelo pleno reconhecimento se justapõe a essa intensidade rarefeita do desejo que emerge em um contexto de repressão. As imagens do filme levantam questões: como o desejo é visto e sentido nesse contexto repressivo? Quais são as formas do desejo nesse espaço onde o reconhecimento pleno é perigoso e proibido? A obra de Julien sugere que, dentro desse espaço, o olhar — muito mais que o pênis — se torna o significante principal. Nesse terreno inexplorado do desejo homossexual negro masculino, em que os homens negros olham uns para os outros, é o olhar que torna visível o que poderia passar despercebido. Assim como Hughes sugere em "Old Walt" que existe um prazer na busca, Julien constrói um mundo cinematográfico onde a sedução começa com o olhar, com olhos que declaram o desejo, mesmo quando o observador não tem voz. O anseio apaixonado pela realização erótica que representa um reconhecimento é expresso no filme quando homens negros de todas as tonalidades e tipos físicos observam uns aos outros. Não se trata de uma documentação da realidade, mas da evocação criativa do que é desejado.

A realidade é repleta de contradições. A presença de homens gays brancos no filme lembra o espectador de que raça, racismo e as políticas da supremacia branca informam a construção da identidade sexual negra, da homossexualidade negra. O desejo pelo reconhecimento que liberta é contrastado com a mercantilização canibalesca da sexualidade do homem negro, vividamente evocada pelos encontros inter-raciais presentes no filme. Os homens brancos aparecem como figuras macabras, estranhas, deslocadas. Ainda assim, a "branquitude" chama a atenção para sua presença, se põe no centro e se destaca na escuridão. Simbolicamente, eles representam o anseio que desmembra a carne negra. Eles evocam a realidade do desejo homossexual em uma cultura de supremacia branca, uma história onde os corpos negros — quanto mais jovens, melhor — são trocados, vendidos, "trabalhados" por quem paga mais, sempre obrigados a servir. O olhar do homem branco representado no filme é colonizador; ele não liberta. Que desejo é expresso quando a única cena frontal de nudez apresentada no filme aparece como imagem de segunda mão — fotos de homens negros tiradas pelo rico fotógrafo branco Robert Mapplethorpe? Quem possui essas imagens e a quem elas pertencem? Nelas, é o pênis ereto, não o olho, que personifica a masculinidade homoerótica negra. Essas imagens perdem o sentido e o poder no contexto do filme. Elas são interpretadas pelo olhar crítico do cineasta, que as questiona sem suprimir ou negar a legitimidade dessa representação. Embora seja reconhecida, a visão de Mapplethorpe simplesmente não é convincente quando exibida em um contexto em que a imagem do corpo negro se define como sujeito, não como objeto.

Boa parte do poder visual do filme deriva do questionamento das imagens estereotipadas dos corpos e da sexualidade dos homens negros, e da produção de uma estética de oposição. O público é levado a ver a pele escura, os lábios grossos — todas essas características da negritude e da masculinidade retratadas na cultura racista e machista como a epítome do que não é bonito — desde uma perspectiva afirmativa, que põe em questão o estereótipo negativo e transforma a imagem. Ao assistir a esse filme, muitas pessoas veem pela primeira vez o homem negro com prazer estético, não com senso de perigo e ameaça. Ao contrário do estereótipo popular, em *Looking for Langston* o homem negro é vulnerável, destituído do escudo de masculinidade embrutecida que é obrigado a usar como uma máscara na vida real.

Na visão artística de Julien, os homens negros podem se reunir e se conhecer na plenitude de um encontro que permite expressões variadas de identidade e individualidade, enquanto celebra de modo fundamental o erotismo exibido pela paixão correspondida entre dois homens negros. Essa paixão é intensamente evocada pela poesia de Essex Hemphill. Com narrações poéticas que declaram ruidosamente o prazer e a dor do homoerotismo negro, as palavras de Hemphill rompem o silêncio, afirmam uma homossexualidade que não tem medo de se revelar e que assume sua presença na história. Existe uma tensão ao longo de todo o filme entre essa voz erótica negra gay e assumida, e o silêncio da incerteza e do desconhecimento que põe a sexualidade de Hughes dentro do armário. A voz de Hemphill parece dizer que, se a sexualidade reprimida de Hughes fosse capaz de falar, isso é o que ela diria. Esse gesto ameaça ofuscar o modo que a sexualidade silenciada de Hughes e de sua geração fala nas imagens compiladas por Julien. Imagens do Renascimento do Harlem, da era do jazz, de cantores de blues que dão voz ao passado. O que essas imagens mostram se relaciona com as formas de um desejo que não é diretamente declarado, ou que é declarado, mas sofre com a dor do racismo internalizado, da vergonha pela cor da pele, das hierarquias opressoras de cor e da incapacidade de muitos homens negros do passado e do presente, que não conseguem oferecer uns aos outros um reconhecimento que seria verdadeiramente libertador: a realização do desejo. *Looking for Langston* expõe a profundidade desse anseio, a necessidade de uma história que nomeie e afirme a identidade negra gay. O eu lírico do filme afirma apaixonadamente: "Anseio por meu passado". Um anseio reiterado quando nos dizem: "Não há nada de errado no menino que busca por seus antepassados negros gays". Esse testemunho diz muito sobre a ligação entre reconhecimento e autorrealização.

Em *The Bonds of Love* [Os vínculos do amor], o debate de Jessica Benjamin sobre feminismo, psicanálise e dominação sugere que é o reconhecimento dado pela figura materna ou paterna à criança que permite o desenvolvimento de um *self* distinto: "O reconhecimento é a resposta do outro que torna relevantes os sentimentos, intenções e ações do *self*. Ele permite que o *self* concretize sua agência e autoria de maneira tangível". A tentativa de revelar e ressuscitar um passado negro gay se baseia no reconhecimento de que o reestabelecimento dessa história enriquece o presente. Olhar para Langston problematiza a busca pela história negra gay, reconhecendo a necessidade de encontrar antepassados, resgatando-os da vala comum, mesmo que essa jornada nem sempre possa se concretizar plenamente, em especial quando a documentação necessária não existe (como no caso de Hughes). Porém, isso não quer dizer que a busca é deixada de lado, mas que a dor causada por essa lacuna de causas desconhecidas deve ser compreendida como uma dinâmica fundamental para a formação da identidade e da sensibilidade negra gay.

A possibilidade de o reconhecimento desejado se esquivar é exibida com clareza na cena que se passa no campo dos sonhos, em que um homem negro vestido se encontra com o Outro nu e desejado, que é ao mesmo tempo seu parceiro e seu reflexo, mas novamente é obrigado a esperar. Aquele que busca deve confrontar um desejo interminável, que o leva a situações em que é reconhecido e abandonado, mas, ainda assim, deve continuar sua busca. Nesse momento, seu olhar é trágico e doloroso. Voyeuristicamente, assistimos a esses amantes possíveis que se encontram apenas parcialmente e que nunca concretizam o desejo. Envolta em um pano de fundo de romance e beleza, a dor desse momento pode facilmente permanecer invisível para o público, já que não há narração. Há tanta elegância e beleza no filme que ele é, ao mesmo tempo, espetáculo e dissimulação, podendo ocultar as dimensões trágicas dessa beleza, elementos de anseio e perda, que levam à depressão e ao desespero. Esses elementos negativos são sugeridos pelo foco na mercantilização dos corpos de homens negros, na maneira como a identidade e as práticas sexuais negras gays são informadas pelas demandas da sobrevivência material. Na obra de Hughes, a paixão sexual é sempre mediada por questões materiais, posições de classe, pobreza. Esteja ele falando claramente sobre relacionamentos heterossexuais, ou em termos ambíguos que poderiam se referir a encontros entre pessoas do mesmo sexo, a performance do homem negro em seus poemas é sempre determinada de antemão por circunstâncias materiais. Isso é especialmente verdade para as classes negras subalternas. A conexão entre pobreza e potência sexual é mostrada diversas vezes na coletânea de poemas *Montage of a Dream Deferred* [Montagem de um sonho adiado]. Expressões de anseio sexual são contrastadas com a incapacidade de manter a paixão erótica. Em "Same in Blues", Hughes sugere que uma psique deprimida pela pobreza e pela perda dos sonhos é incapaz de manter uma sexualidade produtiva. Essa perda de potência sexual se repete em várias estrofes, mas é dolorosamente evocada pela declaração sedutora "paizinho, paizinho, paizinho, eu só quero você", seguida da resposta "você pode me ter, meu bem, mas meus dias de amor acabaram", e do refrão do narrador, "um certo grau de impotência em um sonho adiado". O desespero perturba, perverte e distorce a sexualidade, seja nos poemas de Hughes ou no filme de Julien. É sobretudo no âmbito da fantasia erótica que os sonhos de satisfação e de cura sexual podem ser realizados, onde o *self* fragmentado e de coração partido pode se recuperar e restaurar sua integridade. Os homens negros gays que são "anjos caídos" são representados por meio de estados oníricos nos quais recuperam a capacidade de voar e voltam a ter um senso de missão. Eles guardam, protegem e oferecem o toque de cura que possibilita a autorrecuperação. Ao falar com Hemphill sobre como a busca pela história negra gay se baseia no anseio pela integridade, Julien afirma: "Quando falamos sobre identidade negra gay, estamos falando sobre identidades que nunca foram plenas, no sentido de que sempre existe o desejo de torná-las plenas, mesmo que na vida real as experiências sejam sempre fragmentadas e contraditórias".

Looking for Langston reúne esses fragmentos, oferecendo uma configuração criativa que dá um senso de integridade que satisfaz, mesmo que permaneça incompleto, sem um desfecho narrativo. A necessidade de revelar, restaurar e até mesmo inventar a história negra gay é constante e inclui a busca por uma narrativa que nos permita compreender o complexo erotismo não assumido de Langston Hughes. Assim como o poema "Old Walt", o filme de Julien celebra a busca. É tanto um gesto de realização quanto uma promessa.

21.
mulheres e homens negros: parceria nos anos 1990

um diálogo entre bell hooks e Cornel West, apresentado no Centro Cultural Afro-Americano da Universidade Yale

BELL HOOKS | Pedi que Charles cantasse "Precious Lord" [Senhor precioso] porque as condições que levaram Thomas Dorsey a compor essa canção sempre me fizeram pensar sobre questões de gênero, questões de masculinidade negra. Dorsey compôs essa canção depois que sua esposa morreu durante o parto, uma experiência que o fez ter uma crise de fé. Ele não achava que conseguiria continuar vivendo sem ela. Essa sensação de crise insuportável expressa verdadeiramente o dilema contemporâneo da fé. Dorsey falou sobre como tentou lidar com essa "crise de fé". Ele fazia orações constantes pedindo por uma cura e recebeu as palavras que deram origem a essa canção. É uma canção que ajudou muita gente que estava se sentindo para baixo, sentindo que não conseguia seguir adiante. Era a música preferida da minha avó. Lembro que a cantamos no funeral dela. Quando ela morreu, tinha quase noventa anos. E ainda fico tão emocionada quanto fiquei naquela época com o quanto podemos aprender com a dor, lidar com ela, reciclá-la, transformá-la para que se torne uma fonte de poder.

Permitam-me apresentar a vocês meu "irmão", meu camarada Cornel West.

CORNEL WEST | Primeiro, quero registrar o fato de que nós, como pessoas negras, estamos nos reunindo para refletir sobre nosso passado, presente e futuro objetivo. Isso, por si só, é um sinal de esperança. Eu gostaria de agradecer ao Centro Cultural Afro-Americano da Universidade Yale por proporcionar nosso encontro. bell hooks e eu pensamos que seria melhor apresentar de forma dialógica uma série de reflexões sobre a crise que homens e mulheres negros atravessam. As comunidades negras dos Estados Unidos estão passando por um estado de sítio, associado não apenas ao vício em drogas, mas à consolidação do poder corporativo tal como o conhecemos, e à redistribuição de riqueza da base ao topo, associada aos modos por meio dos quais uma cultura e uma sociedade centradas no mercado, preocupadas com o consumo, erodem estruturas emocionais, de comunidade, de tradição. Reivindicar nossa herança e sentido de história é um pré-requisito para toda e qualquer conversa séria sobre liberdade negra e libertação negra no século XXI. Nosso desejo é tentar criar uma comunidade desse tipo aqui hoje, uma comunidade que esperamos ser um lugar para promover a compreensão. A compreensão crítica é um pré-requisito para toda e qualquer conversa séria sobre nos reunirmos, compartilharmos, participarmos, criarmos laços de solidariedade de modo que as pessoas negras e outros grupos progressistas possam continuar levantando as bandeiras manchadas de sangue que foram levantadas quando a canção de Dorsey foi cantada no movimento de luta pelos direitos civis. A música era uma das preferidas do dr. Martin Luther King, reafirmando a sua própria luta e a de muitos outros que tentaram estabelecer uma relação entre algum sentido de fé, fé religiosa, fé política, e a luta pela liberdade.

Acreditamos que seria melhor ter um diálogo que promovesse a análise e desse vazão a possíveis formas de práxis. Essa práxis será necessária para que falemos seriamente sobre poder negro, libertação negra no século XXI.

BELL HOOKS | Vamos contar um pouco sobre nós. Tanto Cornel quanto eu nos dirigimos a vocês como indivíduos que acreditam em Deus. Essa crença informa a nossa mensagem.

CORNEL WEST | Uma das razões pelas quais acreditamos em Deus se deve à longa tradição de fé religiosa da comunidade negra. Eu acredito que, como tivemos de lidar com a condição absurda em que vivem as pessoas negras nos Estados Unidos, para muitos de nós essa é uma questão de Deus e sanidade, ou Deus e suicídio. E quem leva a luta negra a sério sabe que em muitas situações está pisando em falso, esperando chegar à terra firme. Essa é a história do povo negro no passado e no presente, e ela continua a ser relevante para aqueles de nós que se dispõem a se expressar com ousadia e com ciência da importância da história e da luta. Nos expressamos sabendo que não teremos como fazer isso por muito tempo, porque a cultura dos Estados Unidos é extremamente violenta. Dadas essas condições, é preciso nos perguntarmos quais laços com uma tradição podem nos sustentar, consideradas a absurdez e a insanidade com as quais somos bombardeados diariamente. Assim, a crença em Deus não deve ser compreendida em si própria de forma não contextual. Ela é compreendida em relação a um contexto particular, a circunstâncias específicas.

BELL HOOKS | Também nos dirigimos a vocês como duas pessoas negras progressistas de esquerda.

CORNEL WEST | Bastante.

BELL HOOKS | Vou ler alguns parágrafos para trazer um repertório crítico para nossa discussão sobre *black power*, apenas no caso de alguns de vocês não saberem o que isso significa. Estamos reunidos para um diálogo sobre poder negro no século XXI. No ensaio "Black Power: A Scientific Concept Whose Time Has Come" [Black Power: o conceito científico da vez], originalmente publicado em 1968, James Bogg chama a atenção para o significado político radical do movimento *black power*, afirmando: "O conceito de *black power* expressa hoje a força social revolucionária que deve lutar não apenas contra o capitalista, mas contra os trabalhadores e todos que se beneficiam e apoiam o sistema que nos oprime". Falamos de poder negro nesse contexto bem diferente para recordar, reivindicar, rever e renovar. Recordamos em primeiro lugar que a luta histórica pela libertação negra foi forjada por mulheres e homens negros que se preocupavam com o bem-estar coletivo da população negra. A renovação do nosso compromisso com essa luta coletiva deve ajudar a fundamentar uma nova direção na prática política contemporânea. Hoje nos propomos a falar da parceria política entre homens e mulheres negros. James Baldwin, já maduro, escreveu em seu prefácio autobiográfico para *Notes of a Native Son* [Observações de um filho nativo]: "Eu acho que o passado é tudo aquilo que torna o presente coerente e faz com que o passado pareça horrível enquanto nos recusarmos a aceitá-lo honestamente". Ao aceitarmos o desafio dessa afirmação profética enquanto consideramos o nosso passado recente como povo negro, o período entre os anos 1960 e os 1990, notamos um enfraquecimento da solidariedade política entre homens e mulheres negros. É crucial para o futuro da luta pela libertação negra que permaneçamos conscientes de que a nossa luta é compartilhada, que somos o destino uns dos outros.

CORNEL WEST | Acho que podemos inclusive começar falando do tipo de caos existencialista que há na nossa própria vida, e da nossa incapacidade de superar o sentimento de alienação e frustração que experimentamos quando tentamos criar laços de intimidade e solidariedade uns com os outros. Ora, parte dessa frustração deve ser também entendida em relação às estruturas e instituições. Em relação ao modo que nossa cultura de consumo nos tornou viciados em estímulos, na suposta recompensa por estímulos engarrafados e comodificados. O mercado faz isso para nos convencer de que nosso consumo continua lubrificando a economia para que ela se reproduza. Mas o efeito desse vício nos estímulos é um enfraquecimento ou uma diminuição da nossa capacidade de ter relacionamentos qualitativamente ricos. Não por acaso o crack é a droga pós-moderna, a mais intensa forma de dependência conhecida pela humanidade, proporcionando uma sensação dez vezes mais prazerosa que o orgasmo.

BELL HOOKS | O vício não diz respeito ao caráter relacional, aos relacionamentos. Portanto, não surpreende que, conforme um vício vai se difundindo na vida das pessoas negras, nossa capacidade de vivenciar uma comunidade se enfraqueça.

Eu recentemente comentei com alguém que gostaria de comprar uma pequena casa do lado da casa dos meus pais. A casa era do sr. Johnson, mas ele faleceu recentemente. E a pessoa para quem contei não conseguia entender por que eu queria morar perto dos meus pais. Ter dito que meus pais estavam envelhecendo não satisfez como explicação. A incapacidade que essa pessoa demonstrou para compreender ou valorizar a partilha da vida familiar entre diferentes gerações, para mim, foi reveladora da crise que as nossas comunidades enfrentam. É como se, enquanto negros, tivéssemos perdido nossa capacidade de compreender a importância da interdependência mútua, da vida comunitária. O fato de que não reconhecemos mais o valor da noção de que os termos de nossa sobrevivência são formados coletivamente é indicativo de uma crise.

CORNEL WEST | E quando acontece uma crise nas comunidades e instituições que vêm exercendo um papel fundamental na transmissão dos nossos valores, da nossa sensibilidade, dos nossos modos de vida e dos nossos modos de luta para gerações mais jovens, nos encontramos distanciados, não simplesmente de nossos predecessores, mas do projeto crítico da libertação negra. Assim, parece haver cada vez mais jovens negros a quem temos dificuldade de compreender, como se vivêssemos em dois mundos muito diferentes. Nós não entendemos de fato a música deles. Talvez os adultos negros não conheçam o som do NWA (do inglês Niggers With Attitude, pretos com atitude) de Compton, Califórnia. Talvez não entendam por que o Stetsasonic faz o que faz, nem do que se trata o Public Enemy, porque os jovens vêm sendo basicamente formados pelo lado brutal da sociedade estadunidense. O modo que entendem a realidade adquire sentido, de um lado, por um sentimento de frieza e insensibilidade, e, de outro, por um sentimento de paixão por justiça — impulsos contraditórios que vêm à tona simultaneamente. Pode ser que as mães tenham dificuldades para entender os filhos. Pode ser que os avós tenham dificuldades em nos entender — e é essa lacuna, que vem se formando gradualmente, que precisa ser revertida.

BELL HOOKS | Essa sensação de que existe uma lacuna, ou uma ruptura, muitas vezes se expressa de forma trágica nas relações de gênero. Quando contei para algumas pessoas que Cornel West e eu estávamos conversando sobre parcerias entre mulheres e homens negros, acharam que eu estava me referindo a relacionamentos românticos. Respondi que era importante examinar as múltiplas relações entre mulheres e homens negros, o modo como lidamos com pais, com irmãos, com filhos. Conversamos sobre os nossos relacionamentos em termos de gênero porque não são apenas as relações amorosas heterossexuais entre mulheres e homens negros que vêm enfrentando problemas. Muitos de nós não temos conseguido nos comunicar com nossos familiares. Ao conversar com muitos de vocês, fiz a seguinte pergunta: "Que assunto vocês acham que deveria ser discutido?". E muitos de vocês responderam que queriam que falássemos dos homens negros e como eles precisam "se ligar".

Vamos falar sobre o motivo pelo qual se costuma considerar a luta pela afirmação da agência — ou seja, a capacidade de alguém agir em benefício próprio — como algo que cabe aos homens. O que quero dizer é que os homens negros não são os únicos entre nós que precisam "se ligar". E se os homens negros se recusarem coletivamente a desenvolver consciência crítica, a adquirir os meios que possibilitem a própria autodeterminação, será que nossas comunidades devem sofrer, ou não reconhecer que tanto as mulheres quanto os homens negros devem lutar para se autorrealizar, para aprender a "se ligar"? Como a cultura em que vivemos continua a associar a negritude à masculinidade, prejudica-se a consciência das pessoas negras com relação ao quanto nossa sobrevivência depende da parceria mútua entre mulheres e homens. Na renovação da luta pela libertação negra, reconhecemos a posição de homens e mulheres negros, o importantíssimo papel que as mulheres negras exerceram em todas as lutas pela liberdade.

Ready from Within [Pronta desde dentro], livro de Septima Clark, é certamente uma leitura necessária para quem quiser entender o desenvolvimento histórico da política sexual na luta pela libertação negra. Clark descreve a insistência de seu pai para que ela, por causa de seu gênero, não mergulhasse tão intensamente na luta pelos direitos civis. Mais tarde, ela encontrou na religião a fonte de sua resistência. Foi o fato de acreditar em uma comunidade espiritual, de acreditar que não se deve diferenciar o papel das mulheres e o dos homens, que permitiu que ela estivesse "pronta desde dentro". Para Septima Clark, a participação na luta pela libertação negra partiu de um chamado divino. Rememorar e recuperar as histórias de como as mulheres negras aprenderam a afirmar a agência histórica na luta pela autodeterminação no contexto da comunidade e da coletividade é importante para aqueles de nós que lutam para promover a libertação negra, um movimento que tem em seu cerne um compromisso com a libertação de nossas comunidades da dominação machista, da exploração e da opressão.

Precisamos desenvolver uma terminologia política que possibilite que nós, pessoas negras, falemos de maneira profunda sobre o que queremos dizer quando pedimos às mulheres e aos homens negros que "se liguem".

CORNEL WEST | Penso que mais uma vez precisamos ter em mente o contexto mais amplo da sociedade estadunidense, que historicamente tem expressado desprezo por homens negros e mulheres negras. Mesmo a ideia de que os negros são seres humanos é uma novidade na civilização ocidental, e ainda não é amplamente aceita na prática. Uma das consequências dessa ideia perniciosa é a grande dificuldade que homens e mulheres negros têm de permanecerem sintonizados com a humanidade uns dos outros. Então, quando bell fala da agência das mulheres negras e de alguns dos problemas que os homens negros encontram quando se pede que reconheçam a humanidade das mulheres negras, é preciso lembrar que essa recusa em reconhecer a humanidade uns dos outros é um reflexo da maneira como somos vistos e tratados na sociedade mais ampla. E certamente não é verdade que os brancos detêm o monopólio das relações humanas. Quando falamos de uma crise na civilização ocidental, as pessoas negras fazem parte dessa civilização, embora tenhamos estado à margem, com nossos ombros servindo de alicerce para a construção dessa civilização. Para que possamos permanecer em sintonia com a humanidade uns dos outros, temos que entender como isso nos afeta. Isso é necessário para que a parceria sobre a qual bell fala possa adquirir uma substância e um conteúdo de fato. Eu acho que parcerias entre homens negros e mulheres negras são possíveis quando aprendemos a ser solidários e pensar em termos de afirmação crítica.

BELL HOOKS | As pessoas negras certamente ainda não discutiram o suficiente sobre a importância de construir padrões de interação que fortaleçam nossa capacidade de afirmação.

CORNEL WEST | Precisamos nos afirmar uns aos outros, apoiar uns aos outros, ajudar, capacitar, habilitar e empoderar uns aos outros para lidar com a crise atual, mas isso não pode ser feito de maneira acrítica, porque, se formos acríticos, estaremos novamente nos recusando a reconhecer a humanidade das outras pessoas. Se levarmos a sério o reconhecimento e a afirmação da humanidade das outras pessoas, estaremos comprometidos em confiar e acreditar que elas estão sempre em processo. O crescimento, o desenvolvimento, o amadurecimento acontecem em etapas. As pessoas crescem, se desenvolvem e amadurecem de acordo com aquilo que é ensinado a elas. Inviabilizar a crítica e os comentários negativos não contribui para esse processo.

BELL HOOKS | Precisamos examinar a função da crítica nas comunidades negras tradicionais. A crítica, muitas vezes, não age como força construtiva. Por exemplo, temos aquela gíria popular, *dissin'* [xingar, criticar severamente], que sabemos que se refere a um tipo de desprezo que inviabiliza a ação do outro — quando "lemos" uns aos outros de maneiras tão dolorosas, tão cruéis, que a pessoa não consegue se reerguer depois de termos acabado com ela. O ciúme e a inveja também são forças destrutivas na nossa vida, prejudicando nossos esforços para agir em prol de um bem coletivo. Permitam-me dar um pequeno exemplo. Quando cheguei aqui hoje de manhã, vi o mais recente livro do Cornel sobre a mesa.

Imediatamente me perguntei por que meu livro não estava lá, e me peguei cogitando se o Cornel estaria recebendo algum gesto de respeito ou reconhecimento que me estava sendo negado. Ao me ouvir perguntar "cadê meu livro?", ele apontou para outra mesa.

Muitas vezes, quando as pessoas enfrentam um legado de privação, tem-se a sensação de que há uma carência de recompensas, de modo que devemos competir ferozmente uns com os outros. Esse espírito de competição cria conflitos e divisões. Em um contexto social mais amplo, a competição entre mulheres e homens negros surgiu em torno da discussão sobre se as escritoras negras têm recebido mais atenção do que os escritores negros. Raramente alguém chama a atenção para o fato de que apenas uma pequena minoria de escritoras negras é aclamada publicamente. No entanto, o mito de que as mulheres negras bem-sucedidas estão tirando algo dos homens negros continua a permear as psiques negras e a informar como nós, mulheres e homens negros, reagimos uns aos outros. Como o capitalismo está enraizado em uma distribuição desigual dos recursos, não é de surpreender que nós, como mulheres e homens negros, nos encontremos em situações de competição e conflito.

CORNEL WEST | Acho que parte do problema está no fato de que, no fundo da nossa psique, reconhecemos que vivemos em uma sociedade muito conservadora, uma sociedade de elites empresariais, uma sociedade na qual as influências do poder corporativo asseguram que um certo grupo de pessoas conquiste posições mais elevadas.

BELL HOOKS | Sim, incluindo alguns de vocês que estão nesta sala.

CORNEL WEST | E isso vale não apenas para as relações entre homens e mulheres, mas também para as relações entre negros e pardos, entre negros e coreanos, entre negros e asiáticos. Ficamos nos debatendo por migalhas porque sabemos que a maior parte dos recursos corporativos dos Estados Unidos já tem destino certo. Meio por cento dos Estados Unidos detém 22% da riqueza, 1% detém 32%, e os 45% mais pobres da população detêm 20% da riqueza. Então, acabamos ficando com esse tipo de mentalidade de competição entre nós mesmos. Quando testemunhamos a ascensão de alguém, imediatamente pensamos que essa pessoa vai se dar melhor que nós e conquistar uma fatia maior do imenso "pão" corporativo dos Estados Unidos, e achamos que isso é algo real, porque ainda somos moldados pela ideologia corporativa desse contexto mais amplo.

BELL HOOKS | Aqui em Yale, muitos de nós estamos recebendo uma fatia desse "pão" mínimo e ainda assim estamos desesperados. Foi desanimador quando cheguei aqui para ser professora e deparei com uma espécie de desespero em muitas pessoas negras que não é diferente daquele que sabemos ser sentido nos bairros que enfrentam problemas com o crack. Eu queria entender a conexão entre o desespero que é sentido pelas pessoas negras de classe mais baixa e o que é sentido pelas pessoas negras daqui de Yale, que têm acesso imediato e/ou potencial a tantos privilégios materiais. Esse desespero reflete a crise espiritual que tem acontecido na nossa cultura como um todo. O niilismo está por toda parte. Parte desse desespero tem raiz em um profundo sentimento de perda. Muitas pessoas negras que obtiveram êxito na vida ou que estão buscando esse caminho passam também por uma crise de identidade. Isso vale especialmente para as pessoas negras que se esforçam para se adaptar à "cultura dominante". Elas podem entrar em pânico repentinamente ao se darem conta de que não entendem a própria história, ao lhes passar pela cabeça que a vida não tem propósito e significado. Esses sentimentos de alienação e inadequação trazem sofrimento. O sofrimento pelo qual muitas pessoas negras passam hoje está ligado a um sofrimento do passado, à "memória histórica". As tentativas das pessoas negras de entenderem esse sofrimento, acertar as contas com ele, são as condições que possibilitam que uma obra como *Amada*, de Toni Morrison, receba tanta atenção. O ato de olhar para trás não apenas para descrever a escravidão, mas para tentar reconstruir uma história psicossocial do impacto trazido por ela, foi apenas recentemente compreendido plenamente como uma etapa necessária no processo de autorrecuperação coletiva negra.

CORNEL WEST | A crise espiritual que tem acontecido, especialmente entre as pessoas negras abastadas, tomou a forma de uma busca por liberação terapêutica. De modo que existem formas muito tênues, planas e unidimensionais de espiritualidade que são simplesmente uma tentativa de sustentar as pessoas negras abastadas em uma vida consumista e privatista. O tipo de espiritualidade de que estamos falando não é o tipo que permanece superficial apenas em termos físicos, mas que serve como um ópio para ajudar a justificar e racionalizar o próprio cinismo em relação às pessoas desfavorecidas da nossa comunidade. Poderíamos falar das igrejas e do papel que hoje exercem na crise que os Estados Unidos enfrentam, da fé religiosa como modo de vida americano, do evangelho da saúde e da riqueza, ajudando as psiques feridas da classe média negra a encararem os Estados Unidos. Não é dessa forma de espiritualidade que estamos falando. Estamos falando de algo mais profundo — algo que se costumava chamar de conversão —, para que as ideias de servidão, risco e sacrifício voltem a ser fundamentais. É muito importante, por exemplo, que aqueles de vocês que se lembram dos dias em que as faculdades negras eram hegemônicas entre a elite negra se lembrem disso de forma crítica, mas também reconheçam que havia algo de positivo acontecendo nelas. O que acontecia era que todos os domingos se prestava culto à raça nas capelas. Ora, ainda que esses momentos tivessem algo de pequeno-burguês, também traziam responsabilidade. Como foi perdendo força a ética da servidão, própria dos cultos, o mesmo aconteceu com a própria possibilidade de pôr as necessidades dos outros ao lado das nossas. Nessa síndrome, a ênfase no "eu", o egoísmo e o egocentrismo se tornam cada vez mais proeminentes, criando uma crise espiritual na qual mais ópio psíquico passa a ser necessário para superar as dificuldades.

BELL HOOKS | Vivemos uma grande mudança na ética comunal de servidão que tanto foi necessária para a sobrevivência nas comunidades negras tradicionais. Essa ética de servidão se modificou devido a uma transformação nas relações de classe. E mesmo as pessoas negras com pouca ou nenhuma possibilidade de ascensão social podem assumir uma sensibilidade de classe burguesa; programas de TV como *Dallas* e *Dynasty* ensinam às pessoas pobres de classes mais baixas modos de pensar e de ser próprios da classe dominante. Prevalece uma espécie de individualismo burguês no pensamento. Isso não corresponde à realidade de classe ou às circunstâncias de privação de fato. Precisamos nos lembrar das muitas estruturas econômicas e políticas de classe que levaram a uma mudança de prioridades entre as pessoas negras "privilegiadas". Muitas pessoas negras privilegiadas obcecadas em viver um sonho burguês de sucesso individualista liberal já não acham que têm qualquer responsabilidade em relação às pessoas negras pobres de classes mais baixas.

CORNEL WEST | Não estamos falando do sentimento estrito de culpa que pessoas negras privilegiadas podem sentir, porque sentir culpa geralmente tem um efeito paralisador. Estamos falando de como alguém usa o próprio tempo e a própria energia. Estamos falando das maneiras pelas quais a classe média negra, que é relativamente privilegiada em relação à classe trabalhadora negra, aos trabalhadores pobres e às classes mais baixas, precisa reconhecer que, junto com esse privilégio, vem uma responsabilidade. Li em algum lugar que muito se exige daqueles aos quais muito se dá. E a pergunta é: "Como podemos exercer essa responsabilidade, dado nosso privilégio?". Acho implausível pensarmos que a classe média negra está disposta a abrir mão de seus brinquedos materiais. Não, a classe média negra vai agir como qualquer outra classe média existente na condição humana, tentando preservar os próprios privilégios. Existe algo de sedutor no conforto e na conveniência. A classe média negra não vai voltar para o gueto, especialmente por causa das lutas territoriais entre as gangues e assim por diante. No entanto, como podemos usar o poder que temos para assegurar que mais recursos estejam disponíveis para aqueles que estão em posição de desvantagem? A pergunta que temos que nos fazer, portanto, passa a ser: "Como devemos usar nossa responsabilidade e nosso privilégio?". Afinal, o privilégio negro é resultado da luta negra.

Acho que a ideia que estou procurando frisar aqui é que as pessoas negras estão vivendo um novo momento nos Estados Unidos. Esse momento reúne o que há de melhor e o que há de pior. A consciência política tem se intensificado entre a população negra do país, entre estudantes negros, trabalhadores negros, trabalhadores negros organizados e sindicatos. Temos visto cada vez mais líderes negros com uma perspectiva consistente. A igreja negra tem avançado, a música popular negra, os temas políticos têm avançado. Portanto, não pense que a crítica que fazemos está pedindo que as pessoas sucumbam a um pessimismo paralisante. Temos motivos para ter esperança, e quando essa virada acontecer, e nós não sabemos qual evento específico vai catalisá-la (assim como não sabíamos o quanto dezembro de 1955 seria marcante), estaremos prontos. As pessoas negras privilegiadas podem exercer um papel crucial se nos mantivermos dispostos a servir, se quisermos participar, se quisermos fazer parte do movimento progressista e profético. E essa é a pergunta que vamos ter que fazer a nós mesmos e uns aos outros.

BELL HOOKS | Também precisamos lembrar de que existe alegria na luta. Fiz recentemente uma palestra em uma conferência ao lado de outra mulher negra de origem privilegiada.

Ela zombou da noção de luta. Quando disse: "Estou cansada de ouvir sobre a importância da luta; isso não me interessa", o público aplaudiu. Ela via a luta apenas em termos negativos, uma perspectiva que me levou a questionar se já havia participado de qualquer movimento de resistência organizado. Porque quem já participou sabe que existe alegria na luta. Aqueles de nós que têm idade suficiente para se lembrar de como eram as escolas segregadas, o esforço político e o sacrifício de tantas pessoas para assegurar que teríamos acesso pleno a oportunidades educacionais, certamente se lembram do sentimento de satisfação que tiveram quando objetivos pelos quais lutávamos foram alcançados. Quando cantamos juntos "We Shall Overcome" [Vamos superar], tivemos uma sensação de vitória, uma sensação de poder que surge quando nos esforçamos para a autodeterminação. Malcolm X, ao falar a respeito de sua jornada para Meca, da consciência que conquistou na ocasião, expressa a alegria que vem de se esforçar para crescer. Quando Martin Luther King falou sobre ter estado no topo da montanha, o que ele estava compartilhando conosco era que havia chegado a um pico de consciência crítica, o que lhe deu muita alegria. Na nossa pedagogia libertadora, devemos ensinar aos jovens negros a compreensão de que a luta é um processo, que uma pessoa sai de circunstâncias de dificuldade e dor e adquire consciência, alegria, satisfação; a compreensão de que a luta, para ser criticamente consciente, pode ser o movimento que leva a pessoa a um outro nível, que a reanima, que faz com que se sinta melhor. A pessoa passa a se sentir bem, a sentir que a vida dela tem significado e propósito.

CORNEL WEST | O que torna uma vida rica é basicamente dedicá-la a servir aos outros, a tentar tornar o mundo um pouco melhor do que o encontramos. É nos relacionamentos humanos que essa vida rica se concretiza. É assim no âmbito pessoal. Quem aqui já se apaixonou sabe do que estou falando. Também é assim no âmbito das organizações e comunidades. É difícil encontrarmos a alegria se estamos sós, mesmo que tenhamos todos os brinquedos certos. É difícil. Basta perguntar a alguém que tenha muitas posses materiais, mas não tenha ninguém com quem compartilhá-las. Mas isso está no âmbito pessoal. Existe uma versão política, que tem a ver com o que vemos quando nos levantamos de manhã e nos olhamos no espelho e nos perguntamos se estamos simplesmente desperdiçando nossos dias no planeta ou se estamos investindo nosso tempo de maneira enriquecedora. Estamos falando fundamentalmente do significado da vida e o lugar da luta; bell está falando do significado da luta e da servidão. Para aqueles de nós que somos cristãos, existem certos fundamentos teológicos nos quais se baseia nosso compromisso de servir. A vida cristã é entendida como uma vida de servidão. Mesmo assim, os cristãos não têm o monopólio das alegrias que vêm da servidão, e aqueles de vocês que fazem parte de uma cultura secular também podem desfrutar dessa sensação de enriquecimento. Os irmãos e as irmãs muçulmanos compartilham uma prática religiosa que também enfatiza a importância da servidão. Quando falamos de um compromisso com uma vida de servidão, devemos também falar do fato de que tal compromisso implica nadar contra a corrente, particularmente contra os fundamentos de nossa sociedade. Para falar dessa maneira sobre servidão e luta, devemos também falar sobre as estratégias que nos permitam sustentar essa sensibilidade, esse compromisso.

BELL HOOKS | Quando falamos do que sustenta e alimenta nosso crescimento espiritual como povo, devemos mais uma vez falar da importância da comunidade, pois uma das formas mais vitais de nos sustentarmos é construir comunidades de resistência, lugares onde sabemos que não estamos sozinhos. Em *Prophetic Fragments* [Fragmentos proféticos], Cornel começa seu ensaio sobre Martin Luther King citando versos de um *spiritual*: "He promised never to leave me, never to leave me alone" [Ele prometeu nunca me deixar, nunca me deixar sozinho]. Na tradição espiritual negra, a promessa de que não estaremos sozinhos não deve ser entendida como uma afirmação de passividade. Isso não significa que podemos ficar parados esperando que Deus cuide das coisas. O que faz com que não estejamos sozinhos é a construção conjunta de uma comunidade. Existe certamente um grande sentimento de comunidade nesta sala hoje. E, no entanto, quando eu era professora aqui em Yale, sentia que meu trabalho não era reconhecido. Não ficava claro que meu trabalho estava tendo um impacto significativo. Mas sinto esse impacto hoje. Quando entrei na sala, uma irmã negra me falou do quanto minhas aulas e meus textos a haviam ajudado. A afirmação crítica da qual Cornel falou sugere algo mais. Ela diz: "Irmã, o que você está fazendo me encoraja de alguma forma". Muitas vezes as pessoas pensam que quem espalha essa mensagem está tão "bem-resolvido" que não precisa de uma afirmação, de um diálogo crítico sobre o impacto de tudo o que ensinamos e escrevemos e de como vivemos no mundo.

CORNEL WEST | É importante observar o quanto as pessoas negras em particular, e progressistas em geral, sentem-se alienadas e inadequadas nas comunidades que nos sustentam e nos apoiam. Muitos de nós ficam desabrigados. Nossas lutas contra o sentimento de vazio e as tentativas de nos reduzir a nada são constantes. Regularmente deparamos com a seguinte pergunta: "Onde posso encontrar uma sensação de lar?". Essa sensação de lar só pode ser encontrada no modo como construímos as comunidades de resistência das quais bell fala, e na solidariedade que podemos vivenciar dentro delas. O que promove a renovação é a participação na comunidade. Essa é a razão pela qual tantas pessoas continuam indo à igreja. Na experiência religiosa, encontram uma sensação de renovação, uma sensação de lar. Como parte de uma comunidade, podemos sentir que estamos avançando, que é possível sustentar a luta. Conforme seguimos adiante como progressistas negros, devemos lembrar que as comunidades não são sobre homogeneidade. A homogeneidade é uma imposição dogmática, que força as outras pessoas ao seu modo de vida, à sua maneira de fazer as coisas. Não é a isso que estamos nos referimos quando falamos em comunidade. A insistência dogmática de que todos pensem e ajam de forma igual causa desentendimentos entre nós, destruindo a possibilidade de comunidade. Essa sensação de lar de que estamos falando e que estamos buscando é um lugar no qual possamos encontrar compaixão, além de ter reconhecidas nossas diferenças, a importância da diversidade e a nossa singularidade individual.

BELL HOOKS | Quando evocamos uma sensação de lar como lugar onde podemos nos renovar, onde podemos conhecer o amor e a doce comunhão de um espírito compartilhado, acho importante lembrarmos de que esse espaço de bem-estar não tem como existir em um contexto de dominação machista, em um ambiente no qual as crianças sejam objeto de dominação e abuso parental. Basicamente, quando discutimos a ideia de lar, devemos falar da necessidade de transformar o lar afro-americano, para que nele, nesse espaço doméstico, possamos vivenciar a renovação do compromisso político com a luta pela libertação negra. Para que nesse espaço doméstico aprendamos a servir e honrar uns aos outros. Se pensarmos nos direitos civis, no movimento *black power*, as pessoas em grande medida se organizavam dentro de casa. O lar era o lugar onde as pessoas se reuniam para desenvolver consciência crítica. Esse senso de comunidade, cultivado e desenvolvido no lar, se estendeu para um contexto público mais amplo. Quando falamos sobre o poder negro no século XXI, sobre a parceria política entre mulheres e homens negros, precisamos falar sobre como transformar nossas concepções das maneiras e dos motivos pelos quais estabelecemos vínculos entre nós. Em *Amada*, Toni Morrison apresenta um paradigma para as relações entre homens e mulheres negros. Seiso descreve seu amor pela Mulher dos Cinquenta Quilômetros, declarando: "Ela é uma amiga da minha cabeça. Ela me junta, meu irmão. Os pedaços que eu sou, ela junta todos e me devolve todos na ordem certa. É bom, sabe, quando se encontra uma mulher que é amiga da sua cabeça". Nessa passagem, Morrison evoca uma ideia de vínculo que pode ter raiz na paixão, no desejo, até mesmo no amor romântico, mas o ponto de conexão entre as mulheres e os homens negros é aquele espaço de reconhecimento e compreensão, no qual conhecemos tão bem uns aos outros, nossas histórias, que podemos pegar os fragmentos de quem somos e juntá-los, reconectar o que estava desmembrado. É essa alegria trazida pelos vínculos intelectuais, por trabalharmos juntos para criar uma teoria e uma análise libertárias, que mulheres e homens negros podem oferecer uns aos outros, que Cornel e eu oferecemos um ao outro. Somos amigos da cabeça um do outro. Quando nos encontramos, estamos em casa. É essa alegria da comunhão que celebramos e compartilhamos com vocês esta manhã.

22. Gloria Watkins entrevista bell hooks: não, não estou erguendo a voz contra mim mesma (janeiro de 1989)[30]

GLORIA WATKINS | Por que você começou pela importância de se lembrar da dor?

BELL HOOKS | Porque às vezes eu fico assombrada, como quando acho que algo é aterrorizante, por exemplo, ao ver que muitas das pessoas que escrevem sobre dominação e opressão estão distanciadas da dor, da experiência de ser ferido, da feiura. Na maioria das vezes, é como se o que estivesse em jogo fosse apenas um assunto — um "discurso". A pessoa não acredita de fato que "o que eu digo aqui, essa teoria que estou apresentando, pode ajudar a transformar a dor que eu sinto ou que outras pessoas sentem". Digo que é importante se lembrar da dor porque acredito que a verdadeira resistência começa pelo enfrentamento da dor, seja da própria dor ou da dor de outra pessoa, e de querer fazer algo para transformá-la. E é essa dor que deixa tantas marcas na vida cotidiana. A dor como catalisadora de transformações, de atitudes em busca de

30. A autora faz uma brincadeira com seu nome de batismo, Gloria Jean Watkins, e o pseudônimo com que assina seus livros, bell hooks, como se fossem pessoas diferentes. [N.E.]

transformação. Às vezes, trabalhando no ambiente acadêmico, percebo que o fato de colegas meus não entenderem essa dor é o que cria uma sensação tão profunda de isolamento. Acho que é por isso que, em todos os lugares pelos quais passo, meus verdadeiros camaradas muitas vezes são trabalhadores não acadêmicos — que conhecem essa dor, que estão dispostos a falar dessa dor. É isso que nos conecta — a consciência de que conhecemos essa dor, de que já a vivenciamos ou viremos a enfrentá-la novamente. Isso faz parte da experiência negra na qual Toni Morrison se baseou para escrever *Amada*.

Eu achava que você em geral se opunha a usar a ficção ou se referir à ficção como uma maneira de falar sobre a experiência negra concreta.

Não, não é isso. É claro que fico perturbada e com razão quando as pessoas querem ler ficção em vez de sociologia, em vez de história. O que a ficção pode fazer, e faz bem, é evocar, insinuar, por assim dizer, aquilo que pode ter sido vivenciado na realidade concreta. *Amada* foi uma obra extremamente poderosa para mim, não tanto por causa da história, que, de uma maneira muito próxima ao que Morrison expõe, conhecemos muito cedo, mas sim por causa da angústia da escravidão, do persistente sofrimento emocional que ela evoca no texto. E, francamente, não penso que haja livros de não ficção suficientes que tentem falar dessa angústia — essa tristeza tão profunda sentida pelo povo negro —, que nos deixou sem palavras. Em críticas bastante negativas a *Amada* (uma delas escrita por Ann Snitow, crítica branca, e a outra por Stanley Crouch, crítico negro), dois autores comparam a obra à literatura sobre o holocausto, especificamente à literatura da experiência judaica que surgiu a partir da tragédia nazista. Embora considerem essa semelhança negativa, eu vejo como uma tentativa fundamental de marcar na consciência do leitor que a experiência da escravidão foi, para os afro-americanos e seus descendentes, uma experiência com caráter de holocausto — uma tragédia de tal magnitude que faz com que as pessoas sofram e se sintam angustiadas ainda hoje.

Você está dizendo que deveria haver mais obras literárias que abordassem esse trauma e o efeito que ele tem na nossa psique atualmente?

Com certeza, especialmente obras literárias que abordem o impacto psicológico. Estive no Canadá — em Montreal — falando para um grupo de cineastas sobre várias coisas, mas um dos assuntos foi a realização de filmes sobre grupos aos quais não se pertence, e conheci uma cineasta que fez um documentário, *Dark Lullabies*, sobre crianças judias cujos pais sobreviveram a campos de concentração. Vi o filme com outra mulher negra, e estávamos apenas nós duas na sala. Depois que terminamos de assistir, conversamos sobre como o filme nos fez pensar sobre a experiência negra — a escravidão, a reconstrução, o *apartheid* (também conhecido como Jim Crow) — e sobre como nos dói, enquanto pessoas negras conscientes, saber que não houve uma documentação semelhante da dor e do sofrimento das pessoas negras, bem como de seu efeito debilitante na nossa vida emocional. Irene, a cineasta, é filha de sobreviventes (na verdade, grande parte do filme se concentra em sua jornada de descoberta do passado). Ela e eu conversamos sobre as relações entre o povo negro e o povo branco judeu, sobre a inveja que os negros têm da forma como a experiência judaica do holocausto é cada vez mais amplamente documentada — a forma como as pessoas, especialmente nos filmes, tomam consciência e passam a estar atentos não só a essa experiência, mas também aos danos terríveis para a psique dos sobreviventes. Muitas vezes, vários aspectos da experiência negra que têm um enorme impacto na vida emocional, na percepção de alguém sobre si, não são documentados — como a escravidão, como Jim Crow (aquele período em que os negros não podiam experimentar as roupas que queriam comprar, pequenas coisas). De todo modo, acredito que as escritoras negras e suas ficções tentaram documentar isso, tentaram conscientizar as pessoas.

Não surpreende. E isso nos faz mudar um tanto de assunto — mudar bastante, na verdade. Você usa um exemplo que tem a ver com roupas, com moda. Por quê? Por que você tem tanto interesse por moda?

Isso é assunto para uma longa conversa — para outro momento. Mas posso adiantar um pouco. Não acho que estamos mudando tanto de assunto. Por causa da opressão e da dominação, os modos como imaginamos a nós mesmos, como entendemos a representação de nós mesmos enquanto pessoas negras, tornaram-se bastante importantes. Para nós, as roupas tiveram muito a ver com a natureza da exploração vivenciada pelas classes mais baixas. Isso porque encontramos prazer nas roupas (e a constituição desse prazer tem sido uma força mediadora entre a realidade da dor, o sentimento internalizado de ódio que sentimos de nós mesmos e até nossa resistência).

As roupas têm tido um papel político na experiência negra. Perceba que esse é outro aspecto da nossa experiência que deve ser estudado, discutido. Estou particularmente interessada na relação entre o estilo expresso nas roupas e a subversão, a maneira como os povos dominados e explorados usam o estilo para expressar resistência e/ou conformidade. Para o livro em que estou trabalhando agora, *Sisters of the Yam: Black Women and Self-Recovery* [Irmãs do inhame: mulheres negras e autorrecuperação], escrevi um texto sobre cabelo (e como tenho falado sobre filmes, permita-me mencionar aqui o curta-metragem *Hairpiece* [Peruca], de Ayoka Chenzira, que documenta de uma forma divertida e profunda a nossa ligação com a coisa do cabelo ao longo da história. De todo modo, escrevi um capítulo sobre cabelo para o livro, e ele fala sobre como passei por diferentes lugares fazendo perguntas às mulheres negras sobre nosso cabelo, o que fazemos com ele, como nos sentimos — o modo que ele é uma expressão política de quem somos em uma sociedade supremacista branca...

Você diz que esse novo livro fala de autorrecuperação — o que quer dizer com isso?

Isso também está relacionado ao que eu estava falando antes, sobre a experiência do holocausto, sobre a continuidade do genocídio, porque grande parte das minhas reflexões críticas estão atualmente focadas na experiência negra da opressão e em como ela nos machuca e nos maltrata. E estou particularmente interessada no que fazemos para nos curar, para recuperar um sentido de integridade. Aqui nos Estados Unidos, autorrecuperação é um termo usado com mais frequência em terapias relacionadas ao abuso de drogas, ao vício. Não foi nesse contexto que deparei com o termo; eu o encontrei lendo o trabalho do monge budista Thich Nhat Hanh, que fala sobre como as pessoas oprimidas, dominadas ou politicamente vitimadas se recuperam, sobre como as pessoas colonizadas agem para resistir e se livrar da mentalidade do colonizador, por exemplo. Nos últimos tempos, tenho dito com frequência que a saúde mental é o campo mais importante na contemporaneidade, uma fronteira revolucionária central para as pessoas negras, porque não é possível resistir efetivamente à dominação quando se está tão perdido. O título desse novo livro, *Sisters of the Yam*, vem do romance *The Salt Eaters* [Os comedores de sal], de Toni Cade Bambara, que é uma obra de ficção que trata da autorrecuperação, de estar bem. Ele começa com aquela pergunta maravilhosa: "Você tem certeza, coração, de que quer estar bem?".

Muito do que você está falando tem como foco as pessoas negras. Você tem chamado mais atenção para o racismo do que para o machismo atualmente?

Não. Você sabe que tenho uma consciência profunda de que nós, pessoas negras, devemos estar atentas à importância da dominação e da opressão na nossa vida em todas as suas formas se quisermos nos recuperar, se quisermos pensar criticamente sobre a opressão, resistir criticamente à opressão, de uma forma revolucionária. E resistir à opressão significa mais do que apenas reagir contra quem nos oprime: significa vislumbrar novos hábitos de ser, maneiras diferentes de viver no mundo. Muitas vezes me sinto exausta ao pensar que nós, mulheres negras, ainda temos que defender nosso interesse na erradicação do machismo e da opressão sexista na política feminista, que devemos lidar continuamente com pessoas que nos perguntam qual dessas questões é mais importante, ou que nos dizem que a raça é mais importante. É por isso que acho que é tão fundamental nos concentrarmos em dar um basta à opressão e à dominação, porque isso nos proporciona um enfoque inclusivo; ele nos permite olhar para nós mesmos como um todo, como pessoas que são afetadas pelo machismo, pelo racismo e pela exploração de classe. Pensar em uma estrutura complexa de dominação é o que realmente nos ajuda a ter um controle concreto sobre as questões políticas que temos que enfrentar diariamente.

Voltemos à questão da autorrecuperação, ao monge budista. Conte mais a respeito, sei que você tem interesse no tema da espiritualidade. Como você concilia esse interesse com a política radical?

Para mim, a vida espiritual não é um interesse, é um modo de existência, de estar no mundo, é o fundamento de tudo.

Você poderia ser mais específica sobre o que a espiritualidade significa para você?

Bem, é difícil, né? É difícil pôr em palavras. Não tenho como dizer muito a respeito. Existem tantos mistérios, tantas coisas indefinidas, coisas que não são claras... Simplesmente, tem a ver com uma crença básica no espírito divino — em Deus e no amor como uma força que faz com que as pessoas sejam capazes de demonstrar piedade e poder espiritual. Eu tenho me interessado sobretudo pela dimensão mística da experiência religiosa. E não vivencio esse interesse como se ele estivesse em conflito com preocupações políticas, mas em harmonia com elas. Tudo isso faz parte de um mesmo todo para mim. Ultimamente tenho lido Thomas Merton, especialmente o que ele escreveu sobre a vida monástica, e venho notando conexões profundas entre a espiritualidade, a experiência religiosa e o desejo de criar um espaço de pensamento crítico, de contemplação. Para mim, parte do apelo de Thich Nhat Hanh vem do modo como ele se envolve com questões políticas. A primeira vez que li algo dele foi no livro *The Raft Is not the Shore* [A jangada não é a costa] — uma série de conversas entre ele e Daniel Berrigan, na qual falam sobre a vida religiosa, a guerra do Vietnã (Nhat Hanh é vietnamita) e a necessidade de resistência e protesto. Eles falam disso em um contexto em que também reconhecem a primazia da vida espiritual — o elemento que conecta os dois. A vida espiritual tem muito a ver com autorrealização, com uma maior conscientização não apenas sobre quem somos, mas sobre nossas relações em comunidade, algo profundamente político.

E isso tem relação com a autorrecuperação?

Tem tudo a ver. Existe uma união bastante perfeita entre a busca espiritual pela conscientização, pela iluminação, pela autorrealização, e a luta dos povos oprimidos, das pessoas colonizadas, para transformar nossa situação, para resistir — para deixarmos de ser um objeto e nos tornarmos um sujeito; a integridade do ser, em grande parte, é o que precisamos restaurar em nós mesmos antes de conseguirmos protestar de forma organizada e significativa. Em uma sociedade como a nossa, é na experiência espiritual que encontramos um espaço adequado para estabelecer tal integridade.

Você pode falar um pouco sobre protestos organizados, sobre o movimento pelos direitos civis? Você acha que estamos apáticos?

Para mim, o movimento pelos direitos civis foi uma das lutas de resistência mais poderosas e comoventes do mundo. Eu tenho muito respeito pelo povo negro, por todas as pessoas que se doaram, que dedicaram a própria vida ao movimento. Uma vez dei uma palestra e, durante a conversa, uma jovem estudante negra disse que, quando pensava no movimento pelos direitos civis, logo pensava nos homens negros tendo o direito de ter parceiras brancas. Ela queria saber se o movimento realmente tinha conquistado algo. A afirmação dela me chocou — fiquei estupefata —, mas se mostrou compatível com esses tempos a-históricos. Lembrei a ela e a todos nós, então, que, mesmo com o machismo dos homens negros, sem o movimento dos direitos civis eu não poderia nem estar falando. Nenhum de nós, isto é, pessoas negras, estaríamos naquela sala e naquela universidade se não fosse pelo movimento dos direitos civis. Eu a incentivei a estudar o movimento, a ler as palavras de Septima Clark, suas reflexões. Acho que o movimento dos direitos civis ainda é um modelo importante para o engajamento em protestos nos Estados Unidos, embora muitos de nós possamos pensar que essa apatia, essa indiferença, ainda existem; eu acho que o que realmente existe é ignorância, sentimentos amplamente disseminados de impotência que nos roubam nosso poder de protestar e se organizar.

De onde vem esse sentimento de impotência?

Vem de circunstâncias concretas, reais, provenientes da exploração. Mas, o que é muito mais perigoso, também se aprende essa impotência pela mídia, pela televisão, porque é pela televisão que muitas pessoas negras aprendem a adotar os valores e a ideologia da classe dominante, mesmo vivendo em circunstâncias de opressão e privação. Vem de programas como *Dynasty* e *Dallas*, que têm como foco homens brancos ricos, por meio dos quais se dá grande parte da colonização do nosso pensamento como população negra. E a maioria de nós, hoje em dia, não assiste televisão com um olhar crítico.

Isso me parece nos levar de volta à questão da autorrecuperação, que sei que está fundamentalmente ligada, no seu pensamento, a uma educação destinada à consciência crítica.

Perceba que a educação e a autorrecuperação nos remetem à organização — ao protesto. As pessoas têm que saber o que está acontecendo com elas. Muitos de nós não sabemos ler. Não vamos aprender nos livros; quem vai — e onde, quando e como — ensinar? E é nesse ponto que podemos começar a conceitualizar a politização racial da saúde mental.

Em *Feminist Theory: From Margin to Center*, você sugeriu que as feministas deveriam ir de porta em porta conversar com as pessoas sobre política feminista. Essa mesma abordagem poderia ser aplicada aqui. Estamos mudando de assunto e você já fez todo tipo de digressão. Você poderia falar mais sobre o seu envolvimento com o feminismo? Muitas mulheres negras ainda não se comprometem publicamente com o feminismo, embora mudanças consideráveis tenham acontecido.

No fundo, sou tão apaixonadamente comprometida com a política feminista como mulher negra porque sinto que grande parte de nossa capacidade de lutar contra a opressão, a dominação e, em especial, o racismo é prejudicada pela opressão interna e pela dominação causada pelo apoio coletivo ao machismo — e à opressão machista — entre o povo negro. E vejo a luta para acabar com o machismo e a opressão machista como extremamente necessária para nossa sobrevivência como pessoas negras, de modo que, para mim, sempre parece tragicamente irônico que alguém possa sugerir que a luta feminista para acabar com o machismo enfraquece a libertação negra (é claro que acredito fundamentalmente que a luta feminista deve ser desassociada dos esforços pelos direitos das mulheres brancas, que servem à supremacia branca). Recentemente, ao conversar sobre feminismo com setenta jovens mulheres negras, enfatizei repetidamente que, quando penso em feminismo, ele não é primordialmente simbolizado por mulheres brancas. Eu penso em machismo e, em seguida, de forma ampla, penso na luta para acabar com o machismo e a opressão machista. Deve-se definir uma separação entre uma luta feminista que pode se dar em solidariedade com as mulheres brancas ou à parte delas, e nos vermos como mulheres negras que apoiam um movimento racista pelos direitos das mulheres.

Isso nos faz pensar na questão da separação entre movimentos.

Acredito na força de uma luta e de um movimento feminista diversificado, voltado a se tornar um movimento político em massa. Não acho que o foco central do movimento feminista contemporâneo tenha sido nessa direção, que o movimento tenha tido um foco radical contínuo e dirigido a um grande número de pessoas; é por isso que as preocupações reformistas das mulheres brancas privilegiadas, não radicais, têm estado tanto no centro das atenções. Como seres políticos engajados em uma luta dialética, é nossa tarefa (e aqui, quando eu digo "nossa", quero dizer de qualquer um de nós que estejamos comprometidos com o movimento feminista revolucionário) trabalhar para interrogar e mudar o foco, a direção do futuro do movimento feminista. É nossa tarefa incentivar as pessoas que pensam da mesma maneira a contribuir para esse esforço. Quando e se esses esforços não forem bem-sucedidos, certamente iremos agir separada e isoladamente. Hoje, quando se trata de mulheres negras, estou mais preocupada em começar a pensar criticamente sobre a exploração e a opressão machista em nossa vida e em imaginar estratégias de resistência, algumas das quais, sem dúvida, estão ligadas às mulheres brancas e a todas as mulheres, e outras que expressam nossas preocupações específicas como mulheres negras. Acho que agora o mais importante é começarmos a examinar coletivamente nossa experiência e a analisar o que deve ser feito para conscientizar o povo negro a respeito da luta feminista.

Por fim, conte a respeito de como você se vê — como feminista, como escritora. Por que você quis fazer isso, ter uma

conversa com você mesma? Isso meio que divide você em duas pessoas, bell hooks e Gloria Watkins.

É engraçado quando você diz "divide em duas pessoas" — para mim são duas partes de um todo composto de muitas partes. E, como você sabe, sou uma pessoa bastante séria durante grande parte do tempo. Ser contemplativo nos tempos atuais implica manter uma seriedade, e eu tenho que fazer uma pausa de vez em quando para equilibrar as coisas. Então eu satisfaço a brincalhona que existe em mim. Esse eu, de uma forma bastante infantil, adora brincar, atuar, fazer espetáculos. Claro que também há maneiras de o jogo ser bem sério para mim. É uma forma de ritual. O que me leva mais uma vez a pensar em como eu me vejo — obcecada com questões estéticas. Eu me vejo como escritora e pensadora — todo o resto decorre daí. Quero escrever mais — muitas coisas diferentes de muitas maneiras diferentes.

Pensar em política feminista interferiu nisso?

Sim! Sim! Lembro que em *Lavender Culture* [Cultura de lavanda], de Karla Jay e Allen Young, há uma parte escrita por uma mulher branca que narra a própria vida antes e depois de se assumir como lésbica. De repente, tudo o que ela faz se concentra nisso, e outras partes dela mesma, da vida, ficam de lado. Até que finalmente começa a ficar preocupada. E acho que muitas mulheres profundamente imersas na política feminista sentem o mesmo. Permita-me citar um exemplo simples, mas importante. Antes de pensar tanto sobre feminismo, eu entrava nas livrarias e procurava principalmente por poesia, arte, textos espirituais. Então, quando mergulhei no feminismo, eu ia sempre à seção das mulheres, mas mesmo assim não conseguia me manter atualizada quanto a todos os livros que estavam sendo publicados. Portanto, durante algum tempo, todas essas preocupações que expressam outras partes de mim foram de algum modo negligenciadas — como minha poesia e outros escritos criativos, que em grande parte ainda não foram publicados. E eu não me esforço tanto quanto deveria para publicá-los porque estou muito focada nos livros feministas que recebem atenção, que têm um público. No momento, estou tentando publicar dois manuscritos: um romance de detetive louco e espirituoso (não é o que as pessoas considerariam um típico romance de detetive) com, claro, uma detetive negra, e um livro de memórias da minha infância. Quero muito me estabelecer como escritora de ficção, o que é difícil, especialmente porque tenho me dedicado a essa parte acadêmica, primeiro terminando uma tese sobre Toni Morrison, e agora escrevendo mais críticas literárias. Concluí recentemente um novo texto sobre *O olho mais azul*, que definitivamente é um dos meus livros favoritos.

Parece que você adora a obra da Toni Morrison.

Bem, eu passei bastante tempo lendo a obra dela. Tenho que viver com os livros para conhecê-los. E eu vivo com os livros da Toni Morrison. Seu ponto de vista artístico como escritora me fascina — e não acho todos os livros que escreve igualmente convincentes —, mas ela tem um ponto de vista especial, assim como Toni Bambara, Bessie Head e muitas outras.

Você lê principalmente escritoras negras?

Menina, quem dera. Gostaria que existissem tantas mulheres negras escrevendo tantos livros que todos os dias da minha vida eu poderia ler pelo menos um novo texto escrito por uma de nós — mas não é assim que as coisas são. Eu leio de tudo — todo tipo de coisa — e não gostaria de mudar isso. Certamente, ministrar cursos sobre escritoras negras me mantém mais em sintonia com o que temos feito. Eu gosto muito dos textos experimentais — lúdicos — das obras de Marguerite Duras, por exemplo, ou Natalie Saraute. Acho que uma das dificuldades que tive para encontrar editores que me publicassem foi porque meus textos são diferentes — estranhos. Claro que não são estranhos para mim; são estranhos para o mercado. A obra das mulheres negras não é uma daquelas mercadorias quentes para o mercado literário. Estamos correndo o risco de criar uma noção objetificada, estática e fixa de quem e o que é uma escritora negra e sobre o que ela deve escrever. E isso é difícil. Como criar obras de ficção que serão lidas, mas que mantenham a particularidade de cada pessoa? E que não sejam apenas uma resposta para as pessoas brancas, para um mercado branco, para qualquer mercado?

Então você pretende escrever mais livros de teoria feminista?

Eu gostaria de fazer algo sobre feminismo e a luta pela libertação negra — ou sobre sexualidade. Mas agora estou focada no livro do inhame.

Você diz que foi difícil dar forma ao livro *Erguer a voz*.

Difícil porque foi diferente para mim. Não é uma monografia, mas uma antologia. E existem repetições que o tornam menos empolgante. Ainda assim, no geral, ele tem seu papel. Ao escrever muitas coisas diferentes, passei a compreender que nem todo texto tem que fazer a mesma coisa ou ter o mesmo efeito.

GLORIA WATKINS | BELL HOOKS | De todo modo, no que diz respeito à escrita, estou seguindo em frente.

23.
um anseio final
(janeiro de 1990)

GLORIA WATKINS | Como você relaciona este novo livro, *Anseios*, ao interesse pela autorrecuperação sobre o qual você falou na entrevista anterior?

BELL HOOKS | Bem, eu pretendia terminar o projeto de *Sisters of the Yam*, que era o livro sobre autorrecuperação, para publicá-lo antes de *Anseios*, mas as coisas acabaram não acontecendo assim. Eu tenho trabalhado pouco a pouco no livro do inhame, então ele está surgindo devagar. Ainda assim, acho que existe uma relação entre ele e *Anseios*, na medida em que a produção cultural pode exercer e exerce de fato um papel de cura na vida das pessoas. A produção cultural pode agir como força catalisadora que motive as pessoas a darem início ao projeto de autorrecuperação. Para muitos leitores, foi possível vivenciar algo assim com os romances *A cor púrpura*, de Alice Walker, e *O olho mais azul* ou *Amada*, de Toni Morrison. Dois livros que certamente me fizeram pensar sobre as maneiras que as pessoas negras podem lidar com a questão da autorrecuperação foram *Praisesong for the Widow*, de Paule Marshall, e *Mama Day*, de Gloria Naylor. A obra de Marshall me fascina porque esse romance realmente traz um mapa, mapeia uma jornada por meio da qual as pessoas que se perderam podem se reconectar consigo mesmas. Ao contrário de muitos romances escritos por mulheres negras, *Praisesong* descreve uma relação heterossexual realmente positiva entre Jay e Avey, tendo como base o prazer que sentem em compartilhar a história e a produção cultural negra (observemos todas as referências à música negra, as citações de poesia negra), mas, ainda assim, perdem a conexão que tinham conforme Jay passa a se sentir obcecado pelo capitalismo e com "vencer na vida." Há uma passagem na qual Avey, pensando criticamente sobre o passado, diz: "Nos comportávamos como se não houvesse nada em nós digno de honra". Esse trecho me marcou, me assombrou. Pensei na minha vida, no meu único e longo relacionamento, que eu sentia ter sido prejudicado pela nossa incapacidade de lidar com o fato de sermos dois artistas/intelectuais negros vivendo simultaneamente em um contexto predominantemente branco e em uma relação convencional. Olhando para trás, acho que muita coisa poderia ter sido diferente se tivéssemos lidado com nossa vida reconhecendo as conexões entre nossos esforços para ter um relacionamento amoroso e a luta para sermos pessoas negras descolonizadas — o trabalho de autorrecuperação política.

Como isso se relaciona com *Mama Day*? O livro quase não repercutiu entre os críticos...

Mama Day é um livro bastante incomum. É uma verdadeira celebração da sabedoria tradicional do povo negro, dos rituais de cura que faziam parte dessa vida. E Naylor sugere fortemente, e eu concordo com ela, que as pessoas negras podem aprender com o passado, e que não têm que desistir dele para se encaixar na vida da cidade. Eu amo o contraste entre a experiência do campo e da cidade nessa obra. Mas, antes de tudo, sou tocada pelo ritual de "luz terna, suave, guia-me", que, como a passagem de *Praisesong* que mencionei, diz respeito a rituais de rememoração postos em prática por pessoas negras que prestam homenagem ao passado e renovam nossos espíritos para que possamos encarar o futuro.

Até agora você mencionou apenas romances. Que outros tipos de literatura você gostaria que abordassem essas questões?

Eu gostaria de ver a produção de um conjunto de obras sobre psicanálise e experiência negra. Na minha vida pessoal, algo que realmente me ajudou foi ler a obra de Alice Miller (embora eu ache que ela tem uma tendência a atribuir às mães a culpa pelos problemas dos filhos). A obra dela, em particular, e outras obras que tentam entender como a experiência do trauma dá forma à personalidade e às atitudes, da infância até a vida adulta, parecem uma contribuição importante para as pessoas negras, uma possibilidade que ainda não foi suficientemente explorada. Outro livro que me ocorre é *Soul Murder: Persecution in the Family* [Assassinato da alma: perseguição na família], de Morton Schatzman, que tenta formular uma estrutura psicológica para entendermos os efeitos do trauma.

E todas aquelas pessoas que dizem que essa coisa de psicanálise é para os brancos e não nos ajuda a entender nada sobre a vida negra?

Ainda que romances como *Dessa Rose* ou *Amada* evoquem o sentimento de trauma durante a escravidão e o modo como ele vai se inserindo na vida das pessoas negras mesmo que essa instituição já esteja distante de nós, essas obras não necessariamente mapeiam uma jornada de cura imediatamente aplicável à vida contemporânea das pessoas negras. Em *Black Rage* [Fúria negra] e outras obras que apareceram nos anos 1960 e 1970, pensadores negros certamente tentaram encarar seriamente a maneira como o racismo e o terrorismo que enfrentamos por viver no contexto da supremacia branca nos afetam como povo negro, mas muitos desses trabalhos não foram longe o suficiente. Muitas vezes apresentaram interpretações insuficientes e superficiais. Um dos meus alunos negros se interessa muito por psicanálise, e temos conversas intermináveis sobre o fato de que não precisamos que alguém simplesmente pegue os textos críticos brancos da psicanálise e os transponha superficialmente para a vida das pessoas negras. Precisamos é de um tipo de explicação sofisticada sobre esses materiais que nos permita extrair deles o que nos for útil. Também precisamos de mais homens e mulheres negros adentrando o campo da psicanálise para fazer mais pesquisas e elaborar uma teoria que seja inclusiva, sensível, e que tenha um bom entendimento da história e da cultura negras.

Você está falando da produção de material teórico, tipos de trabalho que geralmente não são lidos por um público de massa. Que processo poderia levar esse conhecimento a alcançar um público mais amplo?

Permita-me dizer primeiro que realmente acredito que uma forma politizada de cuidado mental é a nova fronteira revolucionária a ser cruzada pelo povo negro. E Frantz Fanon sem dúvida compartilhou esse fato conosco anos atrás. Preocupa-me que tão poucos pensadores negros se baseiem na obra de Fanon, ou tenham continuado de onde seu trabalho parou. É certo que a maioria dos trabalhos tradicionais que abordam as questões psicológicas que as pessoas negras enfrentam é machista, e isso os torna textos bastante improdutivos de muitas formas. Há muitas maneiras de levar uma mensagem de autorrecuperação politizada a um público negro em massa. Uma dessas maneiras é a produção de literatura de autoajuda. Outra é abordar esse tópico em igrejas, centros comunitários, casas. Recentemente, eu estava conversando com estudantes negros de uma universidade no estado de Washington que relataram o quanto estão divididos como comunidade. Perguntei se já tinham pensado em fazer uma série de discussões sobre "cura racial".

Explique melhor o que você quer dizer, porque eu imediatamente pensei na *sexual healing* [cura sexual], de Marvin Gaye.

Acho que "cura racial" e "cura sexual" estão muito conectadas. Fica claro para quem lê a biografia de Marvin Gaye, *A Divided Soul* [Uma alma dividida], que ele foi criado no contexto de um ambiente familiar disfuncional que impossibilitou que construísse uma identidade, um senso de si próprio, fora desse contexto de tantas feridas. E é claro que a área da vida em que ele se sentia mais ferido era a da sexualidade. Parece-me que a cura racial diz realmente respeito a nós, como povo negro, percebermos que temos que fazer mais do que simplesmente definir o modo como nosso espírito é devastado pelo racismo (certamente foi mais fácil darmos nome ao problema) — temos que construir estratégias úteis de resistência e transformação.

Bem, como fazemos isso?

Ultimamente, sempre que estou falando com um grupo de pessoas negras, peço que compartilhemos conhecimentos sobre como lidamos com o impacto do racismo e do machismo na vida cotidiana. Pessoas que sentem que foram capazes de intervir criticamente na própria vida e na vida de seus entes queridos de uma maneira significativa trazem novas ideias e estratégias concretas de transformação.

E quanto ao seu trabalho? Que direção ele tem tomado agora?

Acho que é muito significativo o fato de mais de um ano ter se passado desde a entrevista intitulada "Não, não estou erguendo a voz contra mim mesma" e meus dois originais completos, o romance *Sister Ray* e o livro de memórias da minha juventude, *Black is a Woman's Color*, ainda não terem sido publicados. O que significa que foram rejeitados em diferentes lugares — isso faz parte de ser escritora nesta sociedade. É claro que, como as duas obras são de um tipo de escrita realmente diferente, acho que será mais difícil encontrar editores que as aceitem. Mais do que nunca, sinto-me muito consciente do modo que as estratégias de marketing levam as editoras a incentivar os escritores negros (e outras pessoas) a desenvolver certos tipos de personas vendáveis, aceitando apenas trabalhos que se ajustem a essa persona. Essa tática sufoca efetivamente a produção criativa, especialmente no caso de mulheres não brancas.

Como você reage se quer ser ouvida, se quer que seu trabalho chegue até as pessoas?

Na introdução de *Anseios*, escrevi sobre tentar publicar o ensaio sobre *Looking for Langston* [Em busca de Langston], filme de Issac Julien, na *Z Magazine*. Mais tarde, quando falei com eles, recebi um sermão amigável sobre como meu melhor trabalho é realmente o autobiográfico, de linguagem mais clara etc. (Me contaram que consideraram rejeitar o texto, mas decidiram publicá-lo com pequenas edições. Essas concessões foram aceitáveis para mim na época. Quando refleti sobre essas alterações tempos depois, fiquei "apavorada" pensando em como pequenas mudanças poderiam mudar o significado e o espírito do ensaio.) Ouvi o papo deles e não tentei intervir; é cansativo. Quem não é escritor nem sempre é sensível ao desejo que eu tenho, e sei que outros escritores negros compartilham desse gosto por escrever em múltiplas vozes, e não privilegiar uma voz sobre outra. Para mim, o ensaio sobre o filme de Issac é diferente de outros trabalhos dos quais também gosto. Não fico comparando os meus textos para ver qual voz é melhor; para mim, são trabalhos diferentes, e justamente por causa dessa diferença podem atrair diferentes públicos. Essa é a alegria de ser polifônica, a alegria da multivocalidade.

Gostaria que você falasse sobre os trabalhos que estão perto de sair, mas primeiro estou morrendo de vontade de saber se você acha que *Anseios*, apesar de fazer uma crítica ao pós-modernismo, é uma obra pós-moderna.

A Tanya, minha "filha postiça", que trabalha na editora South End Press e ajudou a editar este livro, queria que eu desse uma resposta a essa pergunta. O livro, até certo ponto, poderia ser visto como pós-moderno, na medida em que a vocalidade polifônica de que estamos falando vem de um contexto social pós-moderno. Existem vários espaços diferentes neste livro, nesta jornada. Esse movimento expressa as condições pós-modernas de falta de morada, deslocamento, desenraizamento.

Você poderia, por favor, fazer uma relação entre essa discussão e a insistência de Cornel West quanto ao niilismo que permeia a vida do povo negro?

Como sabemos que os afro-americanos são pessoas deslocadas e exiladas, deve-se entender que sofremos com a dor do estranhamento e da alienação em todas as suas múltiplas manifestações. E, conforme as condições da vida se agravam material e espiritualmente no contexto do pós-modernismo, não surpreende que as pessoas negras de classe baixa sintam de forma mais aguda essa angústia e esse desespero contemporâneos. Mais uma vez, não acho que seja útil simplesmente dar nome a esse niilismo e deixar por isso mesmo, ficarmos passivamente aterrorizados com ele; temos que encontrar e falar sobre maneiras por meio das quais podemos intervir criticamente, trazendo esperança, trazendo estratégias de transformação. Certamente não podemos levar as pessoas negras em direção a novos rumos se somos tomados por sentimentos intensos de desespero, se nossas vidas não têm propósito e significado. Embora eu não goste do termo "exemplo", sei que ter muitas jovens negras que se inspiram em mim, não apenas no meu trabalho, mas em como vivo minha vida — meus hábitos de ser —, e que me veem como exemplo, como alguém que reflete sobre o próprio caminho, fez com que eu me empenhasse em cuidar com mais atenção da minha vida. Saber que elas estão me observando, vendo o que está acontecendo com a minha psique, meu bem-estar interior, mudou muitas das minhas prioridades. Tornei-me menos condescendente comigo mesma.

Entendo o que você quer dizer. E quanto ao seu novo trabalho?

As duas obras que mais quero fazer são *Sisters of the Yam* e um trabalho breve e polêmico sobre descolonização. Às vezes, sinto que o trabalho de autores como Fanon, C. L. R. James, Memmi e Walter Rodney já respondeu a muitas perguntas que ainda vejo serem feitas. É comum que as pessoas não estejam nem familiarizadas com o trabalho desses pensadores. Só de falar com pessoas negras no dia a dia e nas palestras, cheguei à conclusão de que havia a necessidade de uma "abordagem" contemporânea das preocupações que o trabalho desses autores levantam, por isso quero seguir em frente fazendo avançar o espírito do que eles realizaram. Naturalmente, é bastante óbvio para mim que a maior parte das obras que tentam abordar questões da luta pela libertação negra dentro de um repertório que reconhece a importância da comunidade diaspórica africana, que examina questões de colonização e imperialismo, foi realizada por homens negros. Não há dúvidas de que pensadores contemporâneos e escritores como Stuart Hall, Paul Gilroy e Cornel West me vêm à mente aqui. Quero saber o que mulheres negras de todo o mundo pensam dessas questões. Anseio por ouvir o que as nossas vozes têm a dizer sobre essas preocupações. Seguindo esse espírito, sou desafiada a falar, a pôr tudo de mim no altar da luta contínua pela libertação negra.

bibliografia selecionada

ALCOFF, Linda. "Cultural Feminism versus Poststructuralism: The Identity Crisis in Feminist Theory". *Signs*, v. 13, n. 3, University of Chicago, primavera 1988.

BALDWIN, James. *Notes from a Native Son*. Boston: Beacon Press, 1955.

BAMBARA, Toni Cade. *The Black Woman*. Nova York: Random House, 1980.

_____. *The Salt Eaters*. Nova York: New American Library, 1970.

_____. *Are Seabirds Still Alive*. Nova York: Random House, 1977.

BENJAMIN, Jessica. *The Bonds of Love*. Nova York: Pantheon, 1988.

BERGER, John. *Art and Revolution: Ernst Neizvestny and the Role of the Artist in the USSR*. Nova York: Pantheon Books, 1969.

_____. *Ways of Seeing*. Middlesex: Penguin, 1972. [Ed. bras.: *Modos de ver*. Trad. de Lúcia Olinto. Rio de Janeiro: Rocco, 1999.]

BOAS, Franz. *Shaping of American Anthropology*. Nova York: Basic Books, 1974. [Ed. bras.: *A formação da antropologia americana*. Rio de Janeiro: Contraponto/Ed. UFRJ, 2004.]

BOONE, Sylvia. *Radiance from the Waters*. New Haven: Yale University Press, 1986.

BOURDIEU, Pierre; PASSERON, Jean-Claude. *Reproduction in Education, Society and Culture*. Beverly Hills: Sage Publications, 1977. [Ed. bras.: *A reprodução: elementos para uma teoria do sistema de ensino*. São Paulo: Vozes, 2011.]

CADY, Linell. "A Feminist Christian Vision". In: COOLEY, Paula;

FARMER, Sharon; ROSS, Mary Ellen (Orgs.). *Embodied Love*. Nova York: Harper Row, 1987.

CARBY, Hazel. *Reconstructing Womanhood*. Nova York: Oxford University Press, 1987.

CLARK, Septima. *Ready from Within*. Navarro: Wild Trees Press, 1986.

CLEAVER, Eldridge. *Soul on Ice*. Nova York: McGraw-Hill, 1967.

CLÉMENT, Catherine. *Opera, or the Undoing of Women*. Minneapolis: University of Minnesota Press, 1988. [Ed. bras.: *A ópera ou a derrota das mulheres*. Rio de Janeiro: Rocco, 1993.]

CLIFFORD, James. *The Predicament of Culture*. Cambridge: Harvard University Press, 1988.

CROUCH, Stanley. *Notes from a Hanging Judge: Essays and Reviews, 1979-1989*. Nova York: Oxford University Press, 1990.

DE LAURETIS, Teresa. *Alice Doesn't: Feminism, Semiotics, Cinema*. Bloomington: Indiana University Press, 1984.

_____. *Feminist Studies, Critical Studies*. Bloomington: Indiana University Press, 1986.

DERRIDA, Jacques. *Writing and Difference*. Chicago: University of Chicago Press, 1978. [Ed. bras.: *A escritura e a diferença*. Trad. Maria Beatriz M. N. Da Silva, Pedro Leite Lopes e Pérola de Carvalho. São Paulo: Perspectiva, 2009.]

DESNOES, Edmundo. *Inconsolable Memories*. Nova York: New American Library, 1967.

DOUGLASS, Frederick. *Narrative of the Life of Frederick Douglass*. Cambridge: Belknap Press, 1960.

DUBERMAN, Martin Bauml; VICINUS, Martha; CHAUNCEY, George Jr. (Orgs.). *Hidden from History: Reclaiming the Gay and Lesbian Past*. Nova York: New American Library, 1989.

DUMAS, Henry. *Goodbye Sweetwater*. Nova York: Thunder's Mouth Press, 1987.

DURAS, Marguerite. *Hiroshima, mon amour: scenario et dialogue*. Paris: Gallimard, 1982.

_____. *The Malady of Death*. Nova York: Grove Press, 1986a.

_____. *Outside: Selected Writings*. Boston: Beacon Press, 1986b.

DURAS, Marguerite. *Whole Days in the Trees*. Nova York: Riverrun Press, 1984.

DYSON, Michael. "The Plight of Black Men". *Z Magazine*, fev. 1989.

ELLIS, Trey. *Platitudes*. Nova York: Vintage, 1988.

ESTRICH, Susan. *Real Rape*. Cambridge: Harvard University Press, 1987.

FANON, Frantz. *Black Skin, White Masks*. Nova York: Grove Press, 1967. [Ed. bras.: *Pele negra, máscaras brancas*. Salvador: EDUFBA, 2008.]

_____. *The Wretched of the Earth*. Nova York: Grove Press, 1966. [Ed. bras.: *Os condenados da terra*. Juiz de Fora: Editora UFJF, 2006.]

FOUCAULT, Michel. *History of Sexuality*. Nova York: Pantheon, 1978. [Ed. bras.: *História da sexualidade*. v. 1-3. São Paulo: Paz e Terra, 2014.]

FREIRE, Paulo. *Pedagogy of the Oppressed*. Nova York: Seabury, 1970. [Ed. bras.: *Pedagogia do oprimido*. São Paulo: Paz e Terra, 2013.]

FRIDAY, Nancy. *My Secret Garden*. Nova York: Trident, 1973.

FUGARD, Athol. *Boesman and Lena, a Play in Two Acts*. Nova York: Oxford University Press, 1978.

FUSCO, Coco. "Fantasies of Oppositionality". *Afterimage*, dez. 1988.

GENOVESE, Elizabeth Fox. *Within the Plantation Household: Black and White Women of the Old South*. Chapel Hill: University of North Carolina Press, 1988.

GEORGE, Nelson. *The Death of Rhythm and Blues*. Nova York: Pantheon, 1988.

GIDDINGS, Paula. *When and Where We Enter: The Impact of Black Women on Race and Sex in America*. Nova York: Morrow, 1984.

GORDON, Deborah. "Writing Culture, Writing Feminism: The Poetics and Politics of Experimental Ethnography". *Inscriptions*, Santa Cruz, n. 3/4, 1988.

GROSSBERG, Lawrence. "Putting the Pop Back in Postmodernism". In: ROSS, Andrew (Org.). *Universal Abandon*. University of Minnesota Press, 1988.

HANH, Thich Nhat. *The Raft Is Not the Shore*. Boston: Beacon Press, 1975.

HALL, Stuart. *The Popular Arts*. Boston: Beacon Press, 1964.

HALLIN, Daniel. "We Keep America on Top of the World". In: GITLIN,

Todd (Org.). *Watching Television*. Nova York: Pantheon, 1986.

HANSBERRY, Lorraine. *A Raisin in the Sun*. Nova York: Random House, 1959.

_____. *To Be Young, Gifted, and Black*. Bergenfield: New American Library, 1970.

HEAD, Bessie. *Maru*. Nova York: McCall Publisher, 1971.

HEMENWAY, Robert. *Zora Neale Hurston: A Literary Biography*. Urbana: University of Illinois Press, 1979.

HUGHES, Langston. *Good Morning Revolution*. Nova York: Lawrence Hill, 1973.

HURSTON, Zora Neale. *Dustracks on the Road*. Philadelphia: Lippincott, 1971.

_____. *Their Eyes Were Watching God*. Nova York: Negro University Press, 1969. [Ed. bras.: *Seus olhos viam Deus*. Trad. de Marco Santarrita. Rio de Janeiro: Record, 2002.]

_____. *Of Mules and Men*. Nova York: Negro University Press, 1969 (reimpressão da edição de 1935).

JAMES, C. L. R. *The Black Jacobins*. Nova York: Vintage, 1963.

JAMESON, Frederic. *Prison House of Language: The Political Unconscious*. Ithaca: Cornell University Press, 1981.

JONES, Lois Mailou. "In a Special Section: Interview and Portfolio". *Callaloo*, University of Virginia, v. 12, n. 2, 1989.

KUREISHI, Hanif. *The Rainbow Sign and My Beautiful Laundrette*. Boston: Faber and Faber, 1986.

LEE, Spike. *Do the Right Thing*. Nova York: Fireside, 1989.

LORDE, Audre. *Sister Outsider*. Trumansburg, NY: Crossing Press, 1984. [Ed. bras.: *Irmã outsider*. Trad. de Stephanie Borges. Belo Horizonte: Autêntica, no prelo.]

_____. *A Burst of Light*. Ithaca: Firebrand Books, 1988.

MACKEY, Nathaniel. *Bedouin Horn Book*. Lexington: University of Kentucky, 1986.

MAJORS, Richard. "Cool Pose: The Proud Signature of Survival". *Changing Men*, n. 17, inverno 1986.

MARSHALL, Paule. *Praisesong for the Widow*. Nova York: Putnam, 1983.

MEMMI, Albert. *Colonizer and the Colonized*. Nova York: Orion Press, 1968.

MERTON, Thomas. *New Seeds of Contemplation*. Norfolk: New Directions, 1962. [Ed. bras.: *Novas sementes de contemplação*. São Paulo: Vozes, 2017.]

MILLER, Alice. *The Drama of the Gifted Child*. Nova York: Basic Books, 1981. [Ed. bras.: *O drama da criança bem-dotada: como os pais podem formar (e deformar) a vida emocional dos filhos*. São Paulo: Summus Editorial, 1986.]

_____. *For Your Own Good*. Nova York: Basic Books, 1983.

_____. *Thou Shall Not Be Aware*. Nova York: Farrar, Straus, Giroux, 1984.

MILLER, Mark. "Deride and Conquer". In: GITLIN, Todd (Org.). *Watching Television*. Nova York: Pantheon Press, 1986.

MILLER, Mark Crispin. *Boxed In*. Evanston: Northwestern University Press, 1988.

MISHIMA, Yukio. *Hagakure*. Nova York: Penguin, 1979. [Ed. bras.: *O hagakure: a ética dos samurais e o Japão moderno*. Trad. de Waltensir Dutra. Rio de Janeiro, Rocco 1987.]

MORGAN, Robin. *The Demon Lover: On the Sexuality of Terrorism*. Nova York: Norton, 1988.

MORRISON, Toni. *Sula*. Nova York: Knopf, 1974.

_____. *Beloved*. Thorndike: Thomdike, 1988. [Ed. bras.: *Amada*. Trad. de José Rubens Siqueira. São Paulo: Companhia das Letras, 2007.]

_____. *The Bluest Eye*. Nova York: Washington Square, Pocket Books, 1972. [Ed. bras.: *O olho mais azul*. Trad. de Manoel Paulo Ferreira. São Paulo: Companhia das Letras, 2003.]

_____. *Tar Baby*. Boston: G.K. Hall, 1981.

_____. *Song of Solomon*. Nova York: New American Library, 1987.

MULVEY, Laura. "Frida Kahlo and Tina Modottit". In: *Visual and Other Pleasures*. Bloomington: Indiana University Press, 1989.

MYERSON, Michael. *Memories of Underdevelopment*. Nova York: Grossman, 1973.

NAYLOR, Gloria. *Mama Day*. Nova York: Vintage, 1989.

_____. *The Women of Brewster Place*. Nova York: Viking, 1982.
_____. *Linden Hills*. Nova York: Ticknor and Fields, 1985.
NEAL, Larry. *Black Fire*. Nova York: Morrow, 1968.
NTOZAKE, Shange. *Sassafras, Cypress, and Indigo*. Nova York: St. Martin's, 1982.
RABINOW, Paul (Org.). *The Foucault Reader*. Nova York: Pantheon, 1984.
RADFORD-HILL, Sheila. "Considering Feminism as a Model for Social change". In: DE LAURETIS, Teresa (Org.). *Feminist Studies, Critical Studies*. Bloomington: Indiana University Press, 1986.
REED, Ishmael. *Writin' Is Fightin'*. Nova York: Atheneum, 1988.
RICH, Adrienne. *Blood, Bread and Poetry*. Nova York: Norton, 1986.
_____. *On Lies, Secrets and Silence*. Nova York: Norton, 1979.
_____. *Your Native Land, Your Life*. Nova York: Norton, 1986.
RICHARD, Pablo. "Interview with Paulo Freire". *Dialogo Social*, mar. 1985.
RITZ, David. *Divided Soul: The Life of Marvin Gaye*. Nova York: McGraw-Hill, 1985.
RODNEY, Walter. *How Europe Underdeveloped Africa*. Washington: Howard University Press, 1974.
ROSS, Andrew. *No Respect: Intellectuals and Popular Culture*. Nova York: Routledge, 1989.
SAID, Edward. *Orientalism*. Nova York: Pantheon, 1978. [Ed. bras.: *Orientalismo: o Oriente como invenção do Ocidente*. Trad. de Rosaura Eichenberg. São Paulo: Companhia das Letras, 2007.]
SCHATZMAN, Morton. *Soul Murder: Persecution in the Family*. Nova York: Random House, 1973.
SESSUMS, Kevin. "Yoko, Life After Lennon". *Interview Magazine*, fev. 1989.
SMITH, Valerie. *Self-discovery and Authority in Afro-American Narrative*. Cambridge: Harvard University Press, 1987.
SPELMAN, Elizabeth. *Inessential Woman*. Boston: Beacon Press, 1988.
SPIVAK, Gayatri. *In other worlds*. Nova York: Methuen, 1987.
STORR, Robert. *Art in America*. Nova York: Abbeville Press, 1986.
TANIZAKI, Junichiro. *In Praise of Shadows*. New Haven: Leete's Island, 1977. [Ed. bras.: *Em louvor da sombra*. Trad. de Leiko Gotoda. São Paulo: Penguin Classics Companhia das Letras, 2017.]

TAYLOR, Clyde. "We Don't Need another Hero: Antithesis on Aesthetics". In: CHAM, Mbye; ANDRADE-WATKINS, Clair (Orgs.). *Black Frames: Critical Perspectives on Independent Black Cinema*. Cambridge: MIT Press, 1988.

TERBORG-PENN, Rosalyn. *Afro-American Women: Struggles and Images*. Port Washington: Naticus University Publishers, 1978.

TRUNGPA, Chogyam. *Cutting Through Spiritual Materialism*. Berkeley: Shambala, 1973. [Ed. bras.: *Além do Materialismo Espiritual*. Trad. de Octavio Mendes Cajado. Teresópolis: Lúcida Letra, 2018.]

UHRY, Alfred. *Driving Miss Daisy*. Lexington: Theater Communications Group, 1988.

WALKER, Alice. *The Color Purple*. Nova York: Pocket Books, 1985. [Ed. bras.: *A cor púrpura*. Rio de Janeiro: José Olympio, 2009.]

_____. *Living by the Word*. San Diego: Harcourt, Brace, Jovanovich, 1988.

_____. *Temple of My Familiar*. Thorndike: Thorndike, 1989.

WALLACE, Michele. *Black Macho and the Myth of the Superwoman*. Nova York: Dial, 1979.

WEST, Cornel. *Post Analytic Philosophy*. Nova York: Columbia University Press, 1985.

_____. *Prophetic Fragments*. Trenton: Africa World Press, 1988.

WHITMAN, Walt. *Leaves of Grass*. Nova York: Book League of America, 1942. [Ed. bras.: *Folhas de Relva*. Trad. de Rodrigo Garcia Lopes. São Paulo: Iluminuras, 2005.]

WILLIAMS, Sherley Anne. *Dessa Rose*. Thorndike: Thorndike, 1987.

WILSON, August. *Joe Turner's Come and Gone*. Nova York: New American library, 1986.

WILSON, August. *Ma Rainey's Black Bottom*. Nova York: New American Library, 1986.

X, Malcolm. *The Autobiography of Malcolm X*. Nova York: Grove Press, 1965. [Ed. bras.: X, Malcolm; HALEY, Alex. *Autobiografia de Malcolm X*. Trad. de A. B. Pinheiro de Lemos. São Paulo: Record, 1992.]

bell hooks nasceu em 1952, em Hopkinsville, então uma pequena cidade segregada do Kentucky, no Sul dos Estados Unidos, e morreu em 2021, em Berea, também no Kentucky, aos 69 anos, depois de uma prolífica carreira como professora, escritora e intelectual pública. Batizada como Gloria Jean Watkins, adotou o pseudônimo pelo qual ficou conhecida em homenagem à bisavó, Bell Blair Hooks, "uma mulher de língua afiada, que falava o que vinha à cabeça, que não tinha medo de erguer a voz". Como estudante, passou pelas universidades de Stanford, Wisconsin e da Califórnia, e lecionou nas universidades Yale, do Sul da Califórnia, no Oberlin College e na New School, entre outras. Em 2014, fundou o bell hooks Institute. É autora de mais de trinta obras sobre questões de raça, gênero e classe, educação, crítica cultural e amor, além de poesia e livros infantis, das quais a Elefante já publicou *Olhares negros* e *Erguer a voz*, em 2019; *Ensinando pensamento crítico*, em 2020; *Tudo sobre o amor* e *Ensinando comunidade*, em 2021; *A gente é da hora*, *Escrever além da raça* e *Pertencimento*, em 2022.

notas

© Editora Elefante, 2019
© Gloria Watkins, 2019

Primeira edição, outubro de 2019
Terceira reimpressão, maio de 2023
São Paulo, Brasil

Título original:
Yearning: Race, Gender and Cultural Politics, bell hooks
© All rights reserved, 2015
Authorized translation from the English language edition published by Routlegde, a member of the Taylor & Francis Group LLC.

Dados Internacionais de Catalogação na Publicação (CIP)
Angélica llacqua CRB-8/7057

---

hooks, bell, 1952-2021
Anseios: raça, gênero e políticas culturais / bell hooks;
    tradução Jamille Pinheiro. São Paulo: Elefante, 2019.
    448 p.

ISBN 978-85-93115-48-6
Título original: Yearning: Race, Gender and Cultural Politics

1. Negros — Condições sociais 2. Negros — Identidade 3. Política e cultura 4. Racismo 5. Feminismo I. Título II. Pinheiro, Jamille

19-1989   CDD 305.896

Índices para catálogo sistemático:
1. Negros: identidade: política e cultura

elefante
editoraelefante.com.br   Aline Tieme [vendas]
contato@editoraelefante.com.br   Katlen Rodrigues [mídia]
fb.com/editoraelefante   Leandro Melito [redes]
@editoraelefante   Samanta Marinho [financeiro]

fontes H.H. Samuel e Calluna
papéis Cartão 250 g/m² & Pólen natural 70 g/m²
impressão BMF Gráfica